NOSSA HORA É AGORA

STACEY ABRAMS

NOSSA HORA É AGORA

Poder, propósito e a luta por uma América justa

PREFÁCIO DE *Aline Midlej*

TRADUÇÃO:
PETÊ RISSATTI E FELIPE FICHER

Diretor-presidente:
Jorge Yunes
Gerente editorial:
Luiza Del Monaco
Editores:
Ricardo Lelis, Gabriela Ghetti
Assistente editorial:
Júlia Tourinho
Suporte editorial:
Juliana Bojczuk, Letícia Hashimoto
Estagiária editorial:
Emily Macedo
Coordenação de arte:
Juliana Ida
Assistentes de arte:
Daniel Mascelani, Vitor Castrillo
Gerente de marketing:
Claudia Sá
Analistas de marketing:
Heila Lima, Flávio Lima
Estagiária de marketing:
Carolina Falvo

Our time is now
Copyright © 2018 by Stacey Abrams
Preface copyright © 2019 by Stacey Abrams
Copyright © Companhia Editora Nacional, 2022

This edition arranged with Kaplan/DeFiore Rights through Agencia Literaria Riff Ltda.

Todos os direitos reservados. Nenhuma parte desta obra pode ser reproduzida ou transmitida por qualquer forma ou meio eletrônico, inclusive fotocópia, gravação ou sistema de armazenagem e recuperação de informação sem o prévio e expresso consentimento da editora.

1ª edição – São Paulo

Preparação de texto:
Tatiana Allegro
Revisão:
Carolina Candido
Diagramação:
Marcos Gubiotti
Design de capa:
Angelo Bottino

DADOS INTERNACIONAIS DE CATALOGAÇÃO
NA PUBLICAÇÃO (CIP) DE ACORDO COM ISBD

A161n   Abrams, Stacey

　　　　　Nossa hora é agora: poder, propósito e a luta por justiça nos EUA / Stacey Abrams ; traduzido por Petê Rissatti, Felipe Ficher. - São Paulo, SP : Editora Nacional, 2022.
　　　　　328 p. ; 14cm x 21cm.

　　　　　Tradução de: Our time is now
　　　　　ISBN: 978-65-5881-101-5

　　　　　1. Eleições – Estados Unidos. 2. Corrupção. 3. Política. I. Rissatti, Petê. II. Ficher, Felipe. III. Título.

　　　　　　　　　　　　　　　　　　　　　　　　CDD 324.6
2022-506　　　　　　　　　　　　　　　　　　 CDU 324

Elaborado por Odilio Hilario Moreira Junior - CRB-8/9949
Índice para catálogo sistemático:
1. Sistemas e procedimentos eleitorais 324.6
2. Eleições 324

NACIONAL

Rua Gomes de Carvalho, 1.306 - 4º andar - Vila Olímpia
São Paulo - SP - 04547-005 - Brasil - Tel.: (11) 2799-7799
editoranacional.com.br - atendimento@grupoibep.com.br

Aos meus avós, Wilter e Walter Abrams, Lillie Bell e James Hall, que me deixaram um legado. Aos meus pais, Robert e Carolyn, que me deram a vida. Aos meus irmãos, Andrea, Leslie, Richard, Walter e Jeanine, que me mantêm com os pés no chão, e seus cônjuges, Brandon, Nakia e Jimmie, que sempre me apoiam. E aos meus sobrinhos e sobrinhas, Jorden, Faith, Cameron, Riyan, Ayren e Devin, que me dão esperança.

Vamos ficar e defender o que nos pertence como cidadãos americanos, porque eles não podem dizer que não tivemos paciência.
– Fannie Lou Hamer

SUMÁRIO

Prefácio	13
Introdução: Quem está roubando o futuro dos Estados Unidos?	21
O acesso real ao direito de votar não é uma garantia – e isso é um problema	32
Quem somos importa: política de identidade e o censo	33
Derrotando o populismo e ganhando eleições para salvar a democracia	35
1. Tudo o que é velho se renova	39
Negação e atraso: a luta pelo direito de voto nunca terminou	45
A supressão começa com quem pertence a este lugar	50
Um momento de graça: reconstrução para uma falsa redenção	54
Uma luz ofuscante cresce: ascensão e queda da Lei dos Direitos de Voto	60
2. Uma licença para ser ouvido (registro de eleitor)	66
Sem vozes novas	75
A falta de transparência é o ponto principal	82
Você está fora: expurgos excessivos de eleitores	90
3. Ultrapassando os portões (acesso à votação)	96
O falso encanto do título de eleitor	100
Não há votação em uma pesquisa fechada	108
Quando o voto não é fácil, pode ser impossível	115
4. Quando os números mentem (contagem de votos)	121
Assinaturas, rejeições, cura, meu Deus! Votos a distância	129

Como uma rede de segurança tornou-se uma armadilha:
votos provisórios 139
Infraestrutura avariada: mau funcionamento
de máquinas, filas enormes e outras barreiras 143

5. Recuperando nosso poder 148
   Como permanecer no jogo manipulado 154
   Como começar 158
   Como arrumar o sistema de uma vez por todas 162

6. Nós conseguimos ver você, e eles também deveriam 176
   Começa a guerra de classe 186
   Mais do que a soma de nossas partes 190
   Por que é importante quem somos 195

7. Como o censo molda os Estados Unidos 198
   A importância do censo dos Estados Unidos 201
   O censo *poderia* nos salvar 206
   Efeito colateral: divisão desigual de áreas de votação
   (*gerrymandering*) 213
   Fim do colégio eleitoral 221

8. O manual de estratégias 228
   Rejeite o mito do eleitor mágico 236
   Como colocar nosso dinheiro e as informações
   onde nossos votos estão 246
   Concorra como você é 256

9. Populismo e a morte da democracia 262
   Tirando o poder do povo 269
   A ascensão do populismo autoritário como
   inimigo da democracia 273
   Como recuperar nossa credibilidade 279

10. A próxima melhor versão dos Estados Unidos   285

Posfácio   301
Nota da autora   309
Notas   313
Agradecimentos   323
Sobre a autora   327

Prefácio

Nossa Hora é Agora não poderia chegar aos leitores brasileiros em um momento mais oportuno, quando somos confrontados, mais uma vez, com a responsabilidade cívica do voto em novas eleições que se aproximam. Apesar de não enfrentarmos alguns problemas históricos dos Estados Unidos como a dificuldade de registro eleitoral, ainda nos falta tanto a dimensão coletiva desse direito como o exercício máximo da cidadania. O que realmente queremos como indivíduos e país?

Esse livro é sobre garantir direitos e expandir oportunidades, um convite à urgência da atividade política o ano inteiro, para além dos períodos eleitorais: "tirar a política dos políticos", afirma Stacey Abrams que, generosamente, compartilha conosco as experiências acumuladas em décadas de ativismo, numa verdadeira "marcha pelo voto" que teve a largada ainda na infância, quando já vivenciava a luta que sempre foi conseguir votar para milhões de negros, latinos e minorias racializadas no país. Entramos numa história em família, quando Stacey começa a falar sobre a avó, que simplesmente teve medo de sair pra votar quando conquistou esse direito em 1968, numa região do país muito racista segregada.

Mas a obra se concentra, principalmente, no período em que Stacey disputou o governo da Geórgia em 2018, época de muitas colheitas de um trabalho contínuo, exigente e que demandou o comprometimento de muitos.

Primeira mulher negra a ganhar as primárias para governadora do Estado por um grande partido, o pleito registrou o maior comparecimento de eleitores negros na história da Geórgia. Essas páginas carregam o potencial que Stacey viu nos olhos cansados de tantos eleitores, que chegaram a esperar longas horas para dar seu voto de esperança. Traduzem a força de jovens como a da estudante Diamond que viveu uma verdadeira saga para votar pela primeira vez em 2014 (uma das muitas histórias inspiradoras que você vai conhecer!). Não são poucos os norte-americanos que passam a vida tentando votar, colocando sua melhor roupa, e caminhando quilômetros até o local de votação.

Num momento em que a polarização política se amplifica pelo mundo, a autora também nos convida a refletir sobre as conquistas que desejamos.

Na campanha de 2018, Stacey Abrams viajou pelos 159 condados da Geórgia, a fim de também conquistar mais eleitores brancos. Criou uma agenda pensada nisso, já sabendo que esses movimentos ajudariam na ampliação de espaço para Joe Biden, que disputaria a presidência pelos democratas dois anos depois. (E não é que Joe Biden venceria no estado marcado pela supremacia republicana e conservadora!?).

Os Estados Unidos são uma das poucas nações democratizadas e industrializadas que usam o método de registro fragmentado, sem uma padronização federal. Um país onde um hífen malcolocado compromete a chamada "correspondência exata", castrando poderes individuais que fariam a diferença nos rumos do país. Um país com a Constituição mais antiga e onde votar ainda é um ato de resiliência para grupos historicamente marginalizados.

Em apenas 17 estados mais o distrito de Columbia, o registro de eleitor se dá automaticamente. Diante disso, o que Stacey Abrams fez? Criou a New Geórgia Project em 2014 para a captação de eleitores. Após a eleição de 2018, ainda criou outras três organizações para garantir a finalização do processo, numa convocação para as pessoas denunciarem dificuldades: "É preciso colecionar histórias, fortalecer os argumentos".

Ainda que os Estados Unidos estejam vivendo uma nova leva de preocupações com o aumento do conservadorismo e retrocessos, na contramão da igualdade social, as últimas eleições foram uma onda boa de diversidade, com mais mulheres, negros e representantes da comunidade LGBTQIA+ ocupando espaços de decisão na política. Qualquer novo paralelo com o Brasil não é mera coincidência. Em 2020, aqui, elegemos um número recorde de vereadores e prefeitos com esses perfis.

A campanha de Stacey Abrams para o governo da Geórgia terminou a 1,4 ponto da vitória – além do eleitorado mais fiel, ela conquistou muitos novos eleitores – e através de um trabalho que começou localmente antes mesmo do seu nome ser escolhido para a disputa estadual. Uma das grandes lições apresentada no livro é sobre processos de inclusão, pois leva tempo, exige consistência e frequência. Em 2018 houve o maior comparecimento a uma primária não presidencial da história do Estado. Lembram-se da conceituação de vitória tratada mais acima? Ela deve começar a significar mais do que vencer uma única eleição.

A democrata não se elegeu governadora da Geórgia em 2018, mas venceu. Acendeu e reacendeu paixões, resgatou a fé e a força de milhões de cidadãos que desacreditavam o sistema eleitoral norte-americano por vários motivos tão legítimos quanto históricos. No dia em que percebeu que o placar era irreversível, recebeu uma ligação da Aliança Nacional dos Trabalhadores Domésticos comemorando os 250 mil voluntários levantados durante campanha. Havia muito a ser celebrado.

A ativista faz um lindo paralelo com a frase célebre de Angela Davis, sobre nossa missão diária de ser um antirracista, que vale para a supressão do voto, também. Não basta ser um democrata, seja um defensor ativo da democracia: "Se você vir algo, diga algo!".

Educar, convocar e, principalmente, agitar. Stacey Abrams nos agita como grande agitadora que é. São muitas as conexões possíveis com o Brasil, como nas discussões sobre política de identidade – que não segrega, agrega, basta disposição para o diálogo –, e a urgência em nos apropriarmos das nossas diferenças, como força de País. É preciso agitar, abalar, romper e transformar.

Que a diversidade informa e expande, a prática deixa evidente. Mas neste livro Stacey defende o ideal de uma nova identidade americana, uma nova perspectiva de sabermos quem os Estados Unidos se tornam como país no presente. A agitação de Stacey não é solitária, mas é preciso mais.

Quando escreveu *Nossa hora é agora*, as eleições de 2020 ainda eram uma expectativa, e ela esperava que o pleito revertesse a erosão do corpo político, reconstruindo a confiança nas comunidades. Donald Trump foi derrotado, mas não vencido. O trumpismo vive e retalia em forma de atentados inéditos como o do Capitólio, dias antes da posse de Joe Biden. A estratégia realmente precisa ir além de um ciclo presidencial. É preciso educação cívica, é preciso aprender a ouvir a preocupação dos outros.

Stacey deixa provocações importantes: como replicar e expandir modelos que viabilizem novas versões de 2008, com candidatos autênticos e honestos? Só naquele ano a lei dos direitos do voto inaugurou o eleitorado votante mais diverso da história norte-americana, resultado de uma coalizão que se reuniu para eleger o primeiro presidente negro dos Estados Unidos, Barack Obama. E no horizonte, ela alerta, há uma transição demográfica em andamento que favorece maior representatividade nas urnas, como gente mais jovem e engajada. O progresso precisa ser sustentado.

Aprendo com Stacey Abrams que não se pode aceitar menos do que a cidadania plena. De todos, para todos. A convocação é um trabalho de educar e envolver. E a conquista de direitos é sempre um longo caminho, havendo muitos que começaram antes, abrindo atalhos e anunciando mudanças possíveis: "As vitórias morais precisam se traduzir em mudanças práticas, na cultura e nos acessos".

Além dos obstáculos para o registro, a identificação do eleitor, o acesso ao local de votação, a contagem de votos, o desafio de entrar na lista de eleitores e permanecer, nos Estados Unidos ainda existe uma lei retrógrada que define que o dia das eleições presidenciais será sempre na primeira terça-feira de novembro. As condições dificultam muitos trabalhadores a ir votar presencialmente. A legislação data de 1845.

Stacey também chama esses contextos de "assédios legalizados". Também vejo como crimes travestidos de regras confusas e incumpríveis. A quem interessa? Se os políticos conservadores trabalham contra o acesso pleno ao voto, a ativista conclama a sociedade civil para a responsabilidade. Destaca o papel dos empresários, que podem e devem ajudar seus funcionários, por exemplo, flexibilizando as jornadas no dia das eleições, estimulando-os a comparecer às urnas.

Como no Brasil, raça e política estão intimamente ligadas à luta pelo poder nos Estados Unidos. Mas lá as táticas parecem se concentrar muito na supressão ao eleitor. Em um momento do livro, Stacey conta que funcionários eleitorais (leigos) tinham uma taxa de erro de 26% na identificação da autenticidade de assinaturas de eleitores a distância, sendo esses a grande maioria dos votantes. E um detalhe: as taxas de rejeição de eleitores qualificados são muito mais altas em estados conservadores como Geórgia e Arizona.

Quando Stacey diz que a identidade é a defesa mais forte contra a invisibilidade, ela defende que a união é sempre o objetivo possível, ainda que tenhamos problemas diferentes. Estarmos juntos é a maior força geradora de novas oportunidades para todos, e a democracia é sobre isso também. Entender as intersecções é urgente. O fator classe – associado também a raça e gênero – sempre foi esteio de atrasos. Refletir sobre os próprios privilégios e os efeitos disso na sociedade é um trabalho transgeracional cujos efeitos se dão em diferentes processos, nem sempre visíveis da forma desejada naquele tempo, mas que estão acontecendo. As barreiras não são uniformes, mas, ao final, queremos as mesmas coisas: respeito e direitos iguais.

O assassinato de George Floyd em 2020 elevou o patamar das discussões sobre racismo para muito além dos Estados Unidos e do movimento "Blacks Lives Matter". Vivenciei como jornalista, âncora de TV e cidadã negra a mudança na forma de cobrir e compreender os episódios que envolvem discriminação racial, suas origens e consequências, quando essa opera nas estruturas de poder de um país. E os norte-americanos assistiram às maiores manifestações antirracistas desde a década de 1960 do século 20, não "apenas" pela brutalidade filmada no caso Floyd, mas porque o país vem sendo provocado a pensar sobre o tema de forma mais profunda. Assim como no processo eleitoral, uma população mais jovem e diversa tem feito a diferença na história de toda a agenda de justiça social.

Pequenas grandes revoluções estão acontecendo, a despeito do conservadorismo que segue atuando na direção contrária do desejo de grandes grupos sub-representada na política profissional. Ao longo do livro, nossa memória vai sendo estimulada por lembranças da autora como a vitória da candidata Danica Roem, que se tornou em 2017 a primeira transexual eleita legisladora nos Estados Unidos para a Assembleia da Virginia. E mais, derrotando o representante republicano em final de mandato Robert Marshall, um conservador oposto aos direitos LGBTQIA+.

Aquelas eleições estaduais eram uma espécie de presságio para o que viria em sequência, com os democratas retomando o poder como não acontecia há mais de 25 anos na Câmara e no Senado. O peso de movimentos como Black Votes Matter mostrou que o Alabama não era impenetrável para os mais progressistas.

Stacey Abrams elenca várias conquistas na história política e do voto nos Estados Unidos e transporta nossa atenção aos eleitores menos propensos a votar – sua grande aposta no que chama de política moderna.

Mais uma lição para o Brasil – que também vive uma crise de confiança nas instituições – de que é preciso ir mais fundo nas comunidades para transformar suas participações políticas, entender seu poder eleitoral e se preparar para as eleições seguintes.

No entanto, a transformação do cenário eleitoral demanda investimento consistente e constante, não apenas no ano de votação: "É preciso direcionar os investimentos para os locais certos, estratégicos, não subestimar o potencial de eleitores fora da permissão brancos *vs.* negros. O partidarismo não pode superar o patriotismo. Nossas vidas estão cada vez mais complexas e nossas opções de voto precisam acompanhar isso", nos diz Stacey.

Nossa hora é agora é, acima de tudo, um livro sobre a legitimação da nossa existência como cidadãos com o poder constituído de transformar – através do voto, do engajamento diário – nossos espaços e tornar o lugar em que vivemos melhor para todos. O voto garantido e consciente é um pavimento estrutural das grandes revoluções democráticas. Stacey Abrams não para e nos faz querer movimentar também. Esse livro é um chamamento.

Aline Midlej, jornalista e apresentadora

Introdução
Quem está roubando o futuro dos Estados Unidos?

Em janeiro de 2019, minha avó faleceu. Wilter Abrams, conhecida como Bill pela família e pelos amigos, era uma mulher formidável. Deu à luz seis filhos em um período de quatro anos – duas filhas e dois casais de meninos gêmeos, nascidos em 1946, 1948, 1949 e 1950. Ela e meu avô, Walter Abrams, ou Jim, criaram cinco de seus filhos até a idade adulta, na pobreza paralisante do Mississippi e sua segregação – o irmão gêmeo de meu pai morreu ainda criança. Nenhum de meus avós se negava a dar opiniões, e criaram seus filhos para que também tivessem fortes convicções. Meus avós eram cozinheiros na universidade estadual local, atendendo a alunos de uma instituição que seus próprios filhos não podiam frequentar.

Meu avô, um homem esbelto e briguento, serviu na Segunda Guerra Mundial como cozinheiro da Marinha e lutou como boxeador durante a viagem. Quando foi convocado para a Guerra da Coreia, novamente cumpriu seu dever, sabendo o tempo todo que estava voltando para a segregação e a abominação racial do Extremo Sul. A amargura lutou com a praticidade quando voltou duas vezes a um país que lhe negava direitos civis básicos. Em 2011, poucas semanas antes de ele falecer, deixei a sessão legislativa especial em que estávamos definindo novos distritos políticos. Compartilhei com ele minha frustração sobre a forma como eleitores negros e pardos estavam sendo destituídos do poder. Um homem sem papas na língua, ele basicamente me avisou para não deixar os desgraçados me derrubarem.

Pouco antes da eleição de 2018, viajei para a casa dos meus pais em Hattiesburg, no Mississippi. Fazer um desvio em relação à turnê da campanha não era muito comum, mas duas coisas me levaram até lá: a oportunidade de arrecadar fundos e uma profunda vontade de ver minha família. Uma noite, fui até o quarto principal, que meus pais haviam cedido para minha avó quando ela não podia mais morar sozinha. Ela estava sentada em sua poltrona favorita, assistindo ao noticiário da MSNBC, o celular no colo. Sentei-me à beira de sua cama. Vovó abaixou o volume e perguntou sobre minha eleição. Àquela altura, a atenção nacional estava voltada para as alegações de supressão de eleitores contra Brian Kemp e para os números apertados de nossa disputa. Expliquei os últimos acontecimentos a ela e desabafei sobre as preocupações que havia trazido da Geórgia.

Quando terminei, ela deu uns tapinhas em minha mão. Então, me contou sobre a primeira vez que ela havia votado. Como meu avô, desde a infância, ela ficava furiosa com as restrições de Jim Crow.* Inteligente e rápida, ela vira mentes inferiores se desenvolverem por causa da discriminação racial. Mas entendeu como os sistemas funcionavam e, quando seus filhos se tornaram agitadores no movimento pelos direitos civis, ela cautelosamente apoiou seu ativismo. Tanto

---

*. Leis que estabeleciam tratamento desigual aos negros norte-americanos e mantinham a segregação em escolas e outros ambientes públicos. [N. T.]

ela quanto meu avô ficaram mais calados no movimento porque entendiam as consequências que sofreriam caso fossem pegos. Colocar comida na mesa e sustentar a casa manteve os dois fora do jogo. Mas vovó enfrentou os rosnados ameaçadores dos enormes cachorros usados para controlar as multidões que protestavam e foi violentamente empurrada pela força de jatos d'água que tentavam colocar os negros em seu suposto lugar. Ela juntou dinheiro para pagar a fiança e libertar seu filho adolescente da prisão quando ele foi detido por registrar eleitores. A certa altura, a polícia local ligava para ela regularmente e a interrogava sobre as ações de protesto de seus filhos. Na época em que a Lei dos Direitos de Voto foi aprovada em 1965, ela entendeu seu significado. Mas também sabia que não devia esperar mudanças imediatas, e estava certa. Em grande parte do Sul, a implementação ocorreu de forma muito lenta, e sua primeira oportunidade real de votar foi apenas em 1968.

Naquela noite, eu a ouvi falar e, de repente, sua voz ficou trêmula. Pensei, preocupada, que eu a tinha deixado cansada, mas rapidamente percebi que o leve tremor não vinha da exaustão, e sim da vergonha. De forma calma, ela contou sobre o dia da eleição, como vovô, seu irmão L.P. e outros se prepararam para votar pela primeira vez no Mississippi. Para meu pai ainda faltavam dois anos até que pudesse votar, mas vovó tinha essa oportunidade. No entanto, ela me disse que se recusou a sair de seu quarto, onde ficou paralisada de medo. As leis haviam mudado, mas já haviam mudado outras vezes antes. Houve a promessa de uma emancipação que ainda deixara seus bisavôs escravizados, e a dessegregação da escola que demorou quase uma década para chegar. Mas o direito de votar trazia a vitória mais significativa – e ela não acreditava que essa promessa fosse real. Ela contou como meu avô a chamou para encontrá-los na porta da frente, mas ela não se movia. Finalmente, ele invadiu o corredor e entrou no quarto escuro. Impaciente, exigiu saber por que ela estava demorando tanto, quando a história aguardava a chegada deles.

Vovó apertou minha mão ao se lembrar da explicação que deu ao marido: "Estou com medo, Jim. Tenho medo dos cães e da polícia. Não quero votar". Ela cobriu minha mão, e seus olhos se fixaram nos meus. "Stacey, seu avô ficou tão zangado. Ele me lembrou de seu pai, de seus tios e tias. Todas aquelas crianças negras que haviam lutado tanto para conseguir esses direitos. E lá estava eu, com medo de usá-los. Eu estava com vergonha de mim mesma." Em vez de se encolher no quarto, temendo o pior, ela seguiu o exemplo dos filhos e o chamado de sua consciência. Reuniu coragem, pegou a bolsa e o casaco e disse a meu avô que estava pronta para ir. Juntos, foram para o local onde depositariam seu primeiro voto. Ao seu lado, ela apertou minha mão novamente, a pele fina como papel esticado. Inclinou-se para mim e murmurou: "Estou tão orgulhosa de você, Stacey. Sei que não posso votar em você, mas estou muito orgulhosa de que minha neta esteja na corrida e de que nosso povo possa ser ouvido.

Quando conto essa história, não é por causa do orgulho de minha avó por minha campanha, embora isso signifique muito para mim. Eu a uso como um alerta sobre o medo que mesmo a pessoa mais forte pode sentir no exercício do poder de voto. Uma mulher que já havia enfrentado dificuldades econômicas e racismo raivoso recuou, e não diante do roubo de poder, mas diante da possibilidade de assumi-lo. Esse desvirtuamento da democracia continua a ocorrer em nosso país todos os dias. A supressão do eleitor exerce sua força primeiro fazendo tropeçar o eleitor indesejado e, em seguida, convencendo as pessoas que veem a pista de obstáculos a desistir da corrida, mesmo sem ter começado a correr.

Alguns meses atrás, minha irmã mais nova, Jeanine, encontrou alguns amigos em um restaurante local para tomar margaritas no final de uma longa semana de trabalho. Uma das mulheres sentadas à mesa fez questão de dizer a Jeanine que havia votado em mim para governadora. Jeanine começou a agradecer pelo apoio, mas a jovem não havia terminado. Então, ela disse à minha irmã que não tinha intenção de votar novamente. Contando histórias que ouviu sobre eleitores que foram encaminhados para o local de votação errado ou cujo registro de repente desapareceu, ela disse que todo o processo parecia muito suspeito e que, no fim das contas, seu voto não importava. Ela disse a Jeanine que viu uma intenção maldosa no tratamento de pessoas que não podiam pagar pela gasolina para uma segunda viagem de ida e volta às urnas ou não tinham tempo disponível para resolver problemas. A desilusão a atingiu com muito mais força porque ela acreditava que o resultado poderia ser diferente se ela tentasse.

Nos Estados Unidos inteiros, os futuros eleitores continuam a se afastar, como minha avó fez, ou optam por sair do sistema, como a amiga de minha irmã. Seu medo é repetidamente concretizado por histórias de vizinhos que tiveram suas cédulas provisórias negadas ou enfrentaram filas gigantescas em torno dos quarteirões da cidade porque as urnas eletrônicas não têm cabos elétricos. Ao minar a confiança no sistema, a repressão dos dias modernos trocou cães raivosos e policiais com cassetetes por títulos de eleitor restritivos e regras complicadas de participação. E aqueles que são mais vulneráveis à supressão tornam-se os mais suscetíveis a transmitir essa relutância a outros.

**

As formas como os mecanismos de supressão de eleitores transformaram o acesso à democracia continuam a remodelar não apenas nossa política partidária, mas também a maneira como vivemos nosso cotidiano. Em 2020, uma mulher pobre no sul da Geórgia, a quilômetros de distância de um médico ou hospital, pode descobrir que está grávida tarde demais para tomar sua decisão. Se ela ganha mais de 6 mil dólares por ano, é muito rica para se qualificar para o Medicaid e muito pobre para pagar por qualquer outra coisa porque o governador se recusa a expandir o programa.[1] Se ela é uma negra na Geórgia, tem três vezes mais probabilidade de morrer de complicações durante ou após a gravidez do que uma mulher branca na mesma posição.[2] Seu filho tem mais probabilidade de frequentar escolas com poucos recursos, enfrentar novas políticas de "tolerância zero ao crime", que visam negros e pardos, e viver em um Estado com um salário mínimo de 5,15 dólares a hora. Tudo porque o voto dela não contava em 2018.

Em 2018, concorri ao governo da Geórgia, com o objetivo de construir uma nova coalizão de eleitores para mudar o eleitorado. Em resposta, Donald Trump tuitou palavras desagradáveis contra mim. O comentarista Tucker Carlson falou horrores sobre mim. Breitbart News e a Fox News me chamaram de mentirosa. Meu pecado principal é que me recusei a aceitar o resultado da disputa para governador de 2018 e fiz uma cruzada para apontar e derrotar a supressão dos eleitores. Faço isso como cidadã comum, e essa realidade me acena todos os dias. Eu tenho viajado pelo país nos meses desde a eleição, e normalmente começo meus discursos da mesma maneira. "Não sou a governadora da Geórgia", digo às multidões reunidas, sob vaias e assobios de apoio. Então, declaro com igual convicção uma verdade que guardo no fundo do meu coração: "Nós ganhamos".

Em nossa campanha, aumentamos a participação de eleitores para um número recorde, engajamos eleitores que nunca tinham desejado votar antes e forçamos a eleição mais disputada na Geórgia desde 1966. Em minha viagem pelo Estado ao longo de 18 meses, durante a campanha para governadora, encontrei americanos céticos que não confiavam no governo nem acreditavam que seus votos fossem contados. Mas 1,9 milhão de eleitores compareceram para votar em mim no dia da eleição, o maior número de votos democratas na história da Geórgia. Vencemos porque as pessoas confiaram, mesmo que apenas por uma única eleição, que votar valia o salto de fé. Nos círculos políticos, o que conquistamos seria considerado uma mera vitória moral. Quanto a isso, eu digo: sem dúvida nenhuma. Porque aprendi há muito tempo que vencer nem sempre é receber o prêmio. Às vezes, você consegue progredir, e isso conta. Essa lição foi martelada dentro de mim durante a maior parte da minha vida. Quando se trata de votar nos Estados Unidos, certamente acredito nela.

Ícone dos direitos civis, o congressista John Lewis costuma referir-se ao direito de votar como "quase sagrado". Como filha de pastores da igreja, entendo sua hesitação em rotular como sagrado um ato simples e secular. Votar é um ato de fé. E isso é muito sério. Em uma democracia, é o poder máximo. Por meio do voto, os pobres podem ter acesso a recursos financeiros, os enfermos podem encontrar assistência médica e os sobrecarregados podem receber uma medida de alívio de uma rede de segurança social que atende a todos. E estamos dispostos a ir à guerra para defender o sagrado.

Não estou convocando uma revolta violenta aqui. Fizemos isso duas vezes na história de nossa nação – para reivindicar nossa liberdade da tirania e quando travamos uma guerra civil para reconhecer (pelo menos um pouco) a humanidade dos negros mantidos em cativeiro. No entanto, à medida que milhões são privados de seus direitos, vivemos as consequências da política, desde a poluição letal que atravessa as comunidades pobres até os alunos de educação infantil que praticam exercícios de tiro enquanto entoam cantigas de roda. Eu me pergunto qual remédio resta. As questões que encaro todos os dias são como defender esse direito sagrado e a nossa democracia, e quem o fará. Do jeito que as coisas estão agora, de um lado, temos um Partido Republicano no poder, que acredita estar cumprindo a lei à risca, tendo distorcido as regras para apenas refletir sua própria percepção. De outro lado, os democratas – partido ao qual tenho lealdade – falam sobre o engajamento cívico total, mas tomam medidas incoerentes para expandir significativamente o eleitorado e construir infraestrutura. Incorporada nessa dualidade está uma preocupação fundamental: quem tem direito à cidadania plena? Com base em nossa história nacional, e vendo onde estamos agora, a lista é muito mais curta do que deveria ser.

Os direitos plenos de cidadania são o mínimo que se deve esperar do governo. Ainda assim, durante dois terços de nossa história, a cidadania plena foi negada àqueles que construíram este país em teoria e na vida real. Africanos escravizados, trabalhadores chineses, ambientalistas nativos norte-americanos, além de latinos e fazendeiros irlandeses – e metade da população: mulheres.

Ao longo de nossa história, foi negada a esses homens e mulheres, a esses patriotas e defensores da liberdade, a moeda mais importante da cidadania: o poder. Porque, vamos ser honestos, esse é o cerne dessa luta. O direito de ser visto, o direito de ser ouvido, o direito de conduzir o curso da história são marcadores de poder. Nos Estados Unidos, a democracia faz da política uma das alavancas fundamentais para o exercício do poder. Portanto, não deveria chocar nenhum de nós que a luta pelo domínio sobre o futuro de nossa nação e quem vai participar dela seja simplesmente uma batalha pelo poder americano.

No momento, estamos passando por uma grande mudança cultural, impulsionada por uma transição demográfica que está varrendo o país. De acordo com o Departamento de Censo dos Estados Unidos, as pessoas não brancas constituem quase 40% da população dos Estados Unidos, e a geração Y e a geração Z são o maior grupo de idade combinada do país. Quando somada aos brancos socialmente moderados e com tendência progressista, essa população é uma Nova Maioria Americana, e seu impacto na vida dos Estados Unidos pode ser sentido em quase todos os cantos. A diversidade que, podemos admitir, não descreve de forma completa essa transformação, alterou a forma como nos engajamos e interagimos, desde o movimento Black Lives Matter [Vida Negras Importam] e o casamento igualitário até os *dreamers** pressionando por ações sobre a imigração e as mulheres que desafiam o silêncio quanto ao assédio sexual e à agressão.

Também podemos identificar uma política mais sombria e raivosa para essa evolução, incluindo um ressurgimento aberto da retórica neonazista e do terrorismo nacional contra grupos negros, judeus, latinos e LGBTQIA+, uma reação xenófoba à imigração, um aumento da intolerância religiosa e um retrocesso da ideologia hiperconservadora. Aqueles que veem a diminuição de sua influência relativa estão usando todas as ferramentas possíveis para limitar o acesso ao poder político. Para aqueles que se apegam à época da identidade monocromática americana, o vento da mudança atinge um medo fundamental de não fazer parte de um país que é multicultural e multicolorido. Na mente deles,

---

*. Os *dreamers* (sonhadores) são os jovens imigrantes protegidos pela DACA, sigla em inglês para Ação Diferenciada para Chegadas na Infância, decreto promulgado pelo presidente Barack Obama. Esse decreto segue uma proposta legislativa de Dick Durbin, a DREAM Act, ou Lei de Desenvolvimento, Alívio e Educação para Menores Estrangeiros. [N. T.]

o modo de vida que os sustentou enfrenta uma crise existencial, e a resposta tem sido feroz, calculada e eficaz.

No entanto, essas pessoas não estão usando novas ferramentas. Em seu início, nossa nação serviu de refúgio para aqueles cujas diferenças os colocavam em perigo, mas os mesmos recém-chegados roubaram terras dos habitantes originais e os assassinaram, escravizaram negros e despojaram-nos de sua humanidade, e negaram direitos básicos às mulheres e aos não brancos do exterior. Essa história significa que entendemos o que está em jogo, como nossos oponentes tentarão bloquear a mudança e, o mais importante, nossa obrigação de realizar nosso destino. Em sua essência, o desafio dos Estados Unidos é uma questão de quem somos. Alguns da direita vão ignorar essa questão e considerá-la uma política de identidade absurda, mas identidade é política. Vou defender esse fato aqui. As escolhas são baseadas nas necessidades pessoais – ponto-final. Mesmo assim, grande parte da política atual requer apaziguar as pessoas que têm medo desse fato básico. Uma maioria multirracial, multiétnica e voltada para a juventude cresceu nos últimos 20 anos, e, como resultado, vimos nada menos que uma mudança radical em direção ao progresso.

Existe um famoso teste de psicologia de consciência situacional, no qual o sujeito é instruído a contar quantas vezes uma determinada ação é realizada. O espectador concentra-se instintivamente na tarefa com tanta intensidade que invariavelmente não atenta a uma estranheza gritante: uma pessoa em um traje de gorila cruzando seu campo de visão. Como americanos, nós nos acostumamos a acreditar profundamente na inevitabilidade de que faremos tudo certo no tempo correto: que do preconceito à pobreza e à própria sustentabilidade do planeta, no fim das contas, faremos a escolha certa. Essa confiança no experimento americano uniu um grupo distinto de pessoas, movidas por desejos conflitantes e necessidades intersetoriais. Mas nossa crença na resiliência de nossa narrativa nacional é tão completa que ignoramos o gorila invisível em nosso sistema político atual: aqueles que correm o risco de perder o poder – aquela minoria poderosa – mudaram as regras do jogo. De novo.

Como primeira mulher negra a ganhar as primárias para governadora de um grande partido político na história dos Estados Unidos, que concorreu contra um dos maiores apoiadores da supressão eleitoral e da xenofobia desde George Wallace, assisti em tempo real a como os conflitos em nossa nação em evolução se tornaram alimento para comerciais racistas, para uma repressão horrível – e para o maior comparecimento de eleitores negros na história da Geórgia. Porque, apesar da contagem final da eleição, nossa campanha energizou esta Nova Maioria Americana de uma maneira tremenda, comprovando a resiliência e a possibilidade de nosso destino nacional. O que me empolga neste livro não é a ladainha de desafios ao nosso corpo político – embora eles devam ser explorados e expostos –, mas o potencial que vi nos olhos cansados de um trabalhador afro-americano esperando em uma fila de quatro horas para dar um voto de esperança.

Este não é um livro sobre bastidores de campanha, mas uma narrativa que descreve a urgência que obriga a mim e a outros milhões a lutar por uma história americana diferente daquela que está sendo contada hoje. É uma história que é em parte perigo, em parte ação, e toda ela é verdadeira. É uma história sobre como e por que lutamos por nossa democracia e vencemos. Usando histórias da minha vida, de outras pessoas que conheci ao viajar pelas cidades e vilas rurais da Geórgia, entrevistas com candidatos que seguem o mesmo caminho que o meu, bem como percepções políticas que obtive ao longo do percurso, este livro é uma cartilha sobre como podemos garantir nosso direito de escolher a visão que queremos para nosso país – e como faremos isso.

O acesso real ao direito de votar não é uma garantia – e isso é um problema

A maioria dos americanos sabe recitar o preâmbulo da Constituição (ou cantá-lo, se aprendemos a letra na série *Schoolhouse Rock!*). As promessas de justiça e liberdade vêm com a responsabilidade de eleger líderes para protegê-las e torná-las reais. No entanto, desde a limitação original dos direitos de voto a homens brancos até as origens elitistas e racistas do colégio eleitoral, a democracia dos Estados Unidos sempre deixou intencionalmente as pessoas de fora. Quaisquer soluções duradouras vêm exclusivamente da Constituição dos Estados Unidos, a mais alta barreira judicial imaginável, e, ao longo dos séculos, conquistamos o acesso ao voto para pessoas não brancas por meio da 15ª Emenda, para mulheres por meio da 19ª Emenda e para jovens eleitores por meio da 26ª Emenda. Mas cada uma dessas emendas continha uma brecha para a supressão: o fato de deixarem a implementação na mão dos Estados, especialmente os mais hostis à inclusão. Se acrescentar a isso o subfinanciamento geracional da mecânica básica das eleições, no qual a incompetência e a má-fé operam em conjunto, a complexidade absoluta do aparelho de votação nacional facilita a supressão em uma operação quase perfeita.

Desde a eleição do primeiro presidente negro do país, em 2008, alcançamos vitórias extraordinárias. Milhões de americanos, acostumados a se ver apenas à margem ou não se enxergar totalmente, participaram de vitórias históricas e esperançosas na Câmara e de vitórias árduas no Senado e em disputas para governador. Em todo o país, no entanto, testemunhamos uma "tomada de poder" por parte de uma minoria desesperada para se manter nele. Os exemplos disso são abundantes. Os nativos norte-americanos que viviam em reservas em Dakota do Norte foram informados de que, para votar, precisavam ter endereços – onde esses não existiam. No Mississippi, idosos empobrecidos que precisavam de uma cédula de votação à distância tinham que pagar para que um notário público a expedisse – resultando em um novo tipo de imposto eleitoral. Na Geórgia, os pedidos de registro de dezenas de milhares de pessoas não brancas atrasaram por causa de erros tipográficos em bancos de dados do governo e de um sistema falho chamado "correspondência exata". Dos 53 mil pedidos bloqueados por esse processo, 80% vinham de pessoas não brancas.

A supressão do eleitor – desde entrar nas listas até ter permissão para votar e ter esses votos contados – é real. Mas os americanos precisam de uma compreensão sólida de como é a supressão hoje. Hoje, aqueles que impedem o acesso deixaram de usar cassetetes e jatos d'água e passaram a usar regras complicadas para tornar mais difícil o registro e a permanência nas listas eleitorais, o exercício do direito de voto ou ter sua cédula contabilizada. Para avançarmos, devemos entender até que ponto a minoria conservadora cada vez menor criará barreiras à democracia. Mencionando especialistas em direito de voto e meu próprio trabalho na expansão do acesso a esse direito nos últimos 25 anos, não explicarei aqui apenas o problema, mas apresentarei soluções concretas para corrigi-lo.

Quem somos importa: política de identidade e o censo

Os Estados Unidos sempre se atrapalharam em sua busca pela igualdade social, mas enfrentamos hoje uma nova onda de preocupações que são particularmente prejudiciais.

Quer sejam as histórias de brutalidade policial contra negros ou a invisibilidade da comunidade com deficiência, quem dizemos ser como país não é sustentado pela forma como nossos sistemas se comportam. Para que a Nova Maioria Americana – essa coalizão de pessoas não brancas, jovens e brancos moderados a progressistas – tenha sucesso, precisamos parar de deixá-los nos dizer quem somos e como teremos sucesso. Isso começa quando rejeitamos a falsa escolha entre "identidade" × "universalidade".

Somos mais fortes quando enxergamos os mais vulneráveis em nossa sociedade, testemunhamos suas lutas e depois trabalhamos para criar sistemas a fim de torná-las melhor. Quer sejam os atos de direitos civis do início dos anos 1960, o avanço dos direitos das mulheres ou a questão do casamento igualitário, somos um país melhor quando defendemos os mais fracos entre nós e eles se empoderam para que escolham seu próprio futuro. Nestas páginas, dissecarei de que forma a identidade foi usada como arma contra as próprias comunidades que precisam de seu poder. Por meio de histórias de como a política de identidade moldou e mudou o tecido de nossa nação, e trazendo ideias para recuperar o poder da identidade por meio do censo dos Estados Unidos, este livro detalhará um caminho a seguir no qual a identidade é celebrada, não temida.

Votação por identidade funciona. Basta ver como o poder da direita foi distribuído. Agora, é hora de a Nova Maioria Americana aproveitar as mesmas ferramentas para atingir as metas de acesso expandido às oportunidades. Em teoria, isso também deve funcionar. Nossos números são maiores. Nossos sucessos, desde o New Deal* até o Affordable Care

---

* O New Deal foi um conjunto de medidas econômicas e sociais adotado na década de 1930 durante o governo de Franklin Delano Roosevelt para lidar com a crise de 1929. [N. E.]

Act*, são mais duradouros. Nossa coalizão está energizada. Temos a capacidade de afetar permanentemente as políticas e moldar a aplicação da justiça, mas devemos prestar atenção ao que foi conquistado debaixo de nosso nariz e nos apoderar das identidades que tornaram isso possível.

Derrotando o populismo e ganhando eleições para salvar a democracia

Minha experiência em 2018 foi bastante direta. Concorri ao cargo, perseguida por um demagogo racista que cuidadosamente privou do voto centenas de milhares de georgianos e que controlava as chaves da eleição. Eu o vi ser recompensado por se juntar a um grupo crescente de líderes políticos que se deleitam em um processo generalizado e sistêmico de privar alguns do direito de voto e de criar obstáculos para o acesso de outros.

Mas a ameaça também vem de dentro da própria coalizão: os cidadãos que lutam contra o racismo, o sexismo, a homofobia e a pobreza são os *menos* propensos a votar. Eles esperam a eliminação da oposição e a inércia dos vencedores. Pior, os candidatos que deveriam atraí-los têm medo de entrar em contato. Precisamos de uma participação ativa e implacável em nossas eleições e no governo. Infelizmente, os candidatos e seus consultores tendem a ver esses grupos como os mais difíceis e caros de alcançar, por isso as campanhas geralmente optam por procurar votos em outro lugar. Ou então os líderes políticos temem que o envolvimento visível com esses grupos marginalizados lhes custe os votos dos eleitores tradicionais brancos, e assim eles deliberadamente ignoram suas comunidades.

---

*. Também conhecida como "Obamacare", a Affordable Care Act é uma lei federal nos EUA sancionada em 2010 que ampliou o acesso dos cidadãos americanos à cobertura de saúde. [N. E.]

O verdadeiro progresso só acontecerá se unirmos o "quem" da identidade com o "como" do voto em campanhas e movimentos eficazes e inclusivos. Devemos dissipar os mitos que privilegiam o arquétipo do homem branco da classe trabalhadora em Ohio que votou em Reagan em 1980 e, em vez disso, expandir nossa política para reconhecer que a filha dele pode ser casada com uma mulher queniana que está no Arkansas, esperando por residência permanente e grávida do primeiro filho delas. A onda democrata nas eleições de 2018, que incluiu vitórias e derrotas em territórios inesperadamente competitivos, demonstra que as mudanças demográficas se concretizaram e estão prontas para se transformar em um roteiro político para o progresso sustentado. Mas, para tanto, devemos entender o árduo trabalho do engajamento cívico. Mal podemos esperar pela época das eleições.

Os candidatos e as campanhas são mais importantes que nunca. Fiz uma campanha diferente de qualquer coisa que a precedeu e, ao conduzi-la, provei que o que aconteceu com Obama não foi um acaso, mas um prenúncio de como podemos ganhar ainda mais. Em nossa campanha, e em outras em todo o país, novas pessoas foram capazes de avançar e vencer – e fizeram isso reconhecendo a interseção entre identidade e direito de voto.

Além do Congresso, existem os corredores de poder não mencionados que muitas vezes deixamos de lado: eleições estaduais e locais, desde diretorias de ensino e comissões municipais a conselhos eleitorais e secretários de Estado. Essas eleições são importantes porque a arquitetura de nossos direitos começa mais perto de casa. A atenção à política nacional faz sentido para aqueles que tiveram o acesso negado. Os direitos dos Estados – a ideia de que cada Estado deve ter permissão para estabelecer regras próprias – controlam muito como a vida é vivida nos EUA. A realidade prática é que o lugar onde você mora determina sua capacidade de se casar, comprar uma casa, fazer um aborto ou abrir um negócio, e a criação de igualdade nessas áreas geralmente requer uma ação federal para garantir os direitos básicos. Assim, ao reconhecer e aproveitar o poder dos cargos não federais, aqueles que anseiam por uma era passada mais homogênea e segregada se fortalecem e ficam mais resilientes.

O governo Trump ampliou as fraquezas em nossa democracia, mas ele e seus facilitadores no Congresso e no judiciário mostraram os perigos do populismo aqui e no exterior. Os americanos devem compreender o niilismo convincente do populismo autoritário para evitar um colapso permanente da democracia. Em todo o mundo, as ex-democracias estão caindo na autocracia, e os Estados Unidos não estão imunes. Para restaurar nosso país, temos que desconstruir o que nos trouxe até aqui e reparar nossa nação antes que seja tarde demais.

Quer seja a iminente eleição de 2020[*] ou a primeira eleição do congresso pós-redistritamento em 2022, ou uma era pós-Trump, devemos fazer o mesmo planejamento de longo prazo daqueles que trabalham para nos negar uma influência. Nossa obrigação é fortalecer a infraestrutura da democracia e treinar os que ficaram apartados do poder para usar a formidável arma de supremacia demográfica. Demografia não é destino, é oportunidade. Internalizamos as piores lições de nossos oponentes e prejudicamos nosso próprio progresso, aceitando as calúnias, o ódio e o acanhamento causado pelo medo. No fundo, espero que este livro seja um manual de ação no qual os leitores aprendam como proteger o direito de voto, defender a diversidade de quem somos

---

[*]. É possível que os ventos da mudança previstos pela autora já estejam começando: Joe Biden venceu as eleições presidenciais de 2020, derrotando Donald Trump. [N. T.]

hoje e exigir uma liderança política que faça as duas coisas de agora em diante.

Dois de meus irmãos perderam a maior parte de minha campanha para governadora: um deles assistiu à minha campanha de uma televisão em uma prisão estadual, e uma irmã, que é juíza federal, está proibida de envolver-se em política partidária. Minha visão para os Estados Unidos não é aquela em que Leslie é a estrela e Walter é simplesmente uma história que vale de alerta. Meus EUA veem meu irmão e minha irmã como a promessa daquilo que nossa nação pode e deve se tornar: um lugar de extraordinário sucesso que transcende barreiras e um lugar de redenção que desafia o cinismo de nossa política. Essa é uma visão que só existe quando todos têm uma voz verdadeira em nosso futuro. Os Estados Unidos, com todas as suas falhas, sempre foram um lugar de promessa e renovação, de erros cometidos e de busca constante pela expiação. Este é um novo manifesto para o nosso futuro progressista, encorajado pela compreensão de que nosso tempo de espera acabou. A luta pelo nosso futuro já começou.

E adivinha? Nós ganhamos.

1
Tudo o que é velho se renova

Em 15 de novembro de 2018, sentei-me no sofá da minha sala de estar, os fones de ouvido do meu telefone ainda pendurados nas orelhas, mas não ouvia nada. Tinha acabado de encerrar uma ligação com minha coordenadora de campanha, Lauren Groh-Wargo, e estava paralisada. Os números finais da recontagem de votos à distância e provisórios, exigida pelo tribunal, finalmente haviam chegado. Para forçar um segundo turno, precisávamos de quase 17 mil votos a mais, mas eles não haviam se materializado. Essa ligação foi como várias que recebi no intervalo de nove dias entre o dia da eleição e aquela noite, mas foi amarga em seu caráter decisivo. Quatro processos foram movidos, e a chance de vitória dependia de cada decisão. Mas, naquele momento, os números haviam sido computados.

Fizemos uma campanha extraordinária que provou nossa teoria de que a cada vez mais diversificada Geórgia havia se tornado um Estado de tendências democratas. *Investimentos iniciais em eleitores pouco frequentes? Feito. Mensagens progressistas consistentes e autênticas? Feito. Divulgação em vários idiomas? Feito. Centralização das questões das comu-*

nidades não brancas e dos grupos marginalizados normalmente deixados de fora das eleições estaduais? Feito. Os resultados desses esforços do lado democrata da votação tinham sido incríveis: tínhamos triplicado as taxas de participação de eleitores latinos e de asiático-americanos ou cidadãos das Ilhas do Pacífico (AAPI). Aumentamos as taxas de participação dos jovens em 139%. Os eleitores negros, que haviam atingido um pico de força de voto em 2008 na eleição de Obama, tinham se aquietado, e a eleição de 2014 para governador rendera cerca de 1,1 milhão de eleitores no total. Mas, em 2018, mais de 1,2 milhão de eleitores negros compareceram para votar em mim. E o medo de que, ao envolver esses grupos, meus esforços me custassem votos brancos também se mostrou falso. Nossa eleição aumentou a participação de brancos para os democratas em 25% no geral, mais alta entre mulheres brancas das áreas residenciais e brancos com ensino superior de ambos os sexos. Em contraste com as últimas eleições, recebi a maior porcentagem de votos brancos *em uma geração*.

No entanto, a contagem final mostrou que faltavam 54.723 votos para a vitória ou mesmo para o segundo turno legalmente obrigatório. Minha conversa com Lauren foi mecânica. Discutimos a dura verdade sobre o resultado provável e fizemos os preparativos para o dia seguinte. Eu anunciaria o fim da campanha. A conversa voltou-se para os locais do evento e para o discurso que eu daria, mas nenhuma de nós mencionou o tom selvagem de tristeza de tudo aquilo. Nós duas estávamos nos preparando para o resultado desde a noite da eleição. Nossa estratégia havia traçado o que poderia acontecer, desde o cenário A até o cenário Z. Tínhamos pousado diretamente no Z, nossa abreviatura para caos absoluto.

Enquanto mais de 50 mil ligações chegavam para nossa linha direta de eleitores de todo o Estado durante os dez dias entre a data da eleição e nossa ligação, Lauren e eu conversávamos todas as noites. A rotina havia se tornado dolorosamente familiar: primeiro, a decisão do dia em relação a um dos vários processos em andamento. Em seguida, a conversa mudava para a contagem de votos atualizada: às vezes para os adolescentes e, em dias emocionantes, para os milhares de votos reclamados. Nossa campanha havia enviado voluntários e equipes por toda a Geórgia para buscar votos provisórios de eleitores que haviam ficado nas filas por horas, apenas para serem informados de que não tinham identificação suficiente ou algum outro erro grave ou que, o que é mais preocupante, o distrito estava sem cédulas reais. Lauren e eu criamos estratégias sobre a arrecadação de fundos necessária para manter as centenas de pessoas em campo e para não tirar do ar nossos anúncios de serviço público, lembrando os eleitores de seus direitos. Por fim, ela me alertava sobre notícias do vilão: histórias atualizadas sobre como o sistema havia sido minado por seu supervisor, o secretário de Estado e meu oponente, Brian Kemp; cédulas rejeitadas por erros simples, como datas registradas ao contrário ou recusa de inserir informações de identificação, como datas de nascimento, do lado de fora do envelope de votação a distância.

Ou como a catástrofe em Pooler, Geórgia, onde, na manhã da eleição, a fila se estendia do estacionamento até a rua escura da igreja batista Rothwell. Enquanto os carros passavam por eles, os eleitores ficavam sob a chuva intermitente, na sarjeta, esperando na fila para votar. Um eleitor voltou à igreja três vezes ao longo do dia, mas a fila continuava proibitivamente longa. Outro eleitor, que chegou às 17 horas com a filha de 6 anos, deu meia-volta sem votar ao ser informado de que a fila levaria três horas. Ainda havia 60 pessoas na fila em Rothwell na noite da eleição às 22h30. Do outro lado da cidade, os trabalhadores eleitorais com poucos recursos não tiveram melhor sorte. Os eleitores em Pooler tiveram seu direito de voto negado quando se esgotaram os votos provisórios do local de votação. Na Igreja de Pooler, um observador de pesquisas testemunhou quatro eleitores indo embora sem votar porque não havia mais votos provisórios, apesar da exigência federal de que todos os eleitores aptos tivessem a opção. Outro eleitor de Pooler ficou na fila por três horas até descobrir que, após anos votando no mesmo local, ele tinha sido transferido para outro. Ele também não pôde votar no novo local, porque havia demorado tanto para chegar lá que já estava fechado.

Na noite do dia 15, a voz de Lauren, tipicamente uma rajada rápida de informações e estratégia, manteve um andamento cuidadoso e solene. Nós duas sabíamos o que estava por vir, mas ainda tínhamos que dizer a verdade em voz alta: nossa esperança havia se esgotado. Muitas cédulas tinham sido descartadas, rejeitadas ou bloqueadas muito antes do dia da eleição, e alguns funcionários eleitorais do condado não conseguiram manter um registro desses votos perdidos.[1] Quando esses votos potenciais foram somados aos que foram rejeitados nas urnas ou expulsos por causa de longas filas e distritos com poucos recursos, nossa indignação com a condução da eleição aumentou. O resultado final, porém, foi que os números simplesmente não somavam os 17 mil de que precisávamos para forçar formalmente um segundo turno.

Ao digerir a atualização, entendi a próxima decisão a ser tomada. Seguindo minha solicitação, nossos advogados haviam preparado dois memorandos para mim caso não atingíssemos o limite de segundo turno: o primeiro expunha como contestar os resultados das eleições com base nas evidências que tínhamos acumulado. O outro memorando tinha uma abordagem mais radical e fora criado na manhã após a eleição, quando meus principais conselheiros estavam sentados comigo ao redor de uma mesa de hotel. Em vez de contestar judicialmente os resultados da eleição, uma ação judicial potencial se concentraria na própria infraestrutura de votação. Essa abordagem não ajudaria em nada em promover meu intento de me tornar a 83ª governadora da Geórgia, mas poderia transformar o processo eleitoral para sempre, e nossas principais advogadas, Allegra Lawrence-Hardy e Dara Lindenbaum, junto com Lauren, mergulharam fundo nessa possibilidade.

Na ligação naquele dia, Lauren e eu rapidamente descartamos a ideia da contestação, sem muita discussão. No momento em que eu apresentasse o desafio, as histórias de milhares de eleitores privados de direitos seriam ofuscadas pela cruzada de um político pela redenção. No entanto, uma ação para invalidar o sistema de leis que permitia que uma mulher de 92 anos fosse apagada das listas de votação ou que impedisse um calouro da faculdade de votar pela primeira vez seria um caso sem precedentes no século 21, pelo qual valia a pena lutar.

Na noite seguinte, reconheci a legalidade dos resultados da eleição – e, sinceramente, o sistema funcionou conforme manipulado. No entanto, recusei-me a oferecer a concessão típica ao meu oponente, não porque pretendia subverter o sistema democrático, como alguns alegam com falsas comparações à decisão apócrifa de Richard Nixon em 1960 ou às reivindicações totalmente fabricadas de Trump em 2016. Minha escolha veio das lições aprendidas com meus pais e avós e com uma série de defensores dos direitos civis cujas vidas foram um testemunho da luta pelo sufrágio. Ao reconhecer a eleição, eu validaria o sistema que eliminou eleitores das listas de votação, garantiu que milhares não pudessem votar e bloqueou a contagem de outros milhares. Ao fazer a eleição girar em torno da luta de um candidato, eu mascararia a guerra que tem sido travada contra milhões de eleitores na Geórgia e em todo o país durante séculos. Os contornos e as táticas de supressão de eleitores mudaram desde as leis de segregação ou os movimentos sufragistas, mas a missão permanece estável e imóvel: manter o poder concentrado nas mãos de poucos, privando indesejáveis do direito ao voto.

Meu discurso de não reconhecimento, em 16 de novembro de 2018, serviu como uma declaração de intenções. Aprendemos a esperar reconhecimentos não apenas do resultado de uma disputa eleitoral, mas do sistema que o sustenta. Mas esquecemos que o sistema não é construído simplesmente para escolher políticos. O vasto, invasivo e complexo sistema eleitoral controla tudo – desde a determinação da qualidade de nossa água potável até a legalidade do direito ao aborto e os salários roubados de uma trabalhadora doméstica. O sistema de votação não é apenas político, é econômico, social e educacional. É onipresente e onisciente. E é falível. No entanto, quando uma estrutura é rompida, somos tolos se simplesmente ignoramos a falha em favor de fingir que nossa democracia não está ficando esgarçada. Nossa obrigação é entender onde está o problema, encontrar uma solução e reconstruir o todo danificado.

A supressão do eleitor não é um fenômeno novo e, verdade seja dita, não é algo totalmente partidário. A supressão começou antes do advento dos partidos políticos e tornou-se uma ferramenta favorita do partido no poder. Democratas-republicanos, ignorantes, democratas e republicanos, todos alavancaram o poder de supressão para ganhar eleições e negar votos ao outro lado. A privação de direitos ocorre por meio do animus racial e sexista, da incompetência, da ignorância intencional e da má-fé. Às vezes, ocorrem todos na mesma ação. Desde o início de nossa nação, os intermediários do poder têm procurado agregar autoridade a si mesmos. No início, isso significava velhos brancos que negavam voz política à esposa, aos escravos, aos servos contratados e aos proprietários de terras nativos. Esses homens brancos – e eram todos homens brancos – dependiam de mulheres, escravos, servos e nativos norte-americanos para construir o comércio e as estruturas físicas das colônias, e então foram todos recrutados de alguma forma para a Guerra de Independência dos Estados Unidos. Eles escreveram a Constituição com um grandioso e sedutor ideal de liberdade em seu cerne, que incorporou a hipocrisia em seu compromisso de três quintos* em relação à escravidão e na omissão das mulheres como um todo. Contudo, o apelo da liberdade e os momentos de coragem e valor que constituíram a história norte-americana significam que ainda mantemos essa aspiração hoje. No entanto, vendemos a história para outras nações sem enfrentar totalmente o conflito interno que nossas ações demonstram àqueles que olham para os Estados Unidos como um modelo de comportamento. Para dizer a verdade, o que devemos fazer, se tivermos alguma chance de seguir em frente, é entender como a história da democracia dos Estados Unidos rendeu tantos exemplos terríveis de sua complicada promessa.

Negação e atraso: a luta pelo direito de voto nunca terminou

Meu pai adora contar histórias. Como qualquer bom sulista, seus contos começam com a verdade e rapidamente se

---

*. O compromisso dos três quintos foi um acordo feito em 1787 durante a Convenção Constitucional dos Estados Unidos no qual, para determinar o número de assentos na Câmara dos Representantes e quanto se pagaria de impostos, se calculariam três quintos da população escravizada em relação à população total de cada Estado. [N. T.]

tornam confusos nos detalhes, tecendo aqueles comentários divertidos que mantêm o público extasiado. Ele jogou futebol americano no colégio e, a cada vez que contava alguma história, os jogadores que havia enfrentado ficavam mais gigantescos em tamanho e mais maldosos em temperamento. Ao longo dos anos, um jovem Robert Abrams ficou mais rápido e ágil, solidificado em sua versão dos eventos como um prodígio do campo de batalha, interrompido apenas pelo mau tempo, por decisões ruins ou ferimentos tão graves que está cuidando deles até hoje. Durante a maior parte da minha vida, ouvi e memorizei suas histórias, contadas em voz alta ou não. Aprendi a ler as entrelinhas das histórias e a entender como meu pai enfrentava desafios, ria da dor ou simplesmente admitia a derrota.

Por outro lado, quando perguntam à minha mãe sobre suas experiências de infância e adolescência, ela se preocupa muito com a exatidão de suas lembranças, relutante em compartilhar uma história sem analisar cuidadosamente a verdade. As emoções do momento são importantes para ela, assim como os contornos de tempo, lugar e ambiente. Bibliotecária de formação e pastora por vocação, mamãe se deleita com a atmosfera tanto quanto com a lição de moral a ser aprendida. E sempre há uma lição de moral.

Meus pais são pastores da igreja, e suas diferenças no jeito de contar histórias moldaram a maneira como eu entendo a natureza da comunicação. A tendência de papai para histórias amplas e descrições elaboradas exige a atenção do ouvinte e os empurra diretamente para o centro da ação. Mamãe, em contraste, convida o público a entrar na história, confundindo suas mentes e corações enquanto descobrimos juntos a verdade da questão. Com relação aos direitos de voto, para entender onde estamos agora tive de ouvir suas lembranças separadamente e em conjunto, seus estilos contrastantes, e ambos ofereceram a ilustração mais verdadeira de como a justiça e a democracia realmente se tornaram reais no Extremo Sul. Mais importante, finalmente entendi com eles como separar o mito da realidade, como reconhecer os contornos minuciosos de uma história que, para muitos de nós, se tornou confusa nos detalhes.

Em 1964, meu pai era um magrelo jovem negro de 15 anos que crescia em Hattiesburg, Mississippi. Como a maioria dos meninos de sua idade, amava futebol e garotas, mas não era o maior fã da escola. A escola do condado que ele frequentava, Earl Travillion High School, permanecia segregada uma década depois de o processo *Brown vs. Conselho de Educação* (1954) ter exigido o desmantelamento do sistema educacional inerentemente desigual, disseminado por todo o Sul e por todo o país. Do outro lado da cidade, minha mãe, Carolyn Abrams, nome de solteira Hall, matriculava-se na Rowan High School, a escola segregada do município. Apesar da aprovação de um bando de leis de direitos civis e do suposto fim das leis Jim Crow, meu pai e minha mãe se formaram em escolas de ensino médio profundamente segregadas em 1967 e 1968, respectivamente.

No fim do verão de 1967, Hattiesburg adotou de má vontade um modelo de "liberdade de escolha", que permitia aos alunos optar por uma experiência integrada. Enquanto minha mãe explica o processo, meu pai bufa em escárnio. Ele havia sido incorporado à Rowan High School devido à anexação de sua comunidade à cidade de Hattiesburg. Mas a mudança de nome das escolas não significou uma verdadeira mudança na composição das cores. Alunos negros, antes separados apenas por linhas distritais, agora frequentavam a mesma escola negra segregada, ainda sem recursos e acesso, mesmo anos depois.

Então, meu pai transferiu para a nova escola o ativismo pelos direitos civis que ele havia começado no Travillion.

Ele e seus irmãos fizeram protestos e marcharam contra as divisões racistas que os impediam de participar plenamente da vida americana. Embora fosse muito jovem para votar, foi preso em 1964 por lutar para garantir o sufrágio aos negros na cidade. Enquanto papai me conta sobre as marchas, empoleirado na beirada de seu banco, ele apimenta a história com anedotas sobre quem protestou com eles – sobre os temores da explosão de mangueiras de água e cães ferozes e furiosos que impediam homens e mulheres adultos de exercer um direito fundamental. Embora a Lei dos Direitos de Voto tenha sido promulgada no ano seguinte, o ato do Congresso demoraria para pegar e criar uma mudança real, assim como acontecera com *Brown vs. Conselho de Educação*. Frequentemente, vemos esses momentos históricos como pontos fulcrais com mudanças instantâneas; no entanto, como no caso da maioria dos movimentos, as novas leis e regras apenas anunciam uma possibilidade. Mais leis e regras devem ser feitas para que as coisas aconteçam.

A narrativa do meu pai é barulhenta e animada. Em contraste, o que minha mãe fala é cheio de compaixão. Ela explicou as preocupações das empregadas domésticas, cujos patrões ameaçavam expulsá-las caso se atrevessem a se registrar para votar, dos operários mantidos como reféns por um chefe da principal empresa da cidade, que prometia vingança contra qualquer um que desafiasse as regras da hegemonia sulista. O processo de Brown, assim como a liberdade prometida na 13ª, 14ª e 15ª Emendas, pouco significava na vida real. Os negros não tinham direito a escolas sem segregação ou voto integrado. Só podiam recitar o mito do progresso dos direitos civis que haviam lido no jornal ou visto na televisão. Sem um sistema estadual forçado a aceitar os decretos federais, a opressão racial continuou por anos após a suposta mudança. Este é um dos problemas persistentes de nosso ideal de democracia: leis nacionais grandiosas e abrangentes ou decisões judiciais anunciam uma nova forma de comportamento. No entanto, nossos 50 Estados separados têm poucos motivos para aderir totalmente às regras sem serem coagidos por ameaças daqueles poderes superiores do sistema federal. Sem a capacidade de exigir obediência às vitórias morais, o que meus pais e outras pessoas experimentaram na esteira das vitórias pelos direitos civis muitas vezes foi apenas mais do mesmo, executado silenciosamente e sem consequências.

O que tornou a Lei dos Direitos de Voto real, o que forçou o fim da segregação, foram as ações dos líderes políticos locais. Com frequência, eram homens e mulheres normais que consideravam o progresso modesto menos prejudicial que a obstinação. As diretorias de ensino, temerosas com as ações judiciais, começaram a experimentar a integração, e os conselhos eleitorais do condado acabaram cedendo às exigências do Departamento de Justiça federal. Mas a razão mais convincente para a mudança era quase sempre o desejo de angariar cédulas adicionais representadas por um novo quadro de eleitores: negros que poderiam finalmente influenciar as eleições.

Enquanto meus pais relembravam seu ativismo e o papel do voto para forçar a mudança, pensei nas vezes em que nos levaram para votar. Lembro-me de entrar na cabine com eles, mas nunca vi uma placa política em nosso quintal ou um político à nossa porta. Meus pais são mais bem descritos como "supereleitores", aquelas pessoas que nunca perdem uma eleição, seja ela para secretário do condado ou presidente dos Estados Unidos. Do ponto de vista político, são os eleitores mais cobiçados. No outro extremo do espectro estão os eleitores infrequentes, aqueles que votam apenas nas eleições presidenciais, quando votam. No meio disso, a maioria dos eleitores é pontuada com base na probabilidade de votar e em quanto trabalho uma campanha terá para levá-los às urnas. Quanto mais alta a pontuação, maior a probabilidade de você concordar com o partido político que a está organizando, e você aparece nas urnas regularmente – um *supereleitor* muito cobiçado. Várias campanhas atribuem outros títulos à medida que a pontuação do eleitor diminui: eleitor regular, eleitor de baixa propensão e não eleitor. A pontuação mais baixa indica que você apoia o outro lado. Nenhum consultor aconselharia um candidato a incomodar meus pais com várias ligações. Eles votam em todas as eleições, faça chuva ou faça sol. Acreditam que, mais do que protestar, um verdadeiro ativista deve eleger pessoas que compartilham seus valores. Da mesma forma, eles nos levaram a acreditar que nossas vozes seriam ouvidas se também participássemos de todas as eleições, como se nossa vida dependesse do voto. Ao contar suas histórias, queriam que entendêssemos a complexidade do progresso, como o que está escrito no papel deve se tornar real por meio de envolvimento e atenção. No entanto, me perguntei se eles sabiam que também nos educaram sob o véu da mitologia. Garantir o direito de se registrar não significava que alguém tivesse o direito de votar. O ato de votar às vezes não tinha relação com a contagem dos votos. Como minha experiência eleitoral provou, os vestígios das leis Jim Crow para bloquear legalmente o acesso ao direito de votar foram substituídos por expurgos de eleitores, recintos fechados e máquinas de votação quebradas em bairros negros.

A supressão começa com quem pertence a este lugar

A narrativa central de nossa nação pode ser resumida na desconexão entre a promessa de igualdade da Constituição e o desrespeito desenfreado por essa pretensão que tem atormentado os Estados Unidos da América desde então. Embora os Pais Fundadores tenham concordado com a igualdade universal na Declaração da Independência, eles abandonaram a aspiração na época em que redigiram os documentos de organização do país. Vou ser bem clara: a codificação do racismo e da privação de direitos é uma característica de nossa legislação – não um descuido. E o pecado original da Constituição dos Estados Unidos começou ao identificar os negros como se fôssemos três quintos humanos: corpos negros contados como propriedade e suas almas como inexistentes.

O direito ao voto é o princípio mais básico de nossa democracia e o mínimo que se deve esperar do governo. Nosso presidente pode enviar nossos vizinhos para a guerra. As autoridades locais eleitas decidem as questões mundanas, como a coleta de lixo, e as questões mais importantes, como o fechamento de hospitais. Em todos os níveis de nossa vida nesta república, escolhemos homens e mulheres para falar por nós, sim, mas também para determinar o rumo de nosso cotidiano. E tudo o que precisamos é de uma greve de professores ou uma paralisação do governo para lembrarmos como as eleições podem ser vitais para os ritmos diários da vida.

Ao longo de nossa história, o direito de voto teve que ser comprado com sangue e protestos em cada geração. A Guerra de Independência dos Estados Unidos incluiu patriotas escravizados e nativos norte-americanos que teriam sua cidadania negada assim que a nação se oficializasse. A selvageria da Guerra Civil não tinha nenhum argumento mais claro sobre se os negros eram propriedade ou seres humanos dotados de autonomia. Até mesmo o movimento sufragista se enrolava em questões complexas de gênero e raça, no qual as mulheres brancas se beneficiariam com a obtenção do sufrágio enquanto atuavam para negar o mesmo às mulheres negras que haviam ajudado a impulsionar o movimento.

Mas o direito de voto não é simplesmente um pedido de voz na condução dos assuntos de Estado. As pessoas sacrificaram a vida em busca da moeda mais fundamental da cidadania: o poder. Porque, sejamos sinceros, esse é o cerne dessa luta. Poder é o direito de ser visto, de ter sua voz ouvida, de conduzir o curso da história e os benefícios do futuro. Nos Estados Unidos, a democracia faz da política uma das alavancas fundamentais para o exercício do poder. Simplificando, a luta pelo domínio sobre o futuro de nossa nação e quem vai participar dele é uma batalha real pelo poder nos Estados Unidos, e ponto-final.

No entanto, a batalha há muito tempo tem como alvo os marginalizados e os despossuídos, isolando o direito de votar em um grupo seleto, desde o início. No primeiro ano completo da fundação de nossa nação, a Lei de Naturalização de 1790 foi aprovada para impedir que qualquer outra pessoa além de ex-escravos e "brancos livres" se tornasse cidadã. Essa lei tinha como alvo os nativos norte-americanos que haviam ocupado a nação muito antes de o *Mayflower* chegar à costa americana. Tendo lidado com o potencial de muitos escravos libertos ao consagrar a escravidão nos documentos fundamentais, a Suprema Corte dos Estados Unidos consolidou essa posição na decisão *Dred Scott vs. Sanford* (1857), decidindo que os negros não podiam ser considerados cidadãos americanos e não tinham direito de desafiar a escravidão. O juiz-presidente Roger Taney escreveu: "Um negro, cujos ancestrais foram importados para este país e vendidos como escravos", foi destituído permanentemente de seus direitos porque uma pessoa negra, inerentemente, "[não] era membro da comunidade política formada e trazida à existência pela Constituição".

A noção de "comunidade política" está no cerne dessa

denúncia da participação negra na democracia americana, criando um clube particular onde os únicos membros aceitos tinham que ser e parecer de determinado jeito. No início do país, os Pais Fundadores decidiram quem seria considerado digno de cidadania e usaram, como parâmetro de medição, a capacidade de manter a classe e a estrutura de poder que haviam estabelecido a base para sua riqueza e domínio político. Não é de surpreender que apenas homens brancos tenham recebido tal *status*. Dred Scott, em contraste, era um homem escravizado que fora levado junto com a esposa e os filhos primeiro para Illinois e depois para o Território de Wisconsin. Segundo as leis da época, Scott e a família seriam libertados porque o proprietário de escravos havia permanecido tempo demais em um território que não permitia a escravidão. Scott solicitou por meio de ação judicial a emancipação de sua família, mas o juiz Taney, em vez de revisar a lei, abordou a questão fundamental que refletia se Scott tinha o direito de entrar com uma ação em um tribunal, um privilégio de cidadania. O juiz Taney rejeitou o apelo de Scott pela liberdade porque não viu naquele homem escravizado os marcadores de privilégio que dariam a ele direito à reparação. Isso quer dizer que, como Scott não era um homem branco – característica que os Pais Fundadores haviam considerado digna de cidadania quando a Constituição foi escrita –, o juiz Taney e a maioria da Suprema Corte consideraram que a cidadania estava definitivamente vetada a Scott e a todos os descendentes da escravização africana. Apesar de decisões posteriores terem anulado o caso de Dred Scott, o juiz Taney definiu um curso durante os séculos seguintes para testar nossa batalha pelos direitos de votar. Para o juiz Taney e sua turma, apenas homens brancos privilegiados tinham os direitos constitucionais de cidadania e o direito de traçar o curso da nação. De decisões ordinárias a respeito de tributação até a venda de bens móveis humanos, a Constituição definiu a classe mais restrita de intermediários de poder, e as restrições à cidadania são os meios mais eficazes para filtrar os intrusos.

O mais terrível sobre o caso *Dred Scott* é a negação absoluta da cidadania – da participação no poder – a um americano que tinha todos os motivos para acreditar que tinha direito à proteção de associação. Com a decisão no caso de Scott, os Estados continuaram a negar os direitos à cidadania. A escravidão floresceu até a Guerra Civil e, mesmo nos Estados livres, os negros podiam ser cidadãos estaduais, mas não tinham voz nas leis federais ou na tomada de decisões. Toda vez que o marcador mais eficaz de cidadania – o direito de votar – é suprimido, há ecos do decreto do juiz Taney. Aqueles que não conseguem votar não têm voz no funcionamento do governo, o que cria um Estado permanente de impotência.

Um momento de graça: reconstrução para uma falsa redenção

Após a Guerra Civil, de 1865 a 1877, os Estados Unidos fizeram uma tentativa breve e abortada de cumprir a premissa básica da democracia, garantindo, pela primeira vez, os direitos dos negros norte-americanos. Esse período ficou conhecido como "Reconstrução". O início veio na forma da 13ª Emenda, ratificada em 1865, que aboliu a escravidão e a servidão involuntária, um pré-requisito crítico para a expansão da participação negra nas decisões de suas comunidades. No entanto, até mesmo a abolição da escravidão acarretou uma represália perversa, permitindo a servidão involuntária como punição pela prática de um crime, uma característica explorada avidamente não apenas por ex--confederados, mas por seus compatriotas brancos do Norte e do Ocidente no poder. Com os escravos recém-libertados vivendo principalmente no Sul (havia mais de 4 milhões de escravos na época da Guerra Civil), a luta para impedir a cidadania plena foi travada por mais de uma década. Os chamados códigos negros,* formalizados pelos Estados do Sul na década de 1860, tinham contrapartes nos Estados do Norte, alguns datados da era colonial.

No Sul, um negro recém-liberto não tinha direito ao voto. Nas cidades sem lei que existiram após a guerra, os negros não podiam ter posse de armas para se defender, embora a polícia organizada não existisse. Até o ato de andar por uma rua da cidade trazia perigo. As leis contra a vadiagem tornavam ilegal que negros se mudassem sem prova de emprego. Um homem negro que esperasse em uma esquina para encontrar a esposa podia ser detido e encarcerado apenas por ficar parado ali. Depois que isso acontecia e o homem era condenado, a 13ª Emenda permitia que ele fosse submetido à servidão involuntária. Juntas, essas leis e regras estabeleciam os limites da vida dos negros, independentemente de onde morassem. A aprovação dessas leis estaduais enfureceu os republicanos mais liberais no Congresso, e novas regras federais foram propostas para impor uma participação mais justa para os negros norte-americanos.

Durante a Reconstrução, a Lei dos Direitos Civis de 1866, bem como a 14ª e a 15ª Emendas, deu início à dolorosa reafirmação dos princípios fundamentais de nossa nação de proteção igualitária perante a legislação. Essa lei, pouco conhecida, veio na esteira do fim da escravidão e transformou a vida dos negros nos Estados Unidos. Pela primeira vez, a lei federal garantiu direitos legais, permitiu direitos trabalhis-

---

*. Os códigos negros, ou Black Codes, eram corpos de leis estabelecidos no nível dos governos estaduais dos Estados Unidos, como legislação interna, com o objetivo de colocar limites aos direitos de cidadania da população negra. [N.E.]

tas e concedeu acesso à educação e à liberdade de religião. As igrejas negras, muitas vezes mantidas em segredo, floresceram. Faculdades e universidades historicamente negras formaram professores, médicos e empresários, e outros estudantes negros foram aceitos em instituições historicamente brancas. A oportunidade econômica abriu-se para centenas de milhares de pessoas que enfrentavam a terrível transição da escravidão para a suposta economia de mercado livre. Mas o oponente mais feroz da lei foi o democrata Andrew Johnson, que assumiu a presidência após o assassinato de Abraham Lincoln. Johnson vetou a lei, mas um Congresso Republicano anulou seu veto. Em 1868, três anos após o fim da Guerra Civil e o fim da escravidão, a 14ª Emenda concedeu a cidadania a qualquer pessoa nascida nos Estados Unidos, o que anulou a decisão da Suprema Corte no caso *Dred Scott*. Negros e negras finalmente mantiveram um *status* que lhes havia sido historicamente negado, mas os nativos norte-americanos não se beneficiaram dessa mudança. Nenhuma pessoa considerada visitante dos Estados Unidos, ou nativos norte-americanos vivendo em reservas, como a maioria das leis exigia que vivessem, poderia reivindicar a cidadania ou seus benefícios. Dois anos depois, os Estados ratificaram a 15ª Emenda como garantia do direito de voto para os cidadãos, independentemente de raça ou cor. Entretanto, as mulheres ainda não poderiam votar nas próximas décadas.

Durante a Reconstrução, homens negros chegaram ao poder nos antigos Estados confederados, servindo nas duas câmaras do Congresso e como governadores. O verniz de inclusão ficou rapidamente manchado, apesar das mudanças constitucionais e das novas leis. Embora a 15ª Emenda garantisse o direito de voto, os Estados tinham autonomia para decidir sobre a administração do recenseamento eleitoral e toda a legião de leis eleitorais, desde os locais de votação e as candidaturas até a data e a época das eleições. Portanto, mesmo que os negros tivessem o direito de votar em seu Estado, o local de votação poderia estar localizado a 16 quilômetros de distância. Sem meios de transporte, muitos não conseguiam chegar fisicamente ao local.

Os testes de alfabetização formavam a ferramenta favorita emprestada do Nordeste e eram particularmente populares porque tanto imigrantes quanto norte-americanos negros libertos frequentemente tinham educação limitada. Connecticut foi o Estado pioneiro em testes de alfabetização em 1855 para limitar o acesso às urnas e excluir os imigrantes irlandeses. Nesses testes, os eleitores tinham que provar seu domínio do idioma lendo uma passagem em voz alta e respondendo a perguntas a fim de demonstrar sua compreensão de leitura para satisfação do examinador. Claro, os testes eram administrados de forma que fossem mais difíceis para aqueles que o establishment queria privar de direitos. No Alabama, por exemplo, os eleitores brancos tinham que ler e discutir uma passagem de oito palavras da Seção 20 da constituição do Estado, que simplesmente afirma: "Ninguém deve ser preso por causa de dívidas". No entanto, o eleitor negro precisava ler e explicar toda a Seção 260, contendo 187 palavras de linguagem complicada que estabelecia as leis de tributação e os títulos estaduais.[2] A maioria de nós, nascidos após o fim dos testes de alfabetização, temos uma vaga noção dos obstáculos que nossos pais e avós enfrentaram para votar, quanto mais os avós deles. Os eleitores negros tiveram que desvendar leis complexas que advogados treinados tinham problemas para decifrar. Tudo para tentar votar.

Da mesma forma, os Estados do Sul cobravam impostos eleitorais, uma exigência de pagamento pelo direito de votar. Mas isso também existia no Norte, inclusive em Connecticut, no Maine, em Massachusetts e na Pensilvânia, onde o objetivo era taxar o voto de imigrantes, pobres e pessoas não brancas. Esses impostos, pagos simplesmente pela oportunidade de votar, podiam equivaler ao salário de um dia ou de uma semana. E tiveram o efeito pretendido, separando os pobres e desprovidos e impedindo-os de qualquer opinião sobre como poderiam melhorar sua posição na vida. No Sul, cláusulas familiares acompanhavam os impostos eleitorais a fim de isentar os brancos pobres dos Estados do Sul de seu efeito: se o pai ou avô de um eleitor em potencial tivesse votado anteriormente, ele não precisaria pagar o imposto.

A esperança trazida pelas emendas da Guerra Civil – de que os Estados promulgassem os mesmos princípios de liberdade exigidos pelas leis federais – provou ser uma ficção. Quando os democratas recuperaram o poder no Congresso e os republicanos perderam o interesse, os ex-Estados confederados estabeleceram um esquema de privação permanente de direitos para os negros, revertendo os ganhos da Reconstrução e punindo aqueles que ousassem tratar a cidadania negra como completa e fática. No cerne dessa apreensão e negação de direitos estava um esquema tortuoso de jogar a responsabilidade para outra instância. As leis federais garantiam direitos em teoria, mas deixavam aos Estados a responsabilidade de sua implementação. Os Estados tiraram proveito disso, aperfeiçoando sua arte ao invocar a 10ª Emenda, o último acréscimo à Declaração de Direitos, que concedeu aos Estados uma independência de responsabilidade para com aqueles que viviam dentro de suas fronteiras. Anunciada como "Direitos dos Estados" a todos que pudessem ouvir, a 10ª Emenda tornou-se uma barreira intransponível contra os direitos civis para milhões.

Nos antigos Estados confederados e simpatizantes, a escravidão até podia ter acabado, mas nada impedia os homens brancos no poder de impor novas formas de degradação aos negros norte-americanos que continuavam a viver ali, nas áreas que conheceram por toda a vida. No início da era Pós-Reconstrução, em 1877, as infames leis Jim Crow entraram em vigor quando os direitos concedidos pela Reconstrução começaram a ser rapidamente retirados. Os 11 Estados confederados mais dois simpatizantes que formavam o núcleo da região de Jim Crow eram: Alabama, Arkansas, Geórgia, Flórida, Kentucky, Louisiana, Mississippi, Missouri, Carolina do Norte, Carolina do Sul, Tennessee, Texas e Virgínia. Todos nós já ouvimos falar das graves desigualdades de acesso apresentadas nesses Estados em algum momento, de banheiros segregados a hospitais sem internação e cemitérios isolados. Embora os negros norte-americanos agora detivessem a cidadania nominal após a 13ª Emenda, os tribunais se recusavam a fazer valer os privilégios de pertencimento para eles; em vez disso, postergavam o direito dos Estados de inculcar seus dogmas racistas nas leis que governavam as ações mais básicas.

    Os ex-escravos enfrentaram a brutalidade mais persistente, mas humilhações e danos bem reais do não pertencimento afetaram também outras comunidades não brancas. Na ação *Botiller vs. Dominguez*, o governo federal fez vista grossa quando os mexicanos-americanos, que tiveram suas terras confiscadas na Califórnia, enfrentaram a miséria de perder não apenas os territórios, mas também o ouro contido neles, porque uma decisão da Suprema Corte os privou de direitos de propriedade. Além disso, eles não tinham direito de voto para anular a decisão. A Lei de Terras Estrangeiras da Califórnia de 1913 proibia "estrangeiros inelegíveis para a cidadania" de possuir propriedade, uma frase que visava os asiáticos levados ao país pela Corrida do Ouro e pela construção da infraestrutura de transporte de nossa nação. Classificados como visitantes, apesar da permanência no país, a falta de cidadania plena os impedia de buscar reparação nas urnas. Em massa, foi negado aos não brancos o direito de possuir terras, o direito à educação, o direito ao livre e pleno gozo de sua vida na América – em virtude de não terem o direito de votar para obter a representação a fim de criar mudanças.

Uma luz ofuscante cresce: ascensão e queda da lei dos direitos de voto

Negros e outros irritaram-se com a perda das liberdades que haviam sido conquistadas durante a Reconstrução. Com o tempo, começaram a organizar protestos e a perturbar as autoridades eleitas para restaurar o que a 13ª, 14ª e 15ª Emendas prometiam na Constituição. Em 1948, com a Ordem Executiva 9981, Truman integrou as Forças Armadas. Embora anunciado como um avanço, o ato simplesmente consagrou o que deveria ter sido instintivo: aqueles que arriscaram a vida por nossa democracia não deveriam ser discriminados. Em 1951, o movimento pelos direitos civis começou para valer. Sob a liderança de uma Suprema Corte recentemente fortalecida e de juristas determinados como Thurgood Marshall, uma grande quantidade de casos e novas leis começou a construir nossa compreensão moderna dos direitos civis.

A Lei dos Direitos Civis de 1957, enfraquecida pelas ações do então líder da maioria no Senado, Lyndon B. Johnson, considerou que o governo federal tem o direito de fazer cumprir as leis que proíbem a negação dos direitos de voto e criou a Divisão de Direitos Civis do Departamento de Justiça. Três anos depois, a Lei dos Direitos Civis de 1960 restaurou partes importantes da proposta de 1957, incluindo autorizar o governo federal a fazer cumprir ordens judiciais relacionadas à dessegregação e outras leis de direitos civis, junto com a capacidade de abrir processos de direitos civis em nome da sociedade. Antes dessa disposição, um cidadão negro lesado tinha que entrar com o processo pessoalmente, e poucos tinham os recursos ou a capacidade de buscar reparação. Entre as mais famosas está a Lei dos Direitos Civis de 1964, que proibiu a discriminação com base em "raça, cor, religião ou origem nacional" nas práticas de contratação e nas instalações públicas.

Apesar dos ganhos lentos, a maior conquista para a democracia fundamental veio na forma da Lei dos Direitos de Voto de 1965, que restaurou e protegeu os direitos de voto em nível federal e responsabilizou pela discriminação certos Estados e jurisdições, referidos como "jurisdições cobertas". A disposição mais eficaz da lei seria encontrada no chamado "mecanismo de liberação prévia" da Seção 5, que determinava que sempre que uma jurisdição coberta – seja cidade, condado ou Estado – tentasse alterar qualquer lei, prática ou procedimento eleitoral, o Departamento de Justiça americano teria que concordar que aquilo não tinha um propósito ou efeito discriminatório.

Assim, onde Jim Crow havia florescido, a Lei dos Direitos de Voto serviu como arsenal para anular a cláusula de salvaguarda da 10ª Emenda para a supressão do eleitor. Anos se passaram até que o ato atingisse plena força e efeito, mas, onde o fez, vidas mudaram para sempre. Os eleitores negros foram capazes de formar coalizões com outras pessoas não brancas e eleitores brancos simpatizantes para eleger representantes que se parecessem com eles e compartilhavam suas histórias. Locais de votação em bairros negligenciados, impostos de votação, testes de alfabetização e outros obstáculos ao voto morreram. Por fim, embora isso tenha levado mais uma década, os que não falam inglês conseguiram uma emenda à lei para exigir cédulas multilíngues e proteção para que os tradutores entrassem nas cabines com eles.

Com o presidente republicano Richard Nixon e seu sucessor, também republicano, Gerald Ford, o Congresso concordou em estender as proteções da Seção 5 por cinco anos em 1970 e, em seguida, acrescentou uma segunda prorrogação por sete anos em 1975, incluindo proteções para cidadãos hispânicos, asiáticos e nativos norte-americanos. A Lei dos Direitos de Voto teve uma extensão de 25 anos em 1982 com o presidente Ronald Reagan. No entanto, essa versão adicionou um processo para que as jurisdições cobertas se retirassem ou fossem removidas da supervisão do ato. Mesmo no fim de 2006, a renovação da Lei dos Direitos de Voto contou com o apoio bipartidário. Então, em 2008, a Lei dos Direitos de Voto inaugurou o eleitorado votante mais diverso da história norte-americana, e uma coalizão se reuniu para eleger o primeiro presidente negro do país, Barack Obama.

A reação à repentina participação de grupos há muito adormecidos veio imediatamente, com os conservadores irritando-se com a estrutura de poder reordenada e os novos eleitores transbordando com a confiança do poder eleitoral. De programas de rádio a discursos em legislaturas estaduais, analistas de direita começaram a tecer teorias conspiratórias sobre a legitimidade da eleição do presidente Obama e, em particular, começaram a se preocupar com o quanto poderiam ser ativos esses novos eleitores nas eleições estaduais e locais. A combinação de jovens eleitores, eleitores não brancos e brancos moderados e progressistas rejeitou totalmente os pontos de discussão republicanos e raramente votou em seus candidatos. Mas muitos deles não eram eleitores ativos antes de Obama, e a preocupação tinha sido ínfima antes da eleição de 2008.

Em resposta, o Partido Republicano empreendeu um esforço de um ano para ganhar legislaturas estaduais e disputas para governador em 2010, a fim de controlar o processo de redistritamento de 2011 – que é a forma como as legislaturas estaduais delineiam os limites geográficos dos distritos eleitorais nos níveis parlamentar, estadual e local. Com a eleição do maior contingente de legisladores e líderes republicanos da história, as leis estaduais que protegem os eleitores começaram a enfrentar desafios de seus próprios líderes em lugares como Wisconsin e Ohio, onde a disposição da liberação prévia da Lei dos Direitos de Voto não foi alcançada porque eles não tinham sido incluídos entre os Estados com os piores históricos. A única barreira para a dizimação total dos direitos e proteções conquistados por meio da Lei dos Direitos de Voto, no entanto, eram os Estados e jurisdições sujeitos à supervisão federal. Foi instaurada a ação *Condado de Shelby vs. Holder*, um caso do Alabama que argumentava que a hostilidade racial nos direitos de voto havia sido vencida e que a liberação prévia não era mais necessária.

Em 2013, a Suprema Corte dos Estados Unidos expediu sua decisão sobre *Condado de Shelby vs. Holder*, chegando a um acordo com o Estado do Alabama. Os resultados minaram drasticamente o acesso à plena participação em nossa democracia. Ao negar efetivamente o mecanismo central para prevenir a supressão de eleitores (em referência à Seção 5 da Lei dos Direitos de Voto de 1965), o tribunal reiterou a premissa de que o racismo havia acabado nas práticas eleitorais e na supervisão federal. Ao fazer isso, a decisão *Shelby* eliminou de vez os requisitos para que os Estados com longos históricos de discriminação pedissem autorização prévia para mudanças na votação. Em vez de buscarem permissão para restrições ao voto, os Estados poderiam fazer tudo o que pudesse ser aprovado por suas legislaturas e tribunais. Isso criou um canal para a prática de supressão de eleitores, em um momento de drásticas mudanças demográficas. No entanto, nenhum ataque à democracia se limita a seus alvos. À medida que o direito de voto é enfraquecido, todos os cidadãos sentem os efeitos, e até mesmo os perpetradores acabam enfrentando as consequências dos efeitos colaterais – uma erosão de nossa democracia em larga escala. Sem *Shelby*, os políticos estão livres para restringir o direito de voto praticamente em qualquer lugar, e, considerando que podem começar a fazer isso no bairro ao lado, não há como dizer quem é o próximo.

As jurisdições anteriormente cobertas pela Seção 5 correram para restabelecer ou criar obstáculos para o registro eleitoral, o acesso à urna e a contagem de votos. Imediatamente após *Shelby*, os funcionários eleitorais nas jurisdições incluídas começaram a colher os frutos mais fáceis e a se mover para fechar seções eleitorais em comunidades minoritárias e para limitar as oportunidades de votação antecipada que permitiam aos cidadãos da classe trabalhadora votar sem faltar ao trabalho. O longo jogo incluiu ações que iam desde expurgos de eleitores a requisitos restritivos de identidade de eleitor e fechamento de seções eleitorais. Os Estados com mais eleitores não brancos ou eleitores mais jovens mudaram as regras de modo que, embora aparentemente neutras, as novas leis resultaram em um efeito adverso perturbadoramente previsível: ficou mais difícil votar. Entre os Estados, a Geórgia, meu Estado natal, tem sido um dos mais agressivos em se aproveitar da falta de supervisão federal para usar tanto a lei quanto a política para suprimir os votos de pessoas não brancas.

O principal valor da Lei dos Direitos de Voto era criar igualdade de acesso ao voto, independentemente de raça, classe ou partidarismo. No entanto, a decisão *Shelby* e suas consequências negam o perigo real e presente representado por aqueles que veem os eleitores não brancos como uma ameaça a ser neutralizada, e não como concidadãos a serem engajados. O juiz Taney recusou-se a ver Dred Scott como cidadão e, no processo, privou-o de seu direito de participar na direção de seu futuro e de sua descendência. Sem uma supervisão ao estilo da Lei dos Direitos de Voto, os eleitores negros mais uma vez enfrentam o fantasma de estar fora das proteções de nossa Constituição. Sem um direito protegido de voto, a decisão *Shelby* e a proliferação de leis antivoto desestabilizaram todo o nosso experimento democrático. Em vez de um Departamento de Justiça que evita que políticas de voto discriminatórias entrem em vigor, a Suprema Corte criou um sistema de impacto desproporcional, no qual a justiça poderia prevalecer em instâncias selecionadas e somente após a intervenção de vários tribunais federais.

Para combater a supressão do eleitor, devemos entender como as coisas estão agora, após o caso *Shelby*. A supressão de eleitor não se anuncia mais com um documento claramente rotulado como TESTE DE ALFABETIZAÇÃO ou IMPOSTO ELEITORAL. Em vez disso, os ataques aos direitos de voto parecem um erro do usuário – e isso é intencional. Quando o sistema falha, podemos protestar e tentar forçar a mudança. Mas se o problema é individual, somos treinados a esconder nossos erros e ignorar as preocupações. A luta pela defesa do direito de voto começa com a compreensão de onde estivemos e onde estamos agora. Só então podemos exigir uma luta justa e fazer com que ela seja assim.

2
Uma licença para ser ouvido (registro de eleitor)

Meu discurso favorito do dr. Martin Luther King não é o seu extraordinário "Eu tenho um sonho", proferido em março de 1963, em Washington. Na verdade, prefiro um discurso menos conhecido, de 1966, feito em Kingstree, Carolina do Sul, onde seu público se reuniu em cadeiras dobráveis, e ele, em um pódio improvisado, pediu-lhes que "marchassem às urnas". Em uma manhã úmida do Dia das Mães, a multidão quase inteiramente negra ouviu-o expor seu caso, argumentando que a capacidade de mudar a plataforma legislativa – e, por extensão, suas próprias vidas – começava com o registro de voto. Como um bilhete premiado, o ato do registro eleitoral abre o processo de democracia e, sem ele, os cidadãos são apenas aspirantes diante do portão de acesso. Seu floreio retórico martelava uma verdade essencial: independentemente das emendas constitucionais ratificadas e das leis eleitorais aprovadas, o ponto de entrada no processo de participação repousa unicamente em estar entre aqueles autorizados a escrever seu nome nas listas. O dr. King compreendeu isso e desafiou o público a registrar pelo menos dez outras pessoas antes das eleições primárias seguintes.

Quando eu era pequena, meus pais fizeram questão de que eu e meus irmãos entendêssemos a natureza essencial do registro eleitoral. Além da prisão do meu pai por encorajar negros e negras qualificados a se registrarem, tive experiências próprias com a questão do registro. Em 1991, matriculei-me na Spelman College, parte da Atlanta University Center. Como se sabe, a AUC tinha quatro faculdades e universidades historicamente negras, além de uma escola de medicina e uma de teologia, também historicamente negras. Eu era caloura na faculdade quando fiz 18 anos, e minha maior alegria veio quando pude me registrar para votar. No outono de 1992, liderei uma campanha de registro de eleitores na AUC para inscrever estudantes negros em todos os campi. Naquele verão, os democratas haviam indicado para a presidência o governador do Arkansas, Bill Clinton, e seu companheiro de chapa foi o senador do Tennessee, Al Gore. A Guerra do Golfo havia terminado no início de 1991, mas o presidente republicano em exercício lutava contra uma economia em declínio, o aumento dos gastos com saúde e a angústia de jovens eleitores e de eleitores não brancos, que não se sentiam vistos nem ouvidos. Eu avidamente fiz campanha em todos os dormitórios e parei na Manley Plaza, no campus da Spelman, implorando a meus colegas estudantes que se registrassem.

A empolgação nacional com a eleição facilitou o processo, mas, ainda assim, foi um trabalho árduo conseguir que os alunos se registrassem. Lembro-me de mais de uma conversa sobre por que alguém deveria se importar ou por que tanta gente achava que o esquema era fraudado. Em resposta, muitas vezes eu invocava a decisão de Rodney King,[*] argumentando

---

[*]. O afro-americano Rodney King foi alvo de brutalidade policial em Los Angeles, em 1991, e as imagens dessa ação foram filmadas e transmitidas em todo o país, gerando intensos protestos da comunidade negra americana. [N. E.]

como as coisas poderiam ter sido diferentes se o júri se parecesse mais com a comunidade onde ele vivia. Eu também falava sobre a violência e a pobreza que existiam nos conjuntos habitacionais do lado de fora dos portões da faculdade. Às vezes funcionava, mas geralmente não. De qualquer modo, continuei implorando por registros, e assim comecei minha luta pelo direito de voto, que ainda não terminou.

Embora a questão do registro eleitoral – o ponto de entrada em nosso processo eleitoral – esteja fixa em minha mente há muito tempo, para a maioria dos americanos isso raramente importa. As comunidades com um histórico de participação fácil geralmente não dão valor para a acessibilidade e a facilidade relativa do sistema cívico. Em 17 Estados mais o Distrito de Columbia, o registro do eleitor ocorre automaticamente, em geral por meio do Departamento de Veículos Motorizados do Estado (DMV). Em quase todos os outros Estados, quando você obtém a carteira de motorista, seu registro para votar é uma opção devido à Lei de Registro de Eleitor. Mais comumente chamada de Lei de Eleitores Motorizados, foi aprovada pelo Congresso em 1993, quando meus esforços para registrar eleitores na AUC estavam em andamento. A Lei de Eleitores Motorizados exigia que os Estados oferecessem aos cidadãos qualificados a opção de registrar-se para votar ao solicitar ou renovar uma carteira de motorista no DMV ou ao interagir com outras agências estaduais.

Mas, como ficou claro para mim em um campus universitário no meio de uma área economicamente oprimida de Atlanta, o que parecia constituir uma gama de possibilidades para registro de eleitor sofria com algumas falhas importantes. Primeiro, embora a maioria dos Estados use o processo de DMV, nem todo cidadão elegível dirige ou possui carteira de motorista. Isso é ainda mais verdadeiro agora do que no início dos anos 1990: nas últimas décadas, a porcentagem de motoristas com carteira de habilitação caiu, especialmente entre as gerações mais jovens. Aqueles que vivem em áreas densamente urbanizadas com transporte público têm menos motivos para dirigir, e há aquelas áreas onde os residentes simplesmente não têm como bancar um carro. Essas populações, que em geral se cruzam com os grupos mais difíceis de registrar – pessoas pobres, populações rurais ou pessoas não brancas –, não se beneficiam universalmente dos registros de eleitores motorizados. Elas também podem ser de comunidades onde o acesso ao DMV ou a uma agência de registro de eleitores é simplesmente mais difícil. Vejamos, por exemplo, a breve escaramuça no Alabama em 2015, quando o Estado propôs o fechamento de 31 agências de emissão de habilitação em todo o Estado. Como resultado dos fechamentos propostos, 8 dos 14 condados no único distrito de maioria-minoria* no Estado não teriam um local de DMV.

No geral, a Lei de Eleitores Motorizados continua aquém de seus objetivos porque visa apenas uma clientela selecionada para o registro. Organizações como o laboratório de ideias Demos e o Comitê de Advogados para os Direitos Civis Segundo a Lei vêm impetrando casos de compliance há anos, com bons motivos.[1] Nos Estados Unidos, grupos com histórico de privação de direitos têm acesso limitado ao processo de registro eleitoral ou não confiam no processo. Em outras nações, o registro eleitoral é automático e de responsabilidade do governo, sistema seguido pela maioria das democracias europeias e por países como Peru e Indonésia. Os Estados Unidos são uma das poucas nações democratizadas e industrializadas que usam o método de registro fragmentado e inconsistente, Estado por Estado –

---

*. Nos EUA, os Estados "maioria-minoria" são aqueles em que um grupo minoritário corresponde à maior parte da população. [N.E.]

e isso coloca o ônus no cidadão. Com a gestão das eleições deixada para os Estados individuais, o processo fragmentado e desarticulado é a chave para a supressão dos eleitores. Nos locais onde o registro é mais fácil, os eleitores são mais propensos a participar.[2]

Quando me candidatei à Câmara dos Representantes da Geórgia em 2006, o recenseamento eleitoral fazia parte de nossa estratégia de campanha. Então, em 2010, tornei-me líder democrata da Câmara da Geórgia após uma eleição em que os democratas perderam muito em todos os níveis de governo. Passei meus primeiros anos no cargo tentando impedir que os republicanos controlassem uma maioria de dois terços na Câmara, que já detinham no Senado, além de seu controle absoluto do Executivo. Dediquei quase o mesmo tempo a viagens pelo Estado, conhecendo os membros da minha comissão partidária e as pessoas a quem serviam. À medida que minha atenção se concentrava no mundo insular dos combates políticos, o registro eleitoral recuou como meta. Deixei esse trabalho para outros, e foquei meus olhos estreitamente em reunir os eleitores já registrados. *Faça-os votar com força total, e o resto virá na sequência,* pensei.

O perigo do meu desvio de atenção ficaria claro em 2013, durante a implementação do Affordable Care Act, ou Obamacare, o tão esperado plano de saúde do presidente Obama para cobrir os não segurados. Enquanto trabalhávamos para garantir que os cidadãos mais vulneráveis da Geórgia tivessem acesso a cuidados de saúde, as lições do dr. King sobre a importância do registro eleitoral tornaram-se mais proeminentes que nunca. Pois, como os pobres georgianos veriam em breve, independentemente da aprovação do Affordable Care Act, o ponto de entrada para os georgianos que precisavam de cuidados de saúde dependia fortemente da capacidade de se registrarem e de serem contados como eleitores.

Como parte do lançamento, os Estados receberam generosas alocações de dólares para financiar *navegadores*, ou seja, pessoal treinado enviado aos bairros para explicar como lidar com o complexo sistema de seguro-saúde que agora exigiria adesão obrigatória. Na Geórgia, o problema era particularmente grave: o Estado tinha uma das taxas de não segurados mais altas do país. Todo Estado participa do Medicaid, o programa de saúde de baixa renda que divide os custos entre os Estados e o governo federal. Como o programa é administrado principalmente pelos Estados, as condições diferem de acordo com o local onde você mora. Na Geórgia, o Medicaid não cobre adultos de baixa renda sem filhos, independentemente de seu nível de pobreza, e cobre apenas pais que trabalham e ganham menos de 50% do nível federal de pobreza, ou aproximadamente 9.765 dólares por ano para uma família de três pessoas em 2013.[3] Com uma das políticas mais restritivas do país, aqueles de nós que vinham lutando por melhores políticas de saúde aplaudiram quando o Affordable Care Act planejou incluir cobertura para trabalhadores pobres por meio do programa de expansão do Medicaid.

No entanto, o governador da Geórgia rejeitou os fundos para a expansão do Medicaid, como muitos outros governadores republicanos. Os defensores dos cuidados de saúde já haviam nos preparado para essa decisão. Em seguida, o Estado deu um passo que alguns de nós já havíamos previsto: juntou-se a um punhado de Estados para tornar quase impossível ser um navegador além do programa federal limitado, impondo custos adicionais e requisitos de licenciamento que poucos poderiam cumprir. Apesar da animosidade do governador em relação à nova lei, não imaginei que ele também se oporia a *educar* cidadãos sobre uma maneira de obter seguro-saúde e possivelmente salvar vidas. Estive no condado de Hancock, onde a perda de seu hospital significava que as pessoas que haviam tido derrames tinham mais probabilidade de morrer do que em cidades com hospitais próprios.[4] Mais de uma vez, viajei para os condados de Stewart e Calhoun, onde a perda dos hospitais locais custou empregos em áreas nas quais mais da metade da população teria direito à expansão do Medicaid ou ao Affordable Care Act. Apresentamos candidatos na área mais empobrecida da Geórgia, onde a maioria da população era negra e os hospitais e os médicos haviam desaparecido. Sem os navegadores ou a expansão do Medicaid, o Affordable Care Act funcionalmente não existia.

Em resposta, lancei um programa chamado New Georgia Project, que era minha tentativa de corrigir a decisão do governador de bloquear o acesso a informações vitais em nossas áreas mais desesperadoras. O New Georgia Project (conhecido como New Georgia Project–Affordable Care Act) preencheria a lacuna e ajudaria os pobres georgianos a aprenderem sobre seguro-saúde. Treinaríamos equipes de membros da comunidade rural de baixa renda da Geórgia do Sul para explicar as novas oportunidades de inscrição em seguro-saúde disponíveis por meio do Affordable Care Act. O projeto existia para explicar o seguro-saúde para famílias que nunca tinha tido essa opção antes. Os membros da comunidade local bateram em mais de 20 mil portas e fizeram mais de 180 mil ligações.

E funcionou. O governo Obama havia estimado quantos georgianos se inscreveriam para receber assistência médica por meio do Affordable Care Act, com base no tamanho e na pobreza da população de nosso Estado. Por meio de nosso trabalho, aumentamos as taxas de inscrição previstas e recebemos o reconhecimento do governo do presidente Obama por nossos esforços. Mas, por trás do nosso sucesso, havia uma realidade mais sombria. Quase 600 mil georgianos eram inelegíveis para o Affordable Care Act. Eles só poderiam receber cuidados de saúde por meio da expansão do Medicaid. Isso significava que, mesmo em lugares como o condado de Calhoun, onde a taxa de pobreza oscilava em torno de 30%, os cuidados de saúde continuavam fora de alcance. Conheci um homem de meia-idade que trabalhava em uma fábrica de processamento de frango. Ele tinha ouvido falar sobre a nova lei de saúde e estava ansioso para se inscrever. Mas seu salário estava abaixo do limite para participar do programa. A lei federal havia previsto isso e, em vez de ignorá-lo, tinha feito provisões para que pessoas como ele recebessem cobertura pelo programa Medicaid existente. Em teoria, a expansão do Medicaid também lhe garantiria cobertura. Mas não na Geórgia.

Conforme nossas equipes faziam contato com os moradores, ouvíamos uma pergunta constante: por que o presidente Obama não queria que os georgianos tivessem o Medicaid? Os inspetores foram treinados para responder que a expansão do Medicaid havia sido uma decisão estadual, não federal. O governador e os legisladores estaduais conservadores é que haviam recusado o financiamento, não o presidente Obama. Em seguida, vinham os olhares vagos ou o silêncio ao telefone. A maioria das pessoas contatadas não tinha ideia de quem eram seus representantes estaduais. Esses homens e algumas mulheres que haviam se manifestado contra o seguro-saúde para os pobres e contra investimentos vitais em hospitais e clínicas eram estranhos para eles.

Como líder democrata da Câmara, meu instinto foi o de explicar de quem era a culpa e direcionar essas populações carentes aos malfeitores que haviam lhes negado assistência médica. Eu queria ajudá-las a retirar esses malfeitores do cargo. Mas, enquanto eu realizava o trabalho importantíssimo de educar e envolver, o problema fundamental ficou claro. As populações afetadas não precisavam apenas votar para expulsar os canalhas, elas precisavam se registrar para votar para serem ao menos consideradas. Na Geórgia, em 2013, mais de 800 mil pessoas racializadas elegíveis *não* estavam registradas para votar, milhares delas nas partes economicamente mais oprimidas do Estado. Portanto, elas nunca poderiam eleger legisladores e representantes do executivo para colocar suas necessidades em primeiro lugar. As palavras do dr. King mais uma vez ressoaram alto dentro de mim, e meu foco mais uma vez centrou-se na luta que deu origem à minha carreira política: a marcha às urnas.

A capacidade dessas comunidades desesperadas e esquecidas de eleger legisladores e um governador que colocaria as necessidades delas em primeiro lugar – de apoderar-se desse poder *a priori* da democracia – dependia de sua capacidade de se registrar e permanecer nas listas de forma eficaz. Nos anos 1990, meus esforços enfrentaram apenas a apatia dos estudantes universitários. No entanto, no outono de 2013, a morte do coração da Lei dos Direitos de Voto se manifestou como uma série de obstáculos que enfrentei na busca pelo registro eleitoral. Embora minha experiência se concentrasse nas tentativas agressivas da Geórgia de bloquear o acesso aos registros, outros Estados já haviam trabalhado arduamente com as mesmas intenções. Ex-Estados confederados, ao lado de Estados que enfrentam mudanças demográficas e perda potencial de poder, juntos e separadamente buscaram políticas para enfraquecer a garantia da 15ª Emenda do direito de voto para todos. O arsenal para a privação efetiva de direitos inclui demonizar e bloquear o registro de novos eleitores por terceiros. Os obstáculos estão obstruindo a capacidade de processar os pedidos de novos eleitores em tempo hábil e criando um sistema opaco e confuso. A privação de direitos com base no *status* é uma ferramenta fundamental para impedir os direitos de certas classes – principalmente as pessoas com deficiências e os ex-presidiários. E, para os mais ousados, fica a tática cada vez mais usada do expurgo eleitoral. Reconhecer esses ingredientes é a chave para compreender e combater o flagelo e a eficácia da supressão de eleitores.

Sem vozes novas

Quando a decisão judicial *Shelby* retirou dos Estados a obrigação de cumprir automaticamente com a Lei dos Direitos de Voto, uma de suas vítimas foi uma jovem negra chamada Diamond. Conheci Diamond em 2014, depois que o New Georgia Project deixou de ser apenas um programa de inscrição no Affordable Care Act para se tornar um dos maiores esforços de registro de eleitores na Geórgia desde o movimento pelos direitos civis. Na época, ela era caloura na Columbus State University, uma faculdade a poucas horas a oeste de Fayetteville, Geórgia, onde nascera e crescera. Ela havia comemorado seu 18º aniversário enquanto ainda estava no colégio e registrara-se para votar em uma campanha de matrícula da escola. Assim que chegou à faculdade, percebeu que voltar para casa para votar em sua primeira eleição representaria um desafio logístico. Diamond, como muitos jovens, não tinha carro, então voltar a Fayetteville para votar seria quase impossível. Pior, ela teria que faltar às aulas para tentar votar. Em vez disso, optou por mudar seu endereço de Fayetteville para seu novo domicílio na faculdade. Como cidadã consciensiosa, atualizou seu registro com um inspetor do New Georgia Project no final de agosto, com uma caligrafia limpa e fácil de ler.

Meses depois, porém, o NGP entrou em contato com ela porque, desde 2 de outubro, ela não aparecia no arquivo eleitoral. Quando nos falamos, o condado de Muscogee ainda não havia confirmado seu registro nem informado a ela sobre qualquer tipo de problema em seu pedido. O NGP tinha uma cópia de seu pedido – como fazíamos com quase todos os candidatos –, e confirmamos que sua inscrição estava completa e legível. Também pesquisamos o nome dela usando o sistema on-line do Estado. Ela não estava na lista – e não estava sozinha. O New Georgia Project havia coletado mais de 86 mil formulários de registro durante nossa primeira incursão em 2014. Para cada candidato, demos um passo além e obtivemos sua permissão para guardarmos uma cópia do formulário. No final, quase 40 mil de nossos pedidos – incluindo o de Diamond – haviam desaparecido do processo de registro em 2014.

Tínhamos uma cópia do registro de Diamond, bem como os registros de nossas inúmeras ligações para as autoridades estaduais e municipais que negaram estritamente que ela havia se registrado. Finalmente, quando nossos advogados (e vários artigos de notícias em todo o Estado sobre os registros ausentes) pressionaram bastante, Diamond ficou sabendo que havia sido incluída, o que os advogados do condado confirmaram aos nossos advogados no tribunal. Com entusiasmo, ela foi às urnas em Columbus para votar pela primeira vez. Na Geórgia, a primeira parada é a mesa do formulário, onde o eleitor em potencial escreve informações sobre a eleição e sua identidade. Em seguida, o eleitor leva o formulário a um funcionário eleitoral, que verifica as informações, confirma se há um documento de identidade válido com foto e compara os dois com as listas eleitorais. Por fim, o eleitor é encaminhado a uma mesa onde é emitido um cartão eletrônico para votação. Mas não para Diamond. Em 4 de novembro de 2014, dia da eleição, um funcionário eleitoral verificou suas informações no banco de dados e disse que ela não existia como eleitora válida da Geórgia.

Transtornada, mas bem munida, ligou para nosso advogado, que lhe disse como proceder. Ela voltou ao funcionário e exigiu que procurassem seu nome em uma lista suplementar criada para milhares de pessoas que não haviam sido devidamente registradas, apesar de seus melhores esforços. O funcionário eleitoral encontrou seu nome em uma lista de papel junto com alguns outros nomes, mas então o impasse se renovou. Apesar da prova de que ela havia se registrado devidamente, o funcionário disse a Diamond que ela não podia ter acesso a uma cédula regular. Em vez disso, teria que votar em uma cédula provisória. (Exploraremos os perigos das cédulas provisórias mais tarde, mas por enquanto basta dizer que, às vezes, a cédula provisória é uma garantia de que seu voto não será contado.) Mais uma vez, Diamond entrou em contato com o NGP, e nossa equipe perguntou ao funcionário eleitoral por que tinha sido negado a ela o direito de acesso a uma cédula normal. O funcionário não conseguiu explicar seu raciocínio e se recusou a permitir que a equipe falasse com um superior. Quando levamos a questão a um advogado e ao chefe das eleições, de repente Diamond teve liberdade para votar usando uma cédula regular.

Apesar de toda a dificuldade, a saga de Diamond teve um final feliz, ao contrário de muitos outros que não se preocuparam em aprender os meandros da lei eleitoral, entre seus empregos e obrigações familiares. O americano médio que enfrenta a supressão eleitoral provavelmente não consegue ser tão diligente e persistente quanto Diamond, e até mesmo ela precisou da ajuda do New Georgia Project mais de uma vez. As regras complicadas de acesso ao voto – e o coração pulsante da supressão do eleitor – começam com os riscos do registro eleitoral. A história de Diamond é apenas um exemplo de como se tornaram insidiosos os obstáculos pós-*Shelby* na Geórgia para o registro de eleitores. Nossa organização conduziu o registro eleitoral em 159 condados, ciente de que, para eleitores de baixa propensão (pessoas com pouca probabilidade de votar regularmente) – pessoas não brancas e estudantes –, esse tipo de registro pessoal é mais eficaz. O registro eleitoral por terceiros é um caminho essencial para envolver os cidadãos não brancos no processo democrático, e as minorias têm duas vezes mais probabilidade de se inscrever por meio de uma campanha de registro eleitoral do que os brancos.

Os dados falam por si. Em um de seus estudos, *State Restrictions on Voter Registration Drives* [Restrições estaduais em campanhas de registro de eleitores], que se concentra nos desafios impostos em todo o país, o Brennan Center for Justice, organização renomada que pesquisa direitos de voto, destaca pesquisas sobre a importância do registro de eleitores por terceiros no caso de minorias raciais e étnicas – ou seja, mostra que nosso tipo de esforço dobrou a probabilidade de registro. Enquanto apenas 7,4% dos eleitores brancos não hispânicos contarão com esses esforços de registro, 12,7% dos negros e 12,9% dos hispânicos os usaram em 2004. Em 2008 e 2010, a disparidade continuou, com eleitores negros e hispânicos usando duas vezes mais o registro por terceiros que os eleitores brancos. Esses esforços de registro não apenas criam registrantes, mas também servem para criar eleitores novos e ativos. Uma pesquisa realizada pelo dr. David Nickerson na Universidade Notre Dame buscou entender o impacto das iniciativas de votação. Os pesquisadores conduziram experimentos em Detroit e Kalamazoo, em Michigan, e Tampa, na Flórida, e os resultados demonstram que 20% dos cidadãos de baixa renda que se registram em uma campanha de porta em porta realmente saem e votam.[5]

Não há dúvida de que há uma correlação direta entre a eficácia de tais esforços, a legislação *pós-Shelby* e os esforços em Estados como Geórgia, Tennessee, Carolina do Norte, Texas e Flórida para impedir essas atividades. A diferença é que, depois que a Suprema Corte destruiu a Lei dos Direitos de Voto, os Estados não precisaram mais se conter em seus ataques a esses grupos. Na Geórgia, o secretário de Estado, Brian Kemp, acusou a mim e ao New Georgia Project de cometer fraude devido ao grande volume de pessoas não brancas que se registraram por meio de nosso esforço em todo o Estado. Como prova, sua equipe citou o número de pedidos com informações falsas ou imprecisas. No entanto, como uma proteção contra fraude real ou escolha seletiva de eleitores, a lei da Geórgia exige a apresentação de todos os formulários coletados, mesmo que o Mickey Mouse os tenha preenchido. Sua equipe recusou-se a explicar por que quase metade de nossas solicitações nunca foi processada.

Em vez disso, em uma reunião do Partido Republicano, ele anunciou o seguinte sobre o New Georgia Project e outros grupos: "Os democratas estão trabalhando duro, e todas essas histórias sobre eles, sabem, sobre registro de todos esses eleitores minoritários que estão lá fora e outros que estão à margem, se eles podem fazer isso, eles podem ganhar as eleições em novembro".[6] Nosso ambicioso projeto deu início ao árduo trabalho de tirar centenas de milhares das sombras e transformá-los em eleitores. Em resposta, enfrentamos ataques do secretário de Estado, que se recusou a colocar nossos solicitantes elegíveis nas listas até o dia da eleição de 2014.

O New Georgia Project não foi o primeiro grupo visado por esse secretário de Estado. Helen Kim Ho, fundadora do Centro Asiático-Americano de Advocacia Legal (AALAC), teve a engenhosa ideia de coordenar, juntamente com os órgãos responsáveis por emitir naturalizações, o registro de cidadãos recém-juramentados. Como advogada, ela desenvolveu cuidadosamente o processo e se comunicou com as instâncias burocráticas apropriadas para garantir que esses novos americanos pudessem exercer seu direito mais fundamental. No entanto, durante o ciclo eleitoral de 2012, Helen começou a receber ligações preocupantes. Novos eleitores registrados por seu grupo tinham sido rejeitados nas seções eleitorais, e seu direito de votar fora contestado por funcionários eleitorais. Ela entrou em contato com o gabinete do secretário de Estado para descobrir por que tantas das pessoas que ela havia inscrito não haviam chegado às listas de votação, embora a votação antecipada tivesse começado na Geórgia. Em vez de abordar a questão de eleitores elegíveis estarem fora das listas até o dia da eleição, o secretário Kemp abriu uma investigação sobre a AALAC e seu trabalho, criando uma sombra de suspeita sobre o grupo. As acusações incluíam uma falha em garantir adequadamente a permissão de registrantes para acessar suas informações ou outras questões técnicas. Kemp investigou a AALAC por dois anos, depois encerrou o caso sem uma única descoberta de infração à lei.

Esse não é apenas um fenômeno da Geórgia. Na Flórida, no Wisconsin, no Texas e no Tennessee, grupos que sabem que o registro por terceiros é a porta de entrada para a participação de certos eleitores estão tendo cada vez mais dificuldade para atuar. Após a eleição de 2008, os republicanos da Flórida direcionaram o processo de registro eleitoral, criando uma das leis mais rígidas do país para registro por terceiros. A lei, que estabeleceu restrições rigorosas, incluindo um prazo de 48 horas para a entrega de formulários e uma multa de 50 dólares por formulário, teve o efeito desejado de embotar os esforços de registro. Depois de 72 anos de operação na Flórida, a Liga das Eleitoras suspendeu seus esforços, dizendo que a nova lei exigiria que elas tivessem um advogado e uma secretária à disposição em todos os eventos. O "Rock the Vote" parou de contatar os alunos do ensino médio, temendo que os professores enfrentassem multas e penalidades por sua participação.

Uma organização voluntária que registrava novos eleitores em um dia de domingo descobriu da maneira mais dura o que a lei pretendia. A campanha dominical ocorreu durante um fim de semana de três dias, quando os escritórios do governo estariam fechados na segunda-feira seguinte. O grupo entregou seus formulários na terça-feira, mas recebeu um aviso assustador sobre o potencial de multas porque as inscrições estavam atrasadas, embora o escritório não pudesse ter aceitado os formulários na segunda. O *The New York Times* analisou que 81.471 eleitores a menos se registraram no período após a adoção da lei do que no mesmo período quatro anos antes. Dado que as eleições estaduais da Flórida costumam ser decididas por menos de 25 mil votos, o estreitamento do eleitorado faz diferença.

Em 2019, o Tennessee aumentou a aposta contra o registro por terceiros. Depois de 10 mil eleitores registrados por meio do Projeto Eleitor Negro, em 2018, o Partido Republicano aprovou uma lei que também multava grupos por atrasos na entrega de formulários. Além disso, os legisladores do Tennessee acrescentaram uma penalidade criminal por incentivar os registradores a inscrever eleitores. Os proponentes da lei argumentaram que esses esforços de registro aumentavam a probabilidade de fraude eleitoral, sem qualquer prova. Eles também citaram possíveis erros nos formulários, que são mais provavelmente cometidos pela pessoa que preenche o formulário do que pela pessoa que o aceita. Mas com as organizações enfrentando multas de até 10 mil dólares e pena de prisão, as organizações de direitos civis desafiaram a lei em um tribunal federal. Em setembro de 2019, um juiz federal proibiu a entrada em vigor da nova lei. No entanto, como aconteceu com outras decisões, a lei pode acabar entrando em vigor, e os eleitores não brancos provavelmente sofrerão as consequências.

A falta de transparência é o ponto principal

Criminalizar e multar o registro por terceiros provou ser uma arma eficaz no arsenal de supressão do registro eleitoral. Vários Estados brincam de esconde-esconde com o processo de registro eleitoral administrativo e com a forma como os eleitores realmente entram nas listas, criando um labirinto de obstáculos burocráticos. Em 2014, o New Georgia Project soube como os responsáveis pelo sistema de registro complicaram o processo e esconderam seus comportamentos, em detrimento dos eleitores em potencial. Por meio de nosso projeto e em cooperação com outras organizações que trabalharam para aumentar o registro entre as comunidades não brancas, rastreamos o processamento de formulários, todos os 86.419. Sabíamos que um número substancial poderia estar duplicado, porque alguns eleitores são direcionados por vários grupos e, por vezes, quando um eleitor não votou recentemente, eles o registram de novo. Outros formulários foram invalidados por causa de pegadinhas ou simplesmente por informações incorretas. Em seguida, houve aqueles que foram considerados inelegíveis devido à privação criminosa de direitos ou outras restrições. Prevendo esses erros, tentamos colaborar proativamente com o gabinete do secretário de Estado.

No entanto, quando submetemos milhares de formulários verificados, o então secretário de Estado da Geórgia, Brian Kemp, e aqueles que ele supervisionava como superintendente eleitoral do Estado recusaram-se a adicionar esses nomes às listas, deixando eleitores como Diamond sem o direito de votar. Discretamente, nossas equipes entraram em contato com os funcionários do condado e o secretário de Estado para verificar o que aconteceu. Nesse ponto, encontramos o primeiro dos problemas de transparência:

rastreamento de registros. Em resposta às nossas perguntas sobre onde os eleitores estavam no processo, o secretário Kemp me acusou publicamente de fraude eleitoral, uma alegação que ele retirou alguns dias depois. Mas ele ainda não conseguiu contabilizar os 40 mil eleitores desaparecidos. Entramos em um impasse tenso de duelos de coletivas de imprensa, incluindo uma em que entregamos fotocópias dos formulários que faltavam em seu escritório.

A resposta de Kemp – e a dos condados que ele supervisionava como secretário de Estado – alegou que os formulários não existiam, apesar de nossas provas em contrário. Com o dia da eleição de 2014 aproximando-se rapidamente, entramos com um processo como um último esforço para entender os 40 mil formulários ausentes. O juiz estadual negou nosso mandado de segurança (uma exigência legal para que o oficial cumprisse seu dever). O tribunal concluiu que não havíamos provado que Kemp e os outros haviam falhado; na visão do juiz, eles simplesmente não haviam agido com rapidez suficiente para o nosso gosto, um vício que o tribunal não considerou convincente. Pior, a lei estadual na Geórgia *não requer* processamento rápido de pedidos de registro antes de uma eleição. Na verdade, não existe nenhum prazo. Os eleitores em potencial têm que se registrar 29 dias antes de uma eleição, mas o Estado não tem obrigação de colocar o nome nas listas a tempo para a eleição. Segundo o juiz, a lei estadual estabelece prazos para os eleitores, mas não para os responsáveis pela eleição, mesmo que o atraso signifique que uma pessoa seja proibida de votar ou não receba a confirmação de seu registro e o endereço de seu local de votação. Assim, com as eleições se aproximando, a recusa em impor uma ação foi um golpe contundente. Nossos 40 mil eleitores ficaram no limbo.

O dia da eleição passou sem resolução. No entanto, nos recusamos a deixar sem vingança os maus-tratos a nossos registrantes. Essa investigação contínua levou à nossa segunda descoberta: regras de operações secretas. Com nossos assessores jurídicos do inestimável Comitê de Advogados para os Direitos Civis Segundo a Lei, em 2015, descobrimos regras internas não publicadas, como o período de "blecaute" de 90 dias durante o qual nenhum formulário de registro eleitoral foi processado. A maioria das agências governamentais tem um procedimento em que elas redigem regras para determinar como seus funcionários devem seguir a lei. Como ex-procuradora da cidade, claro que eu entendia o procedimento, assim como qualquer outra pessoa que já tentou ler um estatuto ou uma portaria. Frequentemente, as regras de operações agem como diretrizes para explicar como um funcionário deve cumprir as obrigações das leis. Mas, nesse caso, as regras escritas iam além da lei. A Geórgia é um Estado que adota o segundo turno se ninguém receber 50% + 1 no primeiro turno. As eleições primárias de maio de 2014 transformaram-se em um segundo turno em julho.

Nos anos anteriores, o intervalo entre as eleições primárias e o segundo turno tinha sido mais curto, mas, devido a um processo federal, o intervalo aumentou. Disseram-nos que o objetivo da regra era garantir que os eleitores que não haviam se inscrito nas primárias não votassem na eleição geral. Mas um atraso de 90 dias não conseguiu simplesmente eliminar novos candidatos naquele período de espera. Descobrimos que isso havia contribuído para os atrasos inoportunos no processamento dos formulários apresentados antes e durante o período de segundo turno: três meses inteiros de inatividade em milhares de formulários, sem aviso aos cidadãos do motivo de tanta demora. Nossos advogados fixaram a promessa de interromper a prática em 2016, mas ela voltou com força total durante a eleição especial para uma corrida ao Congresso em 2017, no primeiro mandato de Trump. Mais uma vez, os cidadãos elegíveis ávidos por participar do processo eleitoral tiveram seus requerimentos reféns da regra secreta do Estado. No entanto, por causa de nossa experiência e da de outras pessoas, os advogados entraram com uma ação federal. O tribunal federal concordou com as preocupações sobre o atraso, e o juiz determinou que a política violava a lei. Embora estejamos gratos pela solução federal após três anos, os cidadãos perderam o direito de voto. No fim das contas, 18 mil das solicitações "perdidas" do New Georgia Project foram processadas no início de 2015, *depois da* eleição de 2014.

Os atrasos no processamento haviam servido para manter os eleitores não brancos fora das listas, mas Kemp tinha outra estratégia que implantou sem avisar o público. Kemp havia revivido uma política desacreditada de "correspondência exata". O sistema de correspondência exata exige a entrada perfeita de dados por funcionários estaduais para garantir um registro adequado na Geórgia. Por quê? Porque essa entrada é então comparada com o banco de dados da Administração da Previdência Social ou com o banco de dados do Departamento de Serviços para Motoristas da Geórgia. Nenhum banco de dados foi projetado para essa finalidade, e o risco de incompatibilidade é maior para pessoas não brancas e mulheres.

Considere uma eleitora que acabou de receber um sobrenome com hífen. Seu pedido será retido se o hífen não for inserido corretamente. Portanto, se o funcionário do cartório de registro do condado digitar Tanisha Hagen-Thomas em vez de Tanisha Hagen Thomas, as entradas não coincidirão, e o pedido será rejeitado. Para as comunidades não brancas, o perigo aumenta quando os nomes que incluem pontuação, como hifens ou apóstrofos (por exemplo, La'Tasha ou Pai--Ling), representam normas culturais. Adicione sobrenomes com espaços ou o uso conjunto do nome e do nome do meio, e a taxa de erro aumenta. O sistema de correspondência exata rejeita o pedido, mas o solicitante nunca é informado do motivo. Portanto, um desavisado Joaquin de Mero apresenta seu formulário, e quando comparado ao banco de dados de carteiras de habilitação que proíbe espaços nos sobrenomes, o pedido é descartado.

Antes de Kemp instalar o sistema de correspondência exata, ele sabia que o processo afetaria desproporcionalmente os eleitores não brancos. Em 2009, sua antecessora Karen Handel buscou permissão para usar o sistema. Em resposta, o Departamento de Justiça de Obama rejeitou sumariamente a correspondência exata por apresentar ônus "reais", "substanciais" e "retrógrados" sobre os eleitores não brancos – alertando que teria um efeito discriminatório racial. Com a decisão *Shelby* eliminando a necessidade do Estado de obter permissão para usar a correspondência exata, Kemp ressuscitou a política desacreditada. Entre 2013 e 2016, mais de 34 mil inscrições foram suspensas pelo sistema, incluindo milhares de pedidos do New Georgia Project enviados em 2014 – e a maioria dos pedidos suspensos era de eleitores não brancos, exatamente como o Departamento de Justiça havia previsto. Uma coalizão de grupos descobriu o uso desse sistema e processou Kemp. No final de 2016, Kemp concordou com um acordo e com o processamento dos pedidos. No entanto, na sessão legislativa estadual seguinte, no início de 2017, Kemp solicitou e recebeu uma versão sancionada pelo Estado da correspondência exata, desafiando o acordo do tribunal federal de 2016. Dessa vez, esse uso de correspondência exata levou a 53 mil registros de eleitores sendo mantidos como reféns em 2018, 80% dos quais eram pessoas não brancas e 70% dos quais eram eleitores negros, que representam cerca de 30% dos eleitores elegíveis da

Geórgia. Em 2018, as autoridades da Geórgia perderam outra ação judicial referente à correspondência exata.

Entre 2015 e 2018, os tribunais federais criticaram tanto os períodos de "blecaute" quanto as várias iterações do processo de correspondência exata. No entanto, essas resoluções chegaram tarde demais para os novos eleitores potenciais da Geórgia nas eleições estaduais e federais de 2014, 2016 e 2018. Em 2014, os 18 mil eleitores que haviam preenchido totalmente seus pedidos antes das eleições de 2014 nunca receberam permissão para votar. Os 34 mil cidadãos restaurados por um tribunal federal, alguns dos quais estavam no limbo desde 2013, perderam a chance de votar nas eleições estaduais de 2014, nas eleições locais de 2015 e nas primárias presidenciais de 2016. Em 2018, milhares de eleitores com correspondência exata provavelmente receberam cédulas provisórias – se tentassem votar, teriam de tomar medidas extras para garantir que seus votos fossem contados. A realidade, porém, é que muitos desses americanos simplesmente desistiram, achando o sistema enrijecido demais para lutar. Repetidamente, na Geórgia e em todo o país, esquemas como esse impedem os cidadãos de fazerem parte do corpo político, uma violação fundamental de seu direito de voto.

* * *

"Votar é um privilégio", declarou o governador republicano Ron DeSantis, da Flórida, em 16 de janeiro de 2020.[7] Ele emitiu essa declaração em comemoração a uma vitória do tribunal estadual que reverteu parcialmente uma iniciativa eleitoral estadual de 2018 que restaurava os direitos de voto dos criminosos. Poucos dias depois, ele tentou voltar atrás na declaração, mas seus sentimentos eram bem claros. E totalmente errados. Votar é um direito constitucional nos Estados Unidos, um direito que foi reiterado três vezes por meio de emendas constitucionais. Para os encarcerados e aqueles que retornam às suas comunidades, o direito de voto varia substancialmente de Estado para Estado. Apenas dois Estados – Maine e Vermont – não restringem o direito dos cidadãos de votar, mesmo durante o encarceramento. Criminosos em 16 Estados e no Distrito de Columbia perdem o direito de voto durante o período na prisão. No entanto, após a liberação, seus direitos são restaurados automaticamente.

No restante dos Estados Unidos, as leis que sobraram de Jim Crow e de outros códigos restritivos adicionam mais obrigações. Vinte e um Estados privam os criminosos de seus direitos de voto durante o encarceramento, e a proibição permanece após a libertação enquanto o cidadão que retornou estiver em liberdade condicional. Além disso, aqueles que desejam votar também podem ser obrigados a pagar multas pendentes, taxas ou restituição ordenada pelo tribunal antes de serem autorizados a votar.

A Geórgia é um dos Estados que usa crimes para rescindir o direito de voto, uma lei nascida de Jim Crow e exacerbada pela história de encarceramento do Estado. Esse tipo de privação de direitos foi adicionado à constituição da Geórgia em 1868, e sua inclusão reforçou os chamados "códigos negros" e os impostos de votação destinados a suprimir os votos negros depois que a 13ª, 14ª e 15ª Emendas foram ratificadas. Hoje, quase 60% dos georgianos desqualificados por causa de uma condenação por crime doloso são negros. A Geórgia tem a décima maior taxa de cassação de direitos criminais do país[8] e o Estado removeu mais pessoas da lista de eleitores (quase 147 mil) por causa de uma condenação por crime doloso do que qualquer outro Estado do país.[9] Em um esforço conjunto do governador anterior e legisladores como eu, a Geórgia tentou enfrentar nosso legado como um Estado de encarceramento em massa, mas leis de reincidência (sentença obrigatória após duas condenações) e uso ativo de condições pós-soltura, como liberdade condicional, continuam a afetar os eleitores em potencial que cumpriram pena. Em 2016, a Geórgia tinha 410.964 pessoas em liberdade condicional, mais do que qualquer outro Estado. Embora a Califórnia seja o Estado mais populoso, com quase 40 milhões de residentes (quatro vezes a população da Geórgia), os números da liberdade condicional são invertidos. Em 2016, a Califórnia tinha 288.911 pessoas em liberdade condicional, metade do número daqueles na Geórgia.[10]

Os Estados mais restritivos (Alabama, Arizona, Delaware, Flórida, Iowa, Kentucky, Mississippi, Nebraska, Tennessee, Virgínia e Wyoming) privam os criminosos de seus direitos de voto indefinidamente por certos crimes, exigem perdão do governador e um período de espera após o final da sentença – inclusive após a conclusão da liberdade condicional – e podem incluir requisitos adicionais. O ex-piloto do exército Desmond Meade queria votar em sua esposa, Sheena, quando ela concorreu à legislatura estadual na Flórida em 2016, mas não pôde. Como ex-criminoso condenado por porte de drogas e posse ilegal de arma de fogo, ele cumpriu pena. Conheci Desmond em 2017, enquanto ele viajava pelo país arrecadando dinheiro para a Emenda 4, uma iniciativa eleitoral para restaurar os direitos de voto dos criminosos em seu Estado. Desmond cumpriu sua pena e formou-se em direito. Entretanto, a lei estadual não permitia que ele se candidatasse a uma licença da ordem dos advogados ou votasse em qualquer eleição. Implacável, ele lançou a Coalizão de Restauração dos Direitos da Flórida, que garantiu mais de 760 mil assinaturas e colocou a emenda em votação. A Emenda 4 foi aprovada por uma maioria esmagadora em 2018 e deveria ter colocado a Flórida na categoria de restauração automática após o cumprimento de uma sentença.

No entanto, em 2019, foi aprovada uma legislatura estadual hiperpartidária liderada pelo Partido Republicano, e Ron DeSantis, então governador da Flórida, assinou o Projeto de Lei 7066.[11] Esse projeto de lei reverteu a redação da emenda, usando a cláusula de "conclusão da sentença" para minar a intenção clara dos 64,5% dos eleitores que aprovaram a mudança.[12] De acordo com a nova lei, cumprir uma sentença significa não apenas a liberação, mas a conclusão da liberdade condicional, o cumprimento de quaisquer termos ordenados pelos tribunais, a rescisão de qualquer supervisão ordenada e o pagamento integral de quaisquer multas, taxas, custos ou restituição ordenados.

A resposta de Desmond foi liderar um esforço para arrecadar fundos e pagar essas obrigações de qualquer pessoa que queira recuperar o direito de voto. A privação de direitos civis nega um direito fundamental, mas também prejudica sua reintegração na sociedade. Pesquisas mostram que, quando as pessoas liberadas do controle correcional podem votar, elas investem mais na comunidade e são menos propensas a cometer novos crimes e retornar à prisão.[13]

Você está fora: expurgos excessivos de eleitores

Para pessoas não brancas, jovens e marginalizados, entrar na lista de eleitores pode ser difícil, senão impossível. No entanto, a capacidade de permanecer nas listas se tornou um desafio maior para milhões de pessoas em todo o país. No caso do direito de voto, a Lei dos Direitos de Voto obrigou os Estados a agirem com cuidado antes de remover eleitores. A lei federal há muito exige que os Estados mantenham listas precisas de eleitores qualificados, e os Estados adotaram uma série de legislações bipartidárias para cumprir a obrigação. No entanto, em Estados como Ohio, Flórida e Geórgia, os expurgos de eleitores se tornaram uma ferramenta eficaz para retirar os direitos deles. Sob o pretexto de lutar contra a fraude eleitoral praticamente inexistente, os secretários de Estado republicanos têm sistematicamente alavancado regras que parecem neutras a fim de remover eleitores que morreram ou deixaram o Estado, e assim executam grandes remoções de eleitores elegíveis.

Imagine uma eleitora da classe trabalhadora que acabou de terminar o segundo turno de trabalho. Ela corre para casa para cuidar dos filhos, depois corre para o local de votação. Já faz tempo que ela votou pela última vez, provavelmente para presidente. Ninguém a procurou para votar nas eleições locais – que ela nem consegue se lembrar quando foram, devido ao seu trabalho como professora da pré-escola e caixa na farmácia local. Mas, quando pode, ela tenta votar. Depois de esperar na fila por quase duas horas, chega à recepção com a identificação em mãos. O funcionário eleitoral diz que ela não está na lista. Confusa, ela explica que ainda mora no mesmo endereço e que nenhuma informação foi alterada nos últimos tempos. Ela não cometeu nenhum crime e se preocupa com essa eleição porque a candidata parece ter um plano para aumentar o acesso a creches. No entanto, timidamente ela admite que não vota desde que Obama venceu pela primeira vez. O gentil funcionário eleitoral explica que a mulher provavelmente foi expurgada. Ela perdeu o direito de votar porque não votou com frequência suficiente. Para um eleitor expurgado, as horas na fila e a frustração de ser invisível não podem ser recuperadas. Para votar, ela terá que iniciar o processo de registro e entrar nas listas novamente – quando encontrar tempo.

A maioria dos Estados adotou as melhores práticas que monitoram o comportamento do eleitor para determinar se ele precisa ser removido do banco de dados. Normalmente, as regras afirmam que, se um eleitor não vota após um certo número de eleições, isso deveria desencadear uma investigação para avaliar se ele já é falecido ou não está mais no Estado. No entanto, em Estados com histórico de discriminação eleitoral, o processo de fazer contato com o eleitor costuma ser ineficaz e geralmente consiste no envio de cartões-postais frágeis que parecem folhetos indesejáveis. Em vez de o governo melhorar a qualidade das listas de votação, os eleitores de longa data muitas vezes se veem cortados das listas, forçados a provar seus direitos contra uma burocracia indiferente. De acordo com o Brennan Center, "entre 2014 e 2016, os Estados retiraram quase 16 milhões de eleitores das listas – um aumento de 33% em relação ao período entre 2006 e 2008. O aumento foi maior em Estados com histórico de discriminação eleitoral"."[14]

Muitos dos expurgados não morreram nem saíram do Estado; essas pessoas simplesmente optaram por não votar nas últimas eleições. Essa desculpa para a destituição, conhecida entre os especialistas eleitorais como "use ou perca", presume que o não exercício de um direito justifica sua retirada. A Associação Nacional de Secretários de Estado cita oficialmente Alasca, Flórida, Geórgia, Oklahoma, Maine, Montana, Pensilvânia, Dakota do Sul e Wisconsin como Estados do tipo "use ou perca",[15] mas outros especialistas em eleições apontam que o número é muito maior que esses nove. De acordo com vários relatórios do Congresso sobre direitos de voto, relatórios da NAACP* e estudos de especialistas, quase todos os Estados têm uma versão dessa regra. Um relatório da Associação Nacional de Secretários de Estado de 2017 concluiu que "em 44 Estados, os eleitores que não

---

*. Sigla para National Association for the Advancement of Colored People, ou Associação Nacional para o Avanço de Pessoas Não Brancas, a mais conhecida organização americana de combate à injustiça racial. [N. E.]

responderem a um aviso serão removidos da lista de registro se não votarem, atualizarem seu registro ou tomarem alguma outra ação especificada por lei desde o momento do aviso até duas eleições gerais federais". Nenhum outro direito garantido por nossa constituição permite a perda dele por não o usar – por exemplo, não perco meu direito da Segunda Emenda se decidir não ir caçar e ainda tenho liberdade de religião mesmo se não comparecer à igreja.

O secretário de Estado da Geórgia, Brian Kemp, era fortemente favorável ao "use ou perca" na Geórgia, onde removeu mais de 1,4 milhão de eleitores em um Estado com 6 milhões de usuários registrados. Em julho de 2017, ele removeu mais de meio milhão de eleitores em um único dia, reduzindo o número de eleitores registrados na Geórgia em 8%. Estima-se que 107 mil desses eleitores tenham sido removidos por meio do "use ou perca".

O processo de remoção captura não apenas aqueles que não votaram. A abordagem ineficiente adotada por vários Estados frequentemente remove eleitores que podem comprovar padrões regulares de votação. Um desses eleitores foi a sra. Christine Jordan, uma moradora de 92 anos de Atlanta, Geórgia, e prima do dr. Martin Luther King Jr. Ela chegou às urnas em 6 de novembro de 2018, preparada para votar como fizera nos últimos 50 anos, no mesmo bairro. Desde 1968, quando a Lei dos Direitos de Voto finalmente obrigou o Estado a conceder a ela acesso ao direito, ela nunca perdeu uma eleição. Mesmo assim, naquele dia, os funcionários eleitorais disseram a Christine que ela não existia nas listas de eleitores. Tinha sido expurgada. Por horas, sua neta discutiu com a equipe, perplexa sobre como um legado de votos que havia se estendido pela era dos direitos civis, Watergate e Obama, de repente desapareceu. A resposta: um processo atrevido e incompetente que varreu os mortos e os vivos com igual indiferença.

Em 2018, logo após a eleição para governador, lancei o Fair Fight Action (FFA)* e um comitê de ação política conhecido como Fair Fight PAC. Imediatamente entramos com uma ação contra o Estado da Geórgia por sua incompetência e prevaricação na administração do sistema eleitoral. Nosso objetivo era e é responsabilizar o Estado por suas ações, incluindo seu histórico preocupante de expurgos de eleitores. Em outubro de 2019, o secretário de Estado recém-eleito anunciou uma nova rodada de expurgo de eleitores para a Geórgia, desta vez visando 313 mil eleitores – cerca de 4% da lista de eleitores do Estado. A Fair Fight Action criou bancos de telefone e bancos de texto para chegar aos eleitores arrolados para serem removidos. Devido aos nossos esforços, 4.500 eleitores souberam que provavelmente perderiam o direito de votar meses antes das primárias presidenciais. Mas não paramos por aí. A Fair Fight Action também entrou com um pedido de liminar contra o expurgo, citando a falha do Estado em seguir suas próprias leis. No dia do expurgo, graças aos nossos esforços, outros 22 mil eleitores foram devolvidos às listas. Isso representa quase 10% da população alvo de expurgos – e votos suficientes para afetar uma eleição.

Porém, mais uma vez a Geórgia não está sozinha. É um dos nove Estados que removerão eleitores por não votar. De abril a agosto de 2019, a pedido de seu governador republicano, o Estado de Kentucky expurgou 175 mil eleitores de suas listas, incluindo milhares sinalizados por não terem votado.[16] O secretário de Estado democrata protestou, mas os nomeados do Partido Republicano no conselho eleitoral do Estado ignoraram suas objeções. Em resposta, uma coalizão de grupos moveu uma ação contra o expurgo, e um juiz federal concordou que o Estado não seguiu seus próprios protocolos. Um

---

*. Organização nacional de direitos de voto, com base na Geórgia. [N. T.]

mês depois, o governador republicano perdeu por pouco mais de 5 mil votos, um resultado que poderia ter sido muito diferente se o expurgo ilegal tivesse sido mantido.

Na mesma época, o secretário de Estado republicano em Ohio marcou mais de 235 mil eleitores para um expurgo no outono. Jen Miller, uma eleitora de Ohio e chefe da Liga das Eleitoras no Estado, começou a revisar a lista em busca de problemas. Ela sabia o que procurar porque passava todos os dias ajudando eleitores a se registrar e se engajar. Enquanto vasculhava a lista, descobriu que entre as que deveriam ser removidas estava uma Jen Miller – apesar de ter votado em três eleições nos anos anteriores. A sra. Miller, em cooperação com outras organizações que analisaram a lista, encontrou mais de 40 mil erros nas listas – quase 20% dos sinalizados não perderam seu direito de voto sob a aplicação mais estrita das regras.

Conforme a eleição de 2020 se aproxima, grupos conservadores estão entrando com ações exigindo a eliminação de pessoas das listas, incluindo nos Estados indecisos de Wisconsin e Michigan, onde aproximadamente 35 mil votos (considerando os dois Estados juntos) ajudaram a decidir a eleição de 2016. O Fair Fight 2020 está trabalhando com líderes nesses Estados como parte de nossa iniciativa para proteger o direito de voto nos Estados com disputa mais acirrada – tanto nas eleições para a presidência e o Senado quanto nas disputas eleitorais para secretários de Estado, procuradores-gerais e nas câmaras legislativas estaduais. Nosso sistema de democracia participativa começa com a licença para votar e, sem ela, o cidadão não será ouvido. Mas, supondo que um eleitor faça parte da lista de eleitores qualificados, a próxima pergunta é: eles terão permissão para votar?

3
Ultrapassando os portões (acesso à votação)

"Eles pensaram que poderiam fazer de mim um exemplo."[1]

Conversando com um repórter em 2019, a prefeita Nancy Dennard descreveu como o então secretário de Estado Brian Kemp justificou por que ela e outras 11 pessoas haviam enfrentado 120 acusações criminais por vencer uma eleição no sudoeste da Geórgia menos de uma década antes. Naquela época, a dra. Dennard era uma fonoaudióloga afro-americana que concorrera duas vezes à diretoria de ensino em Quitman, Geórgia, sem sucesso. No condado de Brooks, de maioria branca, onde Quitman é a maior cidade, as escolas públicas eram predominantemente negras. A dra. Dennard preocupava-se com o fato de que poucos negros ocupavam cargos de liderança no sistema escolar e então concorreu a uma vaga na secretaria. Primeiro em 2004 e novamente em 2008, ela disputou e perdeu. Mas em 2009, quando uma eleição especial aconteceria, ela estava pronta.

Depois de sua primeira campanha, o governo estadual controlado pelos republicanos em Atlanta, a centenas de quilômetros de distância, havia facilitado as regras para votação à distância – a capacidade de votar de casa e enviar sua escolha pelo correio. Historicamente, os republicanos haviam utilizado a votação à distância com muito mais frequência do que os democratas. Por isso, a decisão fazia sentido. Mas a dra. Dennard estudou as regras e as colocou em prática. Fez uma campanha secreta para aumentar o número de votos à distância entre os eleitores negros e funcionou. Ela ganhou uma eleição especial para a secretaria, chamando a atenção dos líderes e eleitores locais.

Nas primárias de 2010, para outras vagas disponíveis na diretoria de ensino, ela recrutou mais mulheres negras para concorrer e as treinou, junto com um grupo comprometido de organizadores, nas leis sobre votação à distância. Mais uma vez, a estratégia deu certo. Diversas mulheres negras foram eleitas para a diretoria de ensino do condado de Brooks, e o controle da secretaria passou da maioria branca para a maioria negra. Em uma cidade descrita por alguns residentes como a Mayberry do *The Andy Griffith Show*,[*] as vitórias do Technicolor foram difíceis de aceitar.

Irritados com as inesperadas vitórias, um membro derrotado da diretoria de ensino, um desconfiado diretor dos correios e o advogado da diretoria de ensino uniram-se para desafiar a legitimidade das vitórias eleitorais da nova chapa. Primeiro, simplesmente tentaram cancelar a eleição. As aliadas da dra. Dennard haviam concorrido durante as primárias democratas porque quase todos na cidade concorriam como democratas. Isso deveria ter encerrado o assunto. Na Geórgia, os candidatos podem disputar as eleições primárias, mas, se perderem, não podem tentar receber

---

[*]. Série de comédia norte-americana que foi ao ar nos anos 1960 e cuja história se passava em uma cidade fictícia da Carolina do Norte, Mayberry, majoritariamente branca. Segundo o site The Awl, houve apenas uma personagem negra com falas nos 248 episódios da série original. O comentário da autora sobre "as vitórias do Technicolor" deve-se ao fato de que apenas 90 episódios foram ao ar em cores, ou seja, com diversidade de cores. [N. T.]

votos nas eleições gerais do mesmo ciclo. A proibição é comumente referida como a lei do "perdedor inconformado". Mas, em novembro, os candidatos que perderam decidiram contornar a lei e tentar uma segunda vez. Para a surpresa de Dennard, um juiz local permitiu que os candidatos derrotados voltassem a concorrer como independentes. Mas a equipe estava pronta, e a participação dos negros triplicou – chegando a 1.461, em comparação com 1.259 brancos, e os votos à distância fizeram a diferença. Os perdedores foram derrotados uma segunda vez.

Confusos com o sucesso da estratégia de votação à distância e carregando a segunda derrota em um ano, os candidatos rejeitados e seus comparsas contataram o secretário Kemp. Ele reagiu de forma agressiva às falsas acusações de fraude eleitoral, a única desculpa que os oponentes poderiam apresentar para explicar sua derrota. Os eleitores negros não votavam à distância, principalmente no condado de Brooks. Kemp, recentemente instalado em seu gabinete, encampou a causa dos perdedores e as teorias da conspiração. Autorizou o Escritório de Investigação da Geórgia – a versão estadual do FBI – a prosseguir com o caso em nome do departamento. Os agentes invadiram as casas e os escritórios dos membros da diretoria de ensino devidamente eleitos e os prenderam, bem como a seus apoiadores. O governador destituiu-os do cargo, e vários perderam o emprego regular pela reputação manchada.

Anos se passaram antes que seus julgamentos criminais começassem, e, no final, ninguém foi condenado. Nenhuma fraude eleitoral ocorreu, apenas o uso inteligente de um processo raramente usado por eleitores negros. Mas o estrago estava feito, o objetivo alcançado: os eleitores negros tinham sido punidos por utilizar as regras desfrutadas pelos eleitores brancos durante anos. O acesso à cédula tinha limites estritos, e, ainda que não se faça nada de errado, as consequências do engajamento total podem ser devastadoras.[2]

A horrível história de Quitman 10 + 2 (assim chamado devido aos dez organizadores originais mais dois apoiadores adicionais incluídos nas acusações) ilustra uma obviedade que se estende muito além da Geórgia. Se um eleitor sobreviveu à provação dos desafios de permanecer nas listas, a próxima questão é a capacidade de acessar uma cédula e votar. Embora o ataque de Kemp aos eleitores negros de Quitman tenha ocorrido antes da destruição da Lei dos Direitos de Voto, suas ações simplesmente anteciparam o que viria a seguir. Legisladores estaduais, secretários de Estado e governadores – quase todos republicanos – voltaram às paradas de sucesso na supressão do eleitor. Limites de cédulas de votação à distância e leis restritivas de identificação do eleitor vieram primeiro, seguidos por um aumento do fechamento de locais de votação, reduções nas votações antecipadas, equipamentos vulneráveis ou inadequados e supervisão negligente da aplicação das leis estaduais no condado. Separadamente e em conjunto, essas ações impedem os eleitores de acessar as cédulas que tornam a votação real. Em um Estado após o outro, a incompetência e a má-fé operam em conjunto, e a absoluta complexidade do aparelho de votação do país transforma a supressão do eleitor em um sistema quase contínuo.

Esses obstáculos tiveram o efeito desejado de prejudicar os eleitores, dificultando ainda mais o ato de votar. Os sistemas de tribunais federais têm ajudado os maus competidores do Estado, permitindo que mais e mais regras limitem o acesso ou impeçam os eleitores de obter uma solução. Nos locais onde o presidente Obama atraiu eleitores improváveis para um fenômeno eleitoral, os Estados responderam cortando locais e modos de votação, bem como definindo quem poderia participar. As filas de votação para os eleitores negros no país cresceram mais. Os nativos norte-americanos enfrentaram um terrível retorno à cidadania de segunda classe em Estados onde seus votos poderiam inclinar a balança das eleições. Cidadãos naturalizados tiveram que abrir processos para lutar por seus direitos recém-garantidos, e as organizações continuam a lutar por cédulas e acesso em vários idiomas. A comunidade com deficiência viu-se enfrentando os eleitores negros na tentativa de justificar os limites ao acesso. Além disso, em todo o país, nos locais onde os Estados negligenciaram sua infraestrutura eleitoral, o resultado tem sido máquinas vulneráveis, às vezes inoperantes, que foram distribuídas de forma inadequada às comunidades.

Isoladamente, cada um desses exemplos é preocupante, pois representa um eleitor que não pôde participar plenamente do corpo político. Combinados, eles demonstram a privação de direitos dos eleitores americanos em geral e a segmentação de comunidades não brancas e outros grupos marginalizados em particular. O acesso à votação é a segunda linha de ataque aos nossos direitos de voto, e, para derrotar seu efeito pernicioso, devemos entender como funciona.

O falso encanto do título de eleitor

Sempre que levanto a questão da supressão do eleitor, posso ter certeza de que os proponentes de regras mais restritivas responderão com duas réplicas padrão. A primeira é o espectro da fraude eleitoral, ideia frequentemente utilizada pelos conservadores para justificar a implementação de diversas formas de supressão. Conforme o argumento avança, as regras são necessárias para impedir que uma horda distorça os resultados das eleições. No entanto, a fraude eleitoral foi considerada excepcionalmente rara por várias organizações respeitáveis, sem mencionar a comissão de votação substituta criada por Donald Trump.

No entanto, para deixar registrado, vamos voltar a esse ponto. Fraude do eleitor refere-se normalmente a uma de duas ocorrências: (1) se fazer passar por outro eleitor ou (2) um eleitor não cidadão, não residente ou inelegível que efetivamente votou. O primeiro quase nunca acontece. Na verdade, é mais provável que um americano seja atingido por um raio do que se faça passar por outro eleitor.[3] Para ser mais específica, de acordo com uma análise, de 1 bilhão de votos registrados entre 2000 e 2014, ocorreram apenas 31 casos de falsificação de identidade de eleitor.[4] Quanto ao voto de não cidadãos ou não residentes, a explicação quase universal é a confusão de *eleitor*. Nos Estados Unidos, temos 51 democracias diferentes em operação entre as leis estaduais individuais e as federais. Por exemplo, se uma pessoa se muda de Maine para Oklahoma, as regras mudam drasticamente em relação ao tempo de registro, elegibilidade e recursos. Os especialistas nacionais mal entendem a complexidade das leis eleitorais locais – como uma pessoa comum entenderia? Fraude é um crime intencional. Muitas acusações de fraude eleitoral são mais bem descritas como mal-entendidos.[5]

A identificação restritiva do eleitor é a principal arma para combater a onda inexistente de fraude eleitoral, mas isso não é a mesma coisa que o título de eleitor básico. Esse título de eleitor faz parte da votação desde o início, e tanto democratas quanto republicanos concordam que as pessoas devem fornecer provas de quem são antes de votar. Trinta e cinco Estados exigem alguma forma de identificação, e os 15 Estados restantes geralmente aceitam informações de identificação com base no que foi fornecido anteriormente por um eleitor, como uma assinatura em arquivo.[6] O que mudou nos últimos anos foi o tipo de identificação exigida e a dificuldade ou as despesas para se obter os documentos necessários. Restringir a identificação do eleitor acaba estreitando severamente a lista de documentos permitidos que servem como prova, e essas leis normalmente excluem documentos permitidos anteriormente. Devido ao sucesso desse filtro estreito de documentos aceitáveis, as leis restritivas de identificação do eleitor tornaram-se uma ferramenta-chave no arsenal de supressão.

Em 2008, a Suprema Corte dos Estados Unidos autorizou as primeiras leis restritivas de identificação do eleitor proferidas pela Geórgia e por Indiana, com base em um caso de Indiana.[7] Em 2005, os republicanos da Geórgia controlavam tanto o gabinete do governador quanto a legislatura estadual pela primeira vez na história moderna. Suas vitórias tinham sido mínimas: o primeiro governador republicano do Estado desde a Reconstrução venceu a eleição em 2002 por uma diferença de 104 mil votos em relação a seu oponente democrata. A legislatura estadual logo se transformou em republicana. Em 2005, o legislativo estadual adotou um esquema de identificação do eleitor projetado para prevenir a fraude eleitoral, apesar de nenhuma evidência de fraude ter ocorrido nas últimas eleições. A lei removeu uma série de formas de identificação permitidas anteriormente e, em vez disso, passou a exigir carteira de motorista, certas identidades governamentais ou um cartão especial. Por exemplo, carteirinhas de estudante emitidas por faculdades e universidades estaduais não seriam mais permitidas, embora viessem de uma agência governamental. Em Indiana, as novas leis eram semelhantes. Os tribunais de primeira instância anularam disposições como o imposto eleitoral, devido aos custos associados à proteção desses documentos. No entanto, a Suprema Corte de tendência conservadora decidiu que as identidades restritivas eram aceitáveis, desde que os Estados disponibilizassem uma forma gratuita de identificação.

Outros Estados também restringiram as regras para limitar os tipos de identificação elegíveis para uso.[8] Os defensores dessas leis alegam que a identificação é obrigatória nos Estados Unidos, ou seja, é preciso ter uma identidade para ir ao banco, embarcar em um avião ou dirigir um carro. A identificação do eleitor, eles exortam, é uma extensão lógica, e nenhuma pessoa sensata poderia objetar razoavelmente. Mas a realidade da vida nos Estados Unidos é que até mesmo o acesso à identificação pode estar repleto de erros burocráticos, impossibilidades legais e a luta contínua de nossa nação em relação a raça e classe. Ao limitar as formas de identificação que quase qualquer pessoa pode fornecer ou, pior, ao exigir provas quase impossíveis de assegurar, a identificação restritiva bloqueia o acesso ao direito de votar.

Em 2012, Heidi Heitkamp venceu a eleição para o Senado dos Estados Unidos pelo Estado de Dakota do Norte. Como democrata, sua eleição surpreendeu muitos, incluindo os republicanos que controlavam a maior parte do poder em seu Estado natal. Sua vitória foi o resultado de vários fatores, entre os quais o forte apoio dos cidadãos nativos norte-americanos que votaram nela. As taxas de participação eleitoral desse grupo levaram a senadora Heitkamp a uma vitória estreita, e ela elogiou o engajamento. Alguns anos depois, em 2016, os sioux da Reserva de Standing Rock uniram-se para bloquear a construção de um oleoduto em suas terras. Seu ativismo atraiu a atenção internacional, especialmente daqueles que se irritaram com a audácia dos povos originários em proteger o próprio território.

Com a presença ampliada de vozes nativas norte-americanas tanto na política eleitoral quanto no engajamento cívico, a base de poder republicana procurou reafirmar seu controle sobre a operação do Estado. A ideia de silenciar as vozes dos nativos norte-americanos nas urnas deu aos republicanos um curso de ação claro. A eleição seguinte de 2018 determinaria se Heitkamp, a única senadora democrata do Estado e única democrata eleita em todo o Estado, permaneceria no cargo. Ela havia vencido em 2012 por uma margem mínima: 2.936 votos, uma vitória atribuída em grande parte aos eleitores nativos norte-americanos.[9] Em resposta, os republicanos recorreram a uma ferramenta que haviam tentado usar antes, uma política de identificação restritiva do eleitor: a exigência de que os eleitores legais em Dakota do Norte tivessem endereços residenciais em seus documentos de identidade. A lei havia sido aprovada anos antes, mas os tribunais federais proibiram o Estado de impor a obrigação devido ao efeito específico que teria sobre os nativos norte-americanos em Dakota do Norte.

Para a maioria dos americanos, fornecer um endereço válido dificilmente seria um problema. Afinal, precisamos usar esse endereço para entrega de pizza, da Amazon ou em emergências. Mas para os vários povos que habitam as vastas terras de Dakota do Norte, um endereço residencial verificável é um luxo e, para milhares, uma impossibilidade. Entre as vítimas da lei estavam Leslie e Clark Peltier, membros da reserva Turtle Mountain Band of Chippewa Indians. Leslie, professora, dava aulas na faculdade local, e Clark atuava como supervisor do departamento de manutenção do órgão habitacional local. Por mais de uma década, eles moraram em sua casa na reserva, uma casa de família cercada por estradas de cascalho e sem placas de rua. A ausência nunca lhes pareceu incomum. As reservas de nativos norte-americanos raramente têm endereços residenciais, já que os governos estaduais ou locais muitas vezes não os atribuem. Portanto, a vida nas reservas se adaptou para usar uma combinação de caixas postais, caixas de agrupamento e endereços de ruas aproximados para direcionar os veículos de emergência. Em 2012, quando os Peltier foram votar, o registrador os notificou sobre o endereço residencial atualizado que agora seria usado em ligações para o serviço de emergência, o 911.

Os Peltier registraram devidamente o endereço e atualizaram suas carteiras de motorista para refletir as novas informações. No entanto, em 2013, quando foram votar, o funcionário eleitoral disse que o novo endereço residencial significava que eles tinham que votar em uma cidade diferente, fora da reserva. Eles não haviam mudado de casa nem alterado nenhuma informação em 12 anos, exceto suas licenças, com base em informações governamentais. A mudança de endereço agora significava que teriam que votar em um lugar para disputas como o senado dos EUA, o governo do Estado ou líderes locais, e em um lugar completamente diferente para eleições de seu povo, mesmo se as eleições ocorressem no mesmo dia. Eles se adaptaram o melhor que puderam, assim como milhares de outras pessoas que enfrentavam necessidades bizarras semelhantes.

Então, pouco antes da reeleição fundamental de Heidi Heitkamp (a senadora que assumira o cargo seis anos antes), os líderes republicanos no Estado começaram a aplicar estritamente a exigência de endereço residencial. Para os Peltier, o cumprimento era impossível. Descobriram que o endereço residencial que haviam zelosamente atualizado em suas identidades não correspondia ao endereço do 911 atribuído para sua casa. Ninguém conseguia explicar o conflito ou resolvê-lo. Portanto, eles poderiam ter o direito de voto negado. Devido ao ressurgimento desse padrão impossível, uma coalizão de reclamantes nativos norte-americanos entrou com uma ação contra o Estado de Dakota do Norte e, em sua queixa, detalhou vários exemplos desse falho processo: um jovem casal sioux de Spirit Lake que havia recebido um endereço residencial do governo soube que esse endereço foi considerado inválido pela *mesma* burocracia. Um membro dos sioux de Standing Rock de 69 anos disse que seu endereço atribuído pelo governo não correspondia a sua casa, e sim a uma loja de bebidas. E ainda havia os Peltier.

A ironia do processo surgiu na denúncia: o secretário de Estado do Partido Republicano de Dakota do Norte procurou aplicar um padrão que os governos estaduais e locais haviam impossibilitado de cumprir. Nos últimos dias da eleição de 2018, a Suprema Corte dos EUA aliou-se ao Estado de Dakota do Norte e recusou-se a intervir e bloquear a aplicação dessa exigência irracional. Quase todo mundo ficaria bem, dizia a justificativa, então, se esse grupo minoritário de nativos norte-americanos enfrentasse algum dano, ele ficaria em segundo plano em comparação com a racionalidade do sistema geral.

O que as tribos de Dakota do Norte enfrentaram em 2018 simplesmente seguiu o rastro das restrições de identificação do eleitor na Geórgia, Indiana, Kansas, Mississippi, Tennessee, Virgínia e Wisconsin. Em Wisconsin, a vitória estreita de Donald Trump por menos de 23 mil votos (ou 0,77%) em 2016 foi atribuída em parte à polêmica lei de identificação do eleitor do Estado. Nacionalmente, os pesquisadores divergem sobre os efeitos do título de eleitor sobre os resultados das eleições, já que parte da questão está se mostrando negativa – que um eleitor não votou por causa do documento de identidade *versus* outro motivo plausível. No caso de Wisconsin, pesquisadores do *Election Law Journal* descobriram que pelo menos um ponto percentual de não votação ocorreu com base em uma combinação de fatores, incluindo a ausência de identificação válida e confusão sobre como atender aos parâmetros da nova lei.[10]

Para aqueles que buscam obedecer, obter acesso pode ser proibitivamente difícil. Na cidade de Sauk City, no Wisconsin, aqueles que precisam de títulos de eleitor gratuitos podem obtê-los no DMV local; no entanto, o escritório mais próximo funcionou apenas quatro vezes em 2016 – na quinta quarta-feira de cada mês.[11] Outra barreira é conseguir os documentos apropriados. A sra. Smith, natural do Missouri, vivia e votava em Milwaukee desde 2003. Depois que Wisconsin adotou leis restritivas de identificação do eleitor, a sra. Smith tentou obter a exigida identificação com foto. Para isso, ela precisava apresentar uma certidão de nascimento que comprovasse sua data e local de nascimento. Mas a sra. Smith, uma afro-americana nascida durante a segregação, em 1916, não tem certidão de nascimento porque, como muitos negros de sua época, nasceu em casa por falta de acesso a um hospital. Tentou usar o Processo de Petição de Identificação no DMV de Wisconsin, aparentemente projetado para ajudar cidadãos como ela a obter uma identidade. Embora tenham encontrado um registro da sra. Smith no censo de 1930, não puderam associá-la a um registro de nascimento qualificado do Missouri. Sem um título de eleitor, a sra. Smith não pôde votar na eleição de 2016 porque, aos 100 anos de idade, não conseguiu provar sua identidade para o Estado de Wisconsin.[12]

Até mesmo o Departamento de Auditoria de Contas Públicas federal (GAO, na sigla em inglês) tomou conhecimento dos efeitos da restrição do título do eleitor. Em 2014, após revisar a pesquisa sobre como essas políticas alteram o comportamento do eleitor, o GAO conduziu seu próprio estudo usando os Estados de Kansas e Tennessee como modelos e comparando as eleições gerais de 2008 e 2012 com a participação nos Estados de controle Alabama, Arkansas, Delaware e Maine (todos esses sem leis rígidas de identificação com foto).[13] O GAO encontrou evidências de que os novos requisitos de identificação no Kansas e no Tennessee tiveram efeitos demonstráveis no comparecimento, diminuindo-o em 1,9 a 2,2 pontos percentuais no Kansas e 2,2 a 3,2 pontos percentuais no Tennessee. Em ambos os casos, as quedas foram maiores nesses dois Estados do que nos Estados de comparação. Especificamente, as maiores quedas foram observadas entre jovens eleitores e afro-americanos e, como observou o GAO, "os resultados foram consistentes nas diferentes fontes de dados e populações de eleitores usadas na análise".[14] Para idosos, indivíduos com limitações de recursos financeiros, pessoas não brancas, comunidade transgênero e outros, a identidade restritiva tem o efeito direto de limitar o acesso à cédula, e não torna a votação mais segura.

Não há votação em uma pesquisa fechada

A identificação do eleitor está diretamente ligada à supressão porque a identidade é um cartão de acesso às urnas. No entanto, para milhões que precisam navegar no labirinto das leis de identificação eleitoral, o próximo obstáculo está à espreita: o desafio de entrar fisicamente na cabine de votação. Um dos esquemas favorecidos durante a vigência das leis de segregação era tornar os locais de votação tão difíceis de alcançar que os eleitores simplesmente desistiam.

Quando Oprah Winfrey veio fazer campanha comigo, ela contou a história de Otis Moss Sênior, pai do famoso pastor Otis Moss II e avô de meu colega de classe em Morehouse, Otis Moss III, um talentoso ministro. Moss, um arrendatário do condado de Troup, Geórgia, tentou votar em 1946 na primeira eleição em que os negros teriam a chance de dar sua opinião sobre o futuro do Estado. Eugene Talmadge, um segregacionista declarado, concorria à reeleição, e Moss pretendia tirá-lo do cargo. Como Oprah contou à multidão extasiada, "Otis Moss Sênior, bem aqui no condado de Troup, na Geórgia, levantou-se de manhã e vestiu seu único terno e sua melhor gravata. E ele caminhou dez quilômetros até o local de votação, que, segundo lhe haviam dito, era em LaGrange. Quando chegou lá, depois de caminhar dez quilômetros com seu terno bom e sua gravata, disseram a ele: 'Rapaz, você está no lugar errado. Você precisa ir para Mountville'. Ele caminhou mais dez quilômetros até Mountville e, quando chegou lá, disseram: 'Rapaz, você está no lugar errado. Você precisa ir para a Escola Rosemont'.

"Eu o imagino caminhando do amanhecer ao anoitecer em seu terno, com os pés cansados, chegando à Escola Rosemont. E então disseram: 'Rapaz, você chegou tarde demais. As urnas já foram fechadas'. E ele nunca teve a chance de votar. Quando chegou a próxima eleição, já havia morrido."

Vinte anos depois, a Lei dos Direitos de Voto incluiu a proteção dos locais de votação como aspecto central. A capacidade de realmente chegar ao local designado para a votação tem sido um obstáculo de longa data para milhões. Conforme sancionado pela 15ª Emenda, os Estados têm autoridade para governar as leis eleitorais, e o local onde uma pessoa tem permissão para votar é um ponto fundamental. Se o local é muito longe do transporte público, aqueles que não têm veículos podem não conseguir votar. Se o local não oferece acessibilidade, aqueles com deficiência física podem não comparecer às urnas. Quando o local de votação não está em um local neutro como uma escola, e sim em uma delegacia de polícia ou um complexo judicial, a atmosfera pode ameaçar a confiança do eleitor. No entanto, sob a VRA [Voting Right Action], os Estados com histórico de manipulação de locais de votação como meio de restringir a participação dos eleitores tiveram que obter permissão antes de alterar um único local de votação. Durante minha gestão como procuradora-adjunta da cidade de Atlanta, parte do meu trabalho incluía ajudar o secretário municipal a preparar sua petição para o Departamento de Justiça federal descrevendo quaisquer mudanças de localização do distrito.

As mudanças eram inevitáveis. Escolas e igrejas exigiam manutenção que as deixava fora de serviço por um ciclo. As bibliotecas tornaram-se muito pequenas à medida que as populações cresciam, e as estações dos bombeiros mudavam conforme os bairros evoluíam. O VRA reconheceu que os locais mudariam com o tempo, mas a regra exigia que as necessidades do eleitor sempre estivessem em primeiro lugar. A destruição do VRA em 2013, porém, reverteu quase 50 anos de proteção e promoção eleitoral. Quando o requisito de liberação prévia foi removido – o requisito de que as jurisdições obtenham permissão antes de alterarem as regras de votação locais –, os Estados correram para tirar vantagem da falta de supervisão. Por exemplo, de acordo com a análise do *Atlanta Journal-Constitution,* as autoridades fecharam 8% dos locais de votação da Geórgia e quase 40% foram realocados, tudo entre 2012 e 2018, com a maior parte ocorrendo após a decisão do tribunal de 2013.[15] Eles contam a história de Maggie Coleman, 71, que tem dores nos joelhos e nas costas. Ela morava a menos de um quilômetro de seu local de votação no condado de Clay, mas as autoridades locais a mudaram para um posto de votação a 16 quilômetros de distância. A sra. Coleman tem um carro e pode dirigir sozinha, mas a taxa de pobreza de 43% do condado de Clay significa que muitos de seus vizinhos provavelmente não têm veículos, e o condado não possui um sistema de transporte público.

A Geórgia não está sozinha. Nos cinco anos desde *Shelby*, 1.688 locais de votação foram fechados em Estados sujeitos a liberação prévia. Entre as eleições de 2012 e 2016, os Estados fecharam cerca de 3 mil locais de votação físicos, de acordo com a Comissão de Assistência Eleitoral, reduzindo de 119.968 locais em 2012 para 116.990 em 2016. Em todo o país, o fechamento ou a consolidação de distritos pune injustamente quem tem dificuldade de locomoção ou quem tem outros problemas, como deficiência física. Particularmente para aqueles com deficiência física, a localização é importante porque quando os edifícios são inacessíveis ou inconvenientes, esses eleitores enfrentam opções limitadas ou mesmo nenhuma.[16] Os fechamentos de locais de votação que mudam os eleitores de um local para outro muitas vezes deixam de levar em conta as barreiras físicas, como degraus, entradas íngremes ou vias com desnível. Por exemplo, as igrejas são frequentemente usadas como locais de votação, mas, de acordo com a Lei dos Americanos com Deficiências, as instalações religiosas estão isentas de conformidade.[17] Uma vez lá dentro, nem todos os locais de votação são criados da mesma forma. Quando um local tem menos pontos, as máquinas especiais de votação para os eleitores com deficiência talvez não tenham suporte ou não estejam disponíveis. Ou, se o local é apertado, pode ser difícil manobrar cadeiras de rodas ou outro equipamento.

Embora alguns fechamentos possam ser atribuídos à expansão das opções de votação – como votação antecipada, votação a distância ou cédulas pelo correio –, as implicações mais amplas permanecem. Certas comunidades marginalizadas ou historicamente desprivilegiadas enfrentam uma complexa teia de desafios para o acesso físico aos locais de votação. Como muitas decisões de política pública, as conexões entre as ações parecem inócuas para o observador casual. No entanto, a combinação de fatores torna-se um obstáculo permanente para o eleitor, impedindo-o de chegar às urnas.

Por exemplo, uma agência de transporte público remove um ponto de ônibus em um bairro de baixa renda devido a um aumento no número de passageiros em uma comunidade próxima e a restrições orçamentárias. Um ano depois, o condado retira o financiamento de um local de votação e o muda para a periferia do condado, novamente citando questões orçamentárias. O dinheiro investido na questão viária é reduzido, então as rotas tornam-se menos frequentes. Para os eleitores idosos ou que não dirigem naquele bairro, sua capacidade de chegar ao novo local de votação é agora *absolutamente* mais difícil. Se moram em um Estado que não prevê outras formas de votar, seu direito de voto passa a ser nulo e sem efeito. Considere o Estado de Missouri, que não permite votação antecipada; em vez disso, o eleitor deve estar fora da jurisdição, incapacitado ou enquadrar-se em uma lista restrita de exceções para não comparecer ao distrito eleitoral no dia da eleição. Se um local de votação fica a quilômetros de distância da casa de uma pessoa e não há sistema de transporte público nem alguém disposto a dirigir, o eleitor não pode votar.

Como a saga de Moss pelos locais de votação no condado de Troup, a Geórgia mais uma vez tornou-se o centro das atenções da supressão sob o então secretário de Estado Brian Kemp. Quando o caso *Shelby* retirou o escudo de proteção para os distritos, o escritório de Kemp divulgou um treinamento-guia que enfatizava como e por que os condados deveriam fechar ou mudar os locais de votação. Na Geórgia, assim como na maioria dos Estados, os governos locais, como os condados, tomam a decisão final sobre os locais de votação. No entanto, os funcionários eleitorais seguem as orientações do secretário de Estado, sobretudo se ele enfatizar como os governos locais podem agora *legalmente* fechar locais sem a incômoda supervisão do Departamento de Justiça. Repetidamente, o guia de Kemp lembrava aos administradores eleitorais que eles não precisavam mais cumprir os rígidos requisitos do VRA. Em vez disso, poderiam fechar locais seguindo leis estaduais mais flexíveis.

Em 2015, o New Georgia Project, agora liderado por Nse Ufot, contratou um estudante de direito para começar a rastrear fechamentos de locais de votação no Estado da Geórgia. Uma das mudanças que identificamos ocorreu no condado predominantemente negro de Macon-Bibb, onde o conselho eleitoral tentou transferir um antigo local de votação de um ginásio comunitário para o escritório do xerife. Com isso, os eleitores, em vez de se dirigirem a um espaço seguro onde os vizinhos costumavam se reunir, teriam que passar pelo processo de votação sob o olhar atento das autoridades policiais. Até 2014, a Geórgia tinha a quarta maior taxa de encarceramento do país, com uma das maiores populações negras atrás das grades. A Geórgia hoje continua sendo o Estado com mais pessoas em liberdade condicional. A reputação carcerária do Estado, bem como o compreensível senso de intimidação dos cidadãos, gerou protestos contra a decisão. Felizmente, uma ação do New Georgia Project e de um grupo de organizações comunitárias, utilizando uma opção de petição enterrada no código da Geórgia, reverteu a decisão, e o posto de votação mudou-se para um anexo da igreja local. Em 2018, um consultor recomendado por Kemp sugeriu o fechamento de dois locais de votação no condado de Randolph que atendiam majoritariamente eleitores negros, deixando intocados os que atendiam os eleitores brancos. A indignação nacional acabou fazendo com que o conselho eleitoral revertesse sua decisão. Ainda assim, os efeitos na Geórgia repercutiram na disputa de 2018. Mais uma vez, de acordo com a análise do *Atlanta Journal-Constitution* (AJC), "fechamentos de postos de votação e distâncias mais longas provavelmente impediram que cerca de 54 mil a 85 mil eleitores votassem no dia da eleição do ano passado, de acordo com as conclusões do AJC. E o impacto foi maior nos eleitores negros do que nos brancos, descobriu o AJC. Os eleitores negros tinham 20% mais probabilidade de perder a chance de votar por causa das longas distâncias".

Os afro-americanos tendem a ser vítimas de esforços de supressão de eleitores como aqueles que se desenrolaram na Geórgia, mas populações crescentes como os latinos enfrentam obstáculos familiares com o fechamento dos postos. No condado de Ford, predominantemente branco, no Kansas, os 28 mil eleitores em Dodge City perderam seu único local de votação na arena cívica da cidade. A decisão do oficial eleitoral do condado branco teve um efeito direto na cidade de maioria latina. Os eleitores da comunidade foram informados de que teriam que se dirigir à periferia da cidade para um novo local de votação, apesar da falta de transporte público. Qualquer eleitor que usasse o ônibus teria que caminhar quase dois quilômetros para chegar ao local. Para uma comunidade composta em grande parte por trabalhadores de frigoríficos locais, a questão do transporte teve sérias consequências. O pior é que Dodge City já experimentava uma carga desproporcional de eleitores em seu único posto de votação: 13 mil eleitores em comparação com a média de 1.200 para outros locais de votação do Kansas.

Quando a ACLU (União Americana pelas Liberdades Civis) alertou a funcionária do condado de Ford, Deborah Cox, sobre os danos potenciais e pediu que ela divulgasse uma linha direta local para ajudar os eleitores em dificuldades, ela encaminhou o e-mail para o secretário de Estado Kris Kobach com a mensagem "KKKK". Kobach, um superintendente de eleições desonrado dedicado à supressão de eleitores, foi processado e citado por atos de maldade contra eleitores não brancos. Como Brian Kemp da Geórgia, Kobach e outros secretários de Estado republicanos travaram uma guerra pelo acesso dos eleitores, sendo seus alvos uniformemente pessoas não brancas, cidadãos naturalizados e estudantes – ou seja, as populações com maior probabilidade de votar nos democratas.

Quando o voto não é fácil, pode ser impossível

Atualmente, há 39 Estados que permitem a votação antecipada, um período designado antes de uma eleição em que qualquer eleitor pode comparecer e votar.[18] As cédulas de voto remoto, que podem ser recebidas em casa pelo eleitor, estão disponíveis em todos os 50 Estados – e há dois desafios: obtê-las e fazer com que sejam contadas. O primeiro desafio de votar em casa é uma questão central de acesso à cédula. Trinta e três Estados e o distrito de Columbia não impõem restrições sobre quem pode utilizar esse método conveniente e eficaz de votação; entretanto, 17 Estados exigem que o eleitor tenha uma justificativa válida, que vai desde a invalidez permanente até a prova de que o eleitor estará fora da cidade. A teoria por trás da votação antecipada e da votação a distância é simples: os eleitores também devem poder participar de forma plena das eleições, independentemente das circunstâncias. Para os idosos, pessoas com deficiência e trabalhadores, sobretudo aqueles com turnos irregulares, a flexibilidade proporcionada por esses mecanismos pode ser seu único método de participação.

Meu Estado natal, a Geórgia, permite a votação antecipada e a votação a distância, assim como vários dos Estados mais agressivos em relação à supressão de eleitores, como Ohio, Carolina do Norte, Wisconsin e Flórida. Na verdade, quando acusados de má ação, esses Estados costumam apontar como defesa o voto antecipado e o voto a distância como métodos de votação. No entanto, essa discussão enfrenta uma falha fundamental. Os Estados podem colocar a melhor gama de opções no menu, mas se elas estão sempre indisponíveis para uma determinada clientela, a opção não é real. Em 2018, a Flórida e a Geórgia enfrentaram problemas com a votação a distância. Tony Doris, um repórter da Flórida, detalhou os problemas que seu filho mais velho enfrentou para receber sua cédula.[19] Apesar de ter se inscrito antes do fim do prazo, a cédula só chegou a ele em Boston alguns dias antes da eleição. A lei da Flórida exige que uma solicitação de cédula para voto a distância seja recebida até o décimo dia que precede a eleição, e as cédulas preenchidas devem ser recebidas até as 19 horas do dia da eleição. O filho do sr. Doris não foi o único a enfrentar atrasos. Durante a eleição geral de 2018, Doris relatou que 174.649 cédulas de votação a distância enviadas aos democratas não foram devolvidas aos supervisores eleitorais, o que é 91.038 a mais do que as não devolvidas pelos republicanos.[20] Embora algumas cédulas não devolvidas sinalizem a decisão de um eleitor de não responder, para milhares, o principal culpado foi a chegada tardia das cédulas devido ao sistema falho do Estado ou uma falha completa no envio. No entanto, os supervisores eleitorais do condado da Flórida não enviaram mais de 20 mil cédulas solicitadas até o prazo legal de 31 de outubro. Relatórios de votações atrasadas também atormentaram a Geórgia, gerando depoimentos no processo da Fair Fight Action contra o Estado. Ofodile Anachuna e Lorene Bell nunca receberam as cédulas solicitadas,[21] e um condado está sob investigação por não enviar 4.700 cédulas solicitadas.[22] Os supervisores eleitorais do condado acompanham as operações diárias das eleições, mas a obrigação do Estado não pode ser minimizada ou ignorada.

    Assim como os problemas com o acesso ao voto a distância, os republicanos têm como alvo as operações de votação antecipada que ajudaram a aumentar a participação dos eleitores, para seu aparente desgosto. Na Carolina do Norte, após a campanha bem-sucedida do presidente Barack Obama em 2008, os republicanos reduziram a votação antecipada de 17 para 10 dias e reduziram ou eliminaram a votação de domingo devido à popularidade das campanhas "almas às urnas", que encorajavam os eleitores negros a comparecer *em massa* após os ritos religiosos. Republicanos da Flórida reagiram ao amplo uso da votação antecipada reduzindo o período de voto de 14 para 8 dias na eleição presidencial de 2012, sem dúvida em reação aos votos dos moradores da Flórida em Obama em 2008. Wisconsin, por décadas considerado um líder em direitos de voto, respondeu à onda de eleitores democratas eliminando as primeiras horas de votação à noite e nos fins de semana: os horários mais usados por eleitores de baixa renda e minorias. Para boa parte do Partido Republicano de Ohio, os cortes no acesso incluíram eliminar seis dias da votação antecipada presencial, abandonar domingos e noites e acabar com a votação na véspera da eleição.

Os formuladores de políticas que propõem esses cortes têm um manual padrão.[23] Primeiro, aponte para os custos da votação antecipada e, em seguida, apele para o medo de fraude eleitoral. Como legisladora estadual por 11 anos, ouvi falar de limites para a votação antecipada e dei a devida consideração a cada proposta. Em 2011, copatrocinei uma legislação para eliminar 24 dias de votação antecipada na Geórgia, reduzindo o tempo permitido de 45 para 21 dias, o padrão ouro para os períodos de votação antecipada. Em Estados com esse tipo de votação, o objetivo é oferecer tempo suficiente para que os eleitores aproveitem ao máximo, mas sem causar um ônus proibitivo para o governo local durante as eleições. Pequenas cidades e condados rurais relataram que enfrentaram cortes na aplicação da lei ou nos serviços humanos para financiar todo o período eleitoral, embora pouquíssimos eleitores tenham usado os primeiros 24 dias. Em um Estado como o nosso, com 159 condados e mais de 500 jurisdições locais, os custos padronizados para pequenas cidades se mostraram proibitivos. Não importava se uma cidade tinha uma população de 500 ou 500 mil habitantes, as regras para alocar e operar uma eleição eram as mesmas: manter a equipe de plantão mesmo quando ninguém usava as instalações, financiar a segurança das máquinas e pagar as despesas gerais dos locais. O pedido foi feito por democratas e republicanos, e as evidências financeiras foram atraentes. O Departamento de Justiça de Obama concordou e autorizou a redução, que ainda permitia três semanas sólidas de acesso antecipado. Então, após a decisão do VRA, os republicanos na Geórgia notaram duas tendências. Um: em 2014, 44% dos eleitores na Geórgia, incluindo muitos eleitores não brancos na mescla, votaram antecipadamente. Dois: a margem de vitória dos republicanos encolheu de 8% em 2008 para pouco mais de 5% em 2014. Naquela época, lutei contra novas restrições, pois nenhum dos proponentes havia fornecido uma análise fiscal para mostrar como a redução de 21 para 12 dias ajudaria as comunidades.

Pesquisas da Carolina do Norte e de Ohio pintaram um quadro claro da tendência que o Partido Republicano estava ansioso para evitar. Nas eleições presidenciais de 2008 e 2012, 70% dos eleitores negros votaram de forma antecipada. Em Ohio, em 2012, os eleitores negros votaram antecipadamente o dobro do que os brancos. Ainda hoje, a questão do acesso antecipado é uma arma preferida para a supressão de eleitores. Tanto o Texas quanto a Flórida tentaram limitar a votação antecipada em campi universitários, onde as tendências de votação mostram uma maior participação e uma tendência decididamente democrata aos padrões de votação jovens. Observando com apreensão o aumento da votação em idade universitária, a legislatura do Texas, dominada pelo Partido Republicano, proibiu os locais de votação antecipada em campi universitários que não permanecessem abertos durante os 12 dias completos previstos.[24] Como as faculdades devem arcar com o peso dos custos, os novos regulamentos significavam gastos proibitivos, e os locais – alguns que atendiam a mais de 14 mil eleitores – foram todos fechados. A Flórida também tentou anular a participação dos estudantes ao proibir qualquer local de votação antecipada no campus com estacionamento inadequado, apesar da natureza residencial da maioria das faculdades.

A identificação restritiva impede que os cidadãos limitados por meios ou por acesso votem nas eleições de um Estado, enquanto eleitores idênticos com identificação básica ou nenhuma votam anualmente em outro Estado. A disparidade não é apenas gritante, é desnecessária, e o tratamento díspar abala a confiança em nossa democracia. Da mesma forma, quando as seções eleitorais são fechadas, a votação antecipada é interrompida, as cédulas de votação a distância nunca chegam ou chegam tarde demais, os eleitores vulneráveis não podem votar. Isso não é uma coincidência. Jovens e pessoas não brancas normalmente beneficiam-se do acesso ampliado, devido a seus horários imprevisíveis, recursos limitados e maior desconfiança do sistema eleitoral. Em 2018, a proporção de estudantes universitários votando dobrou em relação a apenas quatro anos antes, principalmente em benefício dos democratas. Da mesma forma, os padrões de votação dos negros têm aumentado desde 2008, mesmo contabilizando anos não presidenciais.[25] Entre os asiático-americanos ou cidadãos das Ilhas do Pacífico (AAPI) e os eleitores latinos, os aumentos na participação afetaram as eleições estaduais e federais, gerando ganhos democratas em todos os níveis de governo.[26] Em resposta, a ilusão de fraude eleitoral foi divulgada para justificar expurgos e barreiras ao acesso, mas a realidade do roubo de eleitores se destaca com muito mais clareza. Quer a direita crie obstáculos à votação ou feche caminhos claros de engajamento, os republicanos cumpriram sua missão de impedir a votação. A densa teia de regras e de quebra-cabeças burocráticos sufoca a participação no voto e, portanto, na democracia. A supressão do eleitor começa com barreiras ao registro e continua por meio do limite de acesso à cédula. Mas, além dessas medidas, os inimigos da democracia totalmente participativa têm uma arma final para conseguir o que querem: certificar-se de que certos votos nunca contem.

4
Quando os números mentem (contagem de votos)

Em 22 de outubro de 2018, fui ao South DeKalb Mall para votar. Tradicionalmente voto no dia da eleição, como milhões de outros, e cresci com isso, como uma espécie de feriado cívico – um dia em que você vai lá, faz sua parte e, antes da meia-noite, um vencedor é anunciado. Votei pela primeira vez em 1992, nas primárias presidenciais, e em quase todas as eleições desde então. Quando me candidatei à legislatura estadual em 2006, votei em 18 de julho, pessoalmente, no local de votação designado. Mas as eleições gerais de 2018 eram diferentes.

No início de outubro, a agência de notícias Associated Press havia publicado uma matéria declarando que o secretário de Estado Kemp suspendera os registros eleitorais de mais de 53 mil georgianos.[1] Como ele também era meu oponente para governador, a mídia enxameava os detalhes da história, questionando, por fim, como é que o responsável pela eleição também poderia ser candidato. Nosso escritório de campanha respondeu a perguntas de eleitores apavorados, preocupados em não ter acesso à votação por causa do histórico de supressão de Kemp.

Nossa campanha, que vinha fazendo barulho para que esse conflito de interesses fosse mais divulgado, agora precisava passar por uma agulha muito fina. Um dos efeitos mais perniciosos e salientes da supressão eleitoral é que ela não apenas impede o eleitor de votar, mas convence os outros a não se dar ao trabalho de tentar. Por que participar de um jogo fraudulento? Os especialistas em supressão de eleitores costumam ser contra a amplificação da questão, porque denunciar o problema pode convencer os eleitores de baixa propensão a não correr o risco de se decepcionar. Ou seja, se eleitores improváveis acreditam que seus votos não valem, eles podem optar por não participar.

Um exemplo perfeito disso é o que ocorreu no condado de Hancock, na Geórgia, quando o Conselho de Eleições e Registro despachou delegados assistentes para contestar os direitos de voto dos eleitores negros no condado antes de uma importante eleição municipal em 2015. Hancock fica no centro da Geórgia, onde a polícia prendia negros a uma taxa 3,3 vezes maior que a de não negros.[2] Nas semanas que antecederam a votação, os delegados paravam ao lado de homens negros que andavam pelas vias públicas ou batiam em suas portas para exigir comprovante de residência. Barry Fleming, representante estadual republicano e autor de vários projetos de lei para restringir o acesso ao voto, atua como procurador do condado de Hancock. Em uma entrevista para *The New York Times* sobre os desafios para os eleitores negros, ele considerou o processo como sendo "mais sobre política e poder do que raça".

No entanto, na Geórgia e em todo o país, raça e política estão intimamente ligadas à luta pelo poder. E ambas têm o efeito de reprimir a participação. À medida que se espalharam as notícias das visitas indesejadas das autoridades policiais, os eleitores relutantes ficaram com medo de participar das eleições locais. Diante da possibilidade de os policiais baterem em suas portas ou aparecerem em seu local de trabalho, o risco de ser um cidadão votante parecia muito alto.

A vida em comunidades rurais pode criar mais espaço, mas também limita a privacidade e as opções para evitar a detecção. As cidades pequenas tendem a ter menos empregadores (de modo que as pessoas sabem quem trabalha onde) e menos imóveis (para que saibam onde todos moram). Isso significa que a fronteira entre público e privado é tênue e, nas mãos erradas, essa fronteira pode tornar-se invisível. Certa vez, quando estava visitando meus pais em Wiggins, no Mississippi, precisei descontar um cheque. Dirigi até o banco local e logo que cheguei percebi que não estava com minha carteira. Enquanto pedia desculpas à caixa pelo inconveniente, ela sorriu e pegou o cheque de minhas mãos. "Você é a cara da reverenda Carolyn. Confio em você." Em cidades onde todos sabem o seu nome e onde você mora, uma parcela do salário a cada duas semanas ou o aluguel de uma casa podem depender de você não ter problemas nas urnas. Quando a decisão de votar coloca em risco o sustento e a família de uma pessoa, a opção mais segura pode ser decidir não participar, que foi o que aconteceu no condado de Hancock depois que a polícia começou a contestar os eleitores negros. De acordo com a matéria de *The New York Times*, "'Muitos eleitores estão ligando para dizer que não desejam mais estar na lista, então agora temos pessoas que não querem mais votar', disse Tiffany Medlock, supervisora de eleições do conselho eleitoral do condado de Hancock, a um repórter do canal Macon no fim de setembro". E, assim, em uma eleição apertada para prefeito do condado, o candidato branco venceu.

Apesar de seu passado conturbado, a Geórgia na verdade possui algumas leis padrão-ouro sobre o acesso ao voto, correspondendo às melhores práticas promovidas por defensores dos direitos ao voto, como o Brennan Center. Aqui, um eleitor tem três opções para votar em vez de apenas uma: votar de casa, usando uma cédula a distância; usar um local de votação antecipada em seu condado de residência; ou - como é a linha de base - comparecer ao local de votação designado no dia da eleição. A meta em Estados com várias opções de votação é reconhecer a complexidade da vida nos EUA hoje. Quando nossa nação começou, em uma economia agrária, as eleições nacionais foram marcadas para um período que permitisse que as colheitas fossem concluídas antes que o inverno interferisse. Com o advento do telégrafo, surgiram novas preocupações sobre os primeiros Estados de votação afetando os resultados em Estados posteriores. O Congresso reduziu o tempo disponível para votação e definiu a primeira terça-feira de novembro como a data das eleições federais. Os Estados logo adotaram essa prática do século 19.

Entretanto, na era moderna, os Estados começaram a liberalizar seus métodos de votação. Variações de emprego, reconhecimento de questões como deficiência e viagens prolongadas e o crescente volume de participação levaram a uma gama de opções de como o voto poderia ser dado. Quanto maior o número de opções, maior o número de pessoas que poderiam encontrar uma maneira de entrar no processo. Considere os trabalhadores domésticos que não podem deixar a casa de seus empregadores para votar ou os eleitores rurais que não têm transporte para ir e voltar de um local de votação no meio do dia. Os estudantes universitários geralmente têm a opção de votar em suas faculdades ou cidades natais, e trabalhadores a distância, como motoristas de caminhão e equipes de perfuração *offshore*, exigem uma flexibilidade que a primeira terça-feira de novembro não pode oferecer. No entanto, quando essas leis bem-intencionadas podem ser manipuladas por pessoas no poder, as consequências vão além de uma única eleição. Pior, como as regras diferem de Estado para Estado e a implementação muda de município para município, o acesso à democracia torna-se uma loteria de localização. Com mais de 116 mil locais de votação em todo o país, cada eleição é filtrada pelas melhores práticas e pelos piores impulsos dos funcionários eleitorais, que podem usar preconceitos individuais para determinar a elegibilidade e o acesso dos eleitores.

Nossa premissa de campanha para governador em 2018 era alcançar diferentes tipos de eleitores, incluindo aqueles que já haviam votado antes, mas deixaram de participar por medo ou desinteresse. Enviamos mais de 1 milhão de inscrições para votos a distância, o maior número já feito por um candidato democrata na história do Estado. Mas, em meio às pessoas, ouvíamos suas preocupações sobre se o esforço valia a pena. Aqueles que moravam em locais onde as seções eleitorais haviam sido fechadas ou que acompanhavam as notícias sobre o histórico de Kemp com a questão da correspondência exata duvidavam que um secretário de Estado pudesse ser justo e agir como árbitro e competidor. As transmissões nacionais começaram com as controvérsias sobre registros não processados. Notícias locais relataram problemas com cédulas a distância rejeitadas ou filas ridiculamente longas devido à falta de equipamento.

Em todo o Estado, tivemos que acalmar rapidamente a ansiedade de nossos eleitores-alvo. Tínhamos que demonstrar que só poderíamos lutar contra a supressão dos eleitores por meio de uma participação esmagadora. Então, para combater a potencial queda devido às histórias quase constantes sobre essas irregularidades de votação, decidimos que, em vez do meu ritual habitual do dia da eleição, aproveitaria a opção da Geórgia de voto antecipado presencial, mas eu não imaginava o que iria confrontar.

Cheguei ao local de votação a alguns quilômetros de minha casa, com a família e apoiadores a reboque. As transmissões locais, nacionais e internacionais tinham câmeras acompanhando cada passo meu, desde a chegada na recepção até as várias mesas onde receberia minha cédula. No entanto, quando sorri para a jovem que me cumprimentou, ela me deu uma resposta vacilante. "Sra. Abrams", disse-me baixinho, "aqui consta que a senhora já votou por voto a distância". Ela me disse a data em que minha votação foi lançada, o que foi para mim uma grande surpresa. "Nunca solicitei uma cédula de votação a distância", expliquei de forma educada e em um tom igualmente baixo, ciente dos repórteres que circulavam por perto. Na verdade, minha prática sempre fora votar no Estado em que eu estivesse morando, fosse durante a faculdade ou a pós-graduação: Geórgia, Texas e Connecticut. Gostava de votar pessoalmente – nunca a distância.

Os olhos da mesária arregalaram-se de consternação e ela cutucou a tela à sua frente. "Mas aqui diz...", repetiu ela. "Mas nunca solicitei uma cédula de votação a distância", assegurei-lhe. "Você pode chamar seu supervisor?" Ela então saiu correndo para encontrar alguém que pudesse lidar com o meu problema. À minha volta, na sala cavernosa repleta de eleitores apressados e funcionários atormentados, minha presença havia criado um certo rebuliço. Esta era a minha casa, um lugar onde eu havia feito campanha nas eleições anteriores, e até pedido pizzas durante um tempo de espera prolongado nas primárias. A maioria dos eleitores me cumprimentou, desejando sorte, uma sala cheia de afro-americanos determinados a serem ouvidos nesta eleição crucial. A jovem funcionária voltou com sua supervisora, que rapidamente me repetiu a notícia sobre meu voto fantasma. Em vez de ficar irritada, provoquei: "Eu juro que me lembraria se eu tivesse votado em mim!".

Vendo meu desejo de resolver nossos problemas rapidamente, a supervisora e eu nos debruçamos sobre as opções, ambas fingindo ignorar as equipes de câmera às minhas costas e os olhares interrogativos dos eleitores esperando para serem chamados. Ela digitou no computador, resmungando algumas vezes. Depois de alguns minutos, ergueu e acenou com a cabeça. Ela corrigiu o erro e, com pouco alarde, emitiu minha cédula de votação. Seguida por repórteres, fui até uma seção eleitoral e rapidamente passei pelas páginas da tela, começando com minha seleção de STACEY ABRAMS PARA GOVERNADORA. Depois de votar em legisladores, emendas constitucionais e funcionários do condado, o cartão amarelo apareceu, confirmando minha escolha. Aliviada, troquei-o por um adesivo cor de pêssego de um funcionário eleitoral declarando: EU VOTEI. Lá fora, no estacionamento do shopping, junto com dezenas de simpatizantes, respondi a uma série de perguntas sobre a experiência. Lembrei aos espectadores do outro lado das câmeras: "Em um momento em que as pessoas estão preocupadas se suas cédulas são contadas, se votarmos antes, podemos garantir que as pessoas tenham tempo para corrigir quaisquer erros e lidar com quaisquer preocupações – e saberemos até o dia da eleição onde estamos".[3]

No entanto, ao encorajar outros a aproveitar a votação antecipada, fiquei profundamente preocupada com minha experiência. Como advogada, ex-legisladora e candidata, meu privilégio dentro daquele local de votação era quase incomparável. Eu conhecia as regras, o processo para registrar uma reclamação e tinha a capacidade de ter um ataque de cólera que seria transmitido da Geórgia até a Austrália. Mas e o eleitor que votava pela primeira vez e não sabia revidar? Ou o eleitor com medo de ser seguido por um delegado assistente? Esse é o perigo da supressão do eleitor nas urnas. Um eleitor pode chegar perto, mas, mesmo na linha de chegada, os efeitos ainda podem negar poder ao eleitor, que é o ato final de supressão.

Votação antecipada, cédulas de votação a distância, cédulas pelo correio e votação provisória existem para aliviar o fardo de votar em um único dia entre 7 e 19 horas. Em nossa economia atual, milhões trabalham para empresas que relutam em reconhecer o mandato federal para permitir a votação, e muitos os fazem apenas superficialmente. A lei federal não exige que o funcionário receba pagamento pelo tempo perdido usado para votar, especialmente quando longas filas e maquinários inadequados diminuem o ritmo das eleições. Para aqueles que trabalham em regime de escalas, os planos mais bem elaborados podem ser interrompidos por uma ligação de um chefe que muda não apenas o turno de trabalho, mas também os arranjos de creche, opções de transporte e um segundo emprego. E mais: quando um eleitor tira total proveito do tempo limitado alocado para votar, nenhuma lei federal protege os trabalhadores de retaliação se eles precisarem voltar ao conselho eleitoral para provar que tinham o direito de votar.

Para entender completamente como a supressão do eleitor ocorre nas urnas, devemos expandir nossa compreensão do que realmente constitui a "urna eleitoral" hoje nos EUA. A maioria dos americanos agora vive em Estados que permitem a votação antecipada (39 Estados e o Distrito de Columbia).[4] Esses são os Estados onde qualquer eleitor qualificado pode comparecer a um posto e votar pessoalmente antes do dia da eleição. Para aqueles que não podem fazer isso de forma presencial, todos os Estados oferecem uma opção, mas os limites sobre quem pode usá-la variam de Estado para Estado. Basicamente existem dois tipos de cédulas de votação a distância: com ou sem justificativa. Os 17 Estados que exigem justificativa limitam quem pode usar esse método de votação. No entanto, 33 Estados e o Distrito de Columbia dão a qualquer pessoa o direito de solicitar uma cédula a distância sem fornecer um motivo. Em alguns Estados, os eleitores recebem uma cédula automaticamente enviada a eles, em todas as eleições. Esses Estados – Colorado, Havaí, Oregon, Utah e Washington – também permitem que os eleitores compareçam aos locais de votação. Outra variação das cédulas a distância é conhecida como cédulas da Lei de Votação Para Cidadãos Ausentes e Uniformizados, ou UOCAVA. Esses eleitores, geralmente militares ou expatriados, têm um processo separado para solicitar e encaminhar suas cédulas enviadas pelo correio. No entanto, em todos os casos, com exceção das cédulas enviadas pelo correio aos militares UOCAVA, esses processos também foram tomados por aqueles que pretendem suprimir o direito de voto. Porque funciona.

Assinaturas, rejeições, cura, meu deus! Votos a distância

Marcus Soori-Arachi mudou-se para a Geórgia em 2017 e imediatamente solicitou uma carteira de motorista. Infelizmente, a licença escreveu incorretamente seu sobrenome, deixando uma letra de fora. Recém-formado em direito, Soori-Arachi corrigiu o erro, porque entendia como a precisão era essencial. Como milhares na Geórgia, depois de viver primeiro no condado de DeKalb, ele e a esposa mudaram-se para o condado vizinho, Gwinnett. A lei da Geórgia exige que uma mudança de endereço seja comunicada ao Estado. O sr. Soori-Arachi é um cara que não gosta de correr riscos, então, em seu pedido de licença atualizada, marcou o campo no formulário que solicitava a atualização simultânea de seu registro de eleitor em 27 de setembro de 2018. Como não recebeu um novo cartão de registro, ele tomou a iniciativa de entrar na internet e fazer uma segunda solicitação, mas o novo cartão continha o antigo erro de ortografia.

Por achar que era importante para ele votar nas próximas eleições, solicitou uma mudança de nome em seu cartão de registro para coincidir com a identificação que o Estado exigiria dele. Mas a correção nunca chegou. Frustrado, optou pela votação a distância, o que não exigiria que ele mostrasse o cartão e a licença incompatíveis. No entanto, sua cédula solicitada nunca chegou. Sem desistir, ele trocou o sistema estadual por um site de terceiros chamado Vote.org, onde poderia inscrever-se usando seu smartphone e fornecer sua assinatura. Finalmente, a cédula chegou por meio do Vote.org, mas um aviso advertia que o escritório do condado não aceitaria seu registro porque sua assinatura não correspondia à que o Estado tinha nos arquivos. Então, ele foi instruído a enviar por e-mail uma cópia de sua carteira de motorista para que seu voto fosse contado. Marcus encaminhou uma cópia digitalizada da carteira e enviou a cédula, até mesmo adicionando dois selos, por desencargo. Ele entregou o envelope na principal agência dos correios da cidade, em uma tentativa de diminuir o tempo de espera para entrega. E, no entanto, quando verificou sua situação em 7 de novembro, um dia após a eleição, sua cédula não havia sido recebida. Ele ligou para nossa linha direta para obter ajuda e, em seguida, contatou o condado para descobrir o que havia acontecido com sua cédula.

Marcus foi informado de que ela nunca havia sido recebida, e que seu e-mail com a cópia da carteira também não havia chegado. Depois de ele pressionar bastante, alguém o avisou de que o e-mail fora para a "área errada", nunca explicando qual seria a "área certa". No fim, tendo superado todos os obstáculos concebíveis e seguido a lei à risca, o sr. Soori-Arachi declarou: "Eu realmente me preocupava em votar e senti que havia um novo e inesperado obstáculo para isso a cada passo do processo. Estava muito empenhado em votar, então fiz tudo o que podia para superar todos os obstáculos que surgiram em meu caminho. Porém, no fim das contas, meu voto não foi aceito e contado. *Fico tentando imaginar o que acontece com as pessoas que estão menos comprometidas com o voto, que têm menos instrução, que não são tão entendidas em tecnologia como eu, ou que simplesmente não têm tempo.*"

Com a intenção de facilitar o processo de votação, as cédulas a distância permitem que as pessoas votem em casa, sem ter que ficar na fila no dia da eleição. Mas o processo de votação a distância, como quase todos os aspectos do sistema eleitoral americano, difere de Estado para Estado. Como o sr. Soori-Arachi percebeu por experiência própria, as questões variam desde quem pode receber uma cédula, como alguém consegue uma cédula e as regras para envio e processamento.

Nas regras de processamento, Flórida, Geórgia, Michigan e Iowa compartilham uma obrigação falha na hora de contar uma cédula: a lei de incompatibilidade de assinaturas. De acordo com esse esquema, um funcionário eleitoral recebe um voto a distância de um eleitor qualificado. O funcionário, então, compara a assinatura na cédula com uma que o Estado tem em arquivo. Às vezes, a assinatura vem do registro eleitoral original ou da carteira de motorista. Outras vezes, o funcionário usa outra assinatura para provar uma correspondência. Estes não são funcionários eleitorais treinados na arte de verificação de assinaturas ou mesmo em estudos forenses básicos. Embora eu nunca tenha usado o processo de votação a distância, duvido que eu fosse aprovada – como acontece com você, muito provavelmente, minha assinatura não é sempre igual. No entanto, os Estados usam esse descompasso como motivo para desqualificar eleitores que de outra forma seriam elegíveis para a contagem de suas cédulas devidamente apresentadas.

Em 2018, na Flórida, o ex-congressista democrata Patrick Murphy apresentou uma cédula de votação a distância com a mesma assinatura que havia utilizado nas primárias do Estado em setembro. Ainda assim, desta vez, o conselho eleitoral do condado desqualificou sua cédula por não corresponder à assinatura em arquivo. E pior, ele soube da rejeição tarde demais para consertá-la, o que é conhecido como "curar" uma cédula ou consertar o problema que fez a cédula ser questionada. "Ele não estava sozinho. Em toda a Flórida, em 2018, 45 conselhos eleitorais de condado rejeitaram 3.668 cédulas, e quando as estimativas para os dois maiores condados do Estado, Duval e Miami-Dade, foram adicionadas, cerca de 5 mil votos foram rejeitados.

Apoiadores conservadores do processo de incompatibilidade de assinaturas argumentam contra as mudanças nas regras, observando que na frágil eleição para o Senado dos EUA, com sua margem de 10.033 votos para o candidato republicano, esses 5 mil votos não poderiam ter influenciado a eleição. Discordo dessa resposta em duas frentes. Em primeiro lugar, qualquer eleitor cuja voz tenha sido negada na democracia foi prejudicado, e uma solução deveria estar a caminho, independentemente do efeito sobre o resultado eleitoral. Em segundo lugar, as táticas de supressão do eleitor operam em conjunto, não de forma isolada. As restrições da Flórida no registro de eleitores (como limites no registro feito por terceiros) e no acesso à cédula (como o fechamento de locais de votação antecipada) devem ser adicionadas ao preço cobrado no resultado de uma votação. No entanto, ao utilizar processos complicados como correspondência de assinaturas e, em seguida, tratar o dano como isolado, os perpetradores da supressão podem lavar coletivamente as mãos do terrível efeito.

Quão grande é o problema das incompatibilidades de assinatura? Dos dez principais motivos que levam o conselho eleitoral a rejeitar cédulas de votação a distância – vindas de eleitores qualificados –, a incompatibilidade de assinatura é o número 1. De acordo com a Pesquisa de Votação e Administração Eleitoral (EAVS), em 2018 as incompatibilidades de assinatura representaram 27,5% das rejeições. Nos Estados com essas leis, o problema começa com a contratação de funcionários não treinados para avaliar a veracidade de uma assinatura. Cientistas forenses descobriram que leigos, como esses funcionários eleitorais, apresentam uma taxa de erro de 26% para julgar a autenticidade de uma assinatura, mesmo quando têm acesso a seis assinaturas de referência autênticas para comparação. Parte do desafio para leigos é a incapacidade de explicar os fatores que podem levar a variações nas assinaturas, como idade, doença recente, medicação ou visão. Imagine um idoso que sofreu um derrame recentemente ou um jovem eleitor que teve uma lesão esportiva recente. Fatores externos também são importantes, como o tipo de caneta usada, a iluminação da área, a superfície usada para assinar ou a qualidade do papel.[5] Qualquer uma dessas questões pode alterar uma assinatura, mas basta um erro para o eleitor perder seu direito ao processo democrático.[6] Não apenas os funcionários eleitorais carecem de habilidade para avaliar assinaturas; nesses Estados, os funcionários geralmente carecem de padrões ou procedimentos uniformes para a autenticação. Em vez disso, cada condado decide o processo, negando aos eleitores aptos qualquer consistência de democracia em Estados como Michigan e

Geórgia, que atualmente enfrentam ações judiciais por seus processos arbitrários.

O uso de cédulas a distância destina-se a facilitar a votação, mas, como ficou claro com as incompatibilidades de assinaturas, um sufrágio ainda pode ser negado quando a própria cédula é rejeitada. Em Estados com problemas de supressão de eleitores, a alta taxa de rejeições de eleitores qualificados é um forte indicador de que eles estão tendo seus direitos injustamente negados. Os dados da EAVS destacaram os principais responsáveis por votos a distância rejeitados:[7]

- Arizona: 10.769 rejeitados
- Flórida: 21.973 rejeitados
- Geórgia: 13.677 rejeitados
- Ohio: 10.189 rejeitados

Compare esses números com Nevada e Novo México, onde apenas 1.177 e 95 cédulas foram rejeitadas, respectivamente. As razões para rejeitar uma cédula de votação a distância podem variar, porém as mais comuns existem nos Estados de supressão de eleitores.

Em segundo lugar, após as rejeições devido a assinaturas incompatíveis, ficam os prazos de devolução perdidos para as cédulas, com 23,1%. O não cumprimento do prazo de devolução, à primeira vista, parece ser culpa do usuário. Em vários aspectos de nossa vida, espera-se que façamos as coisas dentro do prazo: impostos, inscrições para faculdades, solicitações de empréstimos. Para o americano médio, a expectativa de cumprimento de um prazo parece razoável. No entanto, como tantos outros componentes da supressão do eleitor, por mais que as pessoas tentem cumprir a obrigação, o sistema torna isso quase impossível.

Em 2019, a Voto Latino, uma organização focada em aumentar a participação latina nas eleições, juntou forças com a Priorities USA [comitê de ação política democrata] para processar o Estado do Arizona por causa do prazo de votação.[8] O Arizona tem uma história conturbada de discriminação racial contra as populações latinas e nativas norte-americanas do Estado. Na verdade, o Arizona é um dos poucos Estados fora dos antigos Estados da Confederação que enfrentaram supervisão sob o VRA. O Estado foi adicionado ao VRA em 1975 devido a um padrão de discriminação racial na forma como conduziam as eleições. Antes das obrigações de liberação prévia impostas em 1975, o Arizona se recusou a fornecer materiais eleitorais em qualquer outro idioma que não o inglês, o que teve um efeito direto em sua significativa população latina. O Arizona foi um forte defensor de testes de alfabetização para impedir que eleitores latinos e nativos norte-americanos tivessem acesso às urnas. O Estado também permitiu "contestações de eleitores", em que outras pessoas poderiam questionar se um indivíduo deveria ter permissão para votar. Esse comportamento, que funcionava como um assédio legalizado, desencorajou eleitores latinos e nativos norte-americanos a tentar participar até que o VRA proibiu a maioria dessas práticas lamentáveis.

Em 2005, o Arizona tinha 400 locais de votação; em 2019, o número caiu para 60. Os defensores do corte de 85% das localizações presenciais elogiaram o aumento na votação por correspondência (ou seja, votos a distância) como base. No entanto, de acordo com testemunhos dados a um painel do Congresso que examinava os direitos de voto, os nativos norte-americanos enfrentam obstáculos incomuns para cumprir os requisitos e os prazos de votação a distância. As estradas para as reservas são malconservadas e o serviço postal não é confiável. E, no Arizona, uma cédula enviada de uma comunidade rural, nativa americana ou latina poderia até mesmo ser encaminhada para o Novo México ou Utah antes de chegar à capital Phoenix. As queixas ecoavam as questões já levantadas no processo da Voto Latino, que aponta que o Arizona define como prazo de recebimento as 19 horas no dia da eleição para que as votações a distância sejam aceitas.

No entanto, até mesmo o secretário de Estado do Arizona reconhece que, para cumprir esse prazo, muitas vezes é necessário enviar uma cédula cinco a sete dias antes do dia da eleição. Mas, para aqueles que vivem em reservas ou em áreas remotas do Arizona, isso pode não ser tempo suficiente. Vários outros Estados usam uma métrica mais confiável de prazos de postagem, que não responsabiliza os eleitores pela lentidão do correio. O efeito desproporcional nas comunidades não brancas do Arizona significa que, nos condados rurais, os eleitores hispânicos e latinos estão *cinco a seis vezes* mais propensos a perder seus direitos que os eleitores brancos. Mesmo em condados urbanos, eles enfrentam o dobro da probabilidade de não terem seus votos contados. Para colocar isso em perspectiva mais uma vez, a corrida para o Senado dos Estados Unidos em 2018 foi decidida por 55.900 votos, e mais de 10 mil votos a distância foram rejeitados.

As altas taxas de rejeição da Geórgia refletem os desafios de Michigan e Arizona com a falta de treinamento e o prazo para recebimento. Lianna Arah Kang, uma supervoluntária em minha campanha que aparecia quase todos os dias, disposta a fazer o que fosse pedido, tentou votar a distância de sua faculdade no Maine e se inscreveu no início de outubro. Quando sua cédula finalmente chegou, em 4 de novembro, ela a devolveu durante a noite com a ajuda do centro sem fins lucrativos da faculdade, que auxiliava os alunos a cobrir os custos de votos a distância. Apesar de ter cumprido os prazos, Lianna não conseguiu verificar se o condado recebeu ou processou seu voto, e ela voltou para a Geórgia a fim de falar com as bancas eleitorais que não protegeram seus direitos.

Mesmo munida de uma tremenda educação, conhecimento do sistema e recursos para defender seu direito de voto, Lianna ainda se viu silenciada e sem opções.

Os eleitores que tentam usar a flexibilidade dos votos a distância nem sempre têm a capacidade de solucionar o problema. As melhores práticas e as leis da Geórgia exigem que os funcionários eleitorais notifiquem os eleitores sobre qualquer questão e a consertem – para "curar" a votação. Os eleitores cometem erros, principalmente quando o processo é desconhecido ou os padrões mudam; portanto, o objetivo deve ser permitir que erros bem-intencionados sejam corrigidos. A eleição de 2018 viu um número recorde de pedidos de cédulas a distância em todo o Estado. No entanto, na Geórgia, 159 condados diferentes administram seus processos curativos de maneira bem diferente, pois não há nenhum padrão ou treinamento uniforme. Por exemplo, a lei da Geórgia exige a notificação "imediata" de quaisquer deficiências, mas nem a lei nem o secretário de Estado definem o quão "imediato" deve ser esse aviso. Basicamente, os administradores devem entrar em contato com o eleitor e permitir que ele corrija os erros, se possível. Ainda assim, na Geórgia e em todo o país, o responsável por melhorar as coisas difere de Estado para Estado. Por exemplo, na área rural da Geórgia, composta por condados de maioria branca, as taxas de rejeição dos votos a distância costumavam ser zero. Eles não verificavam a compatibilidade de assinaturas e, se faltassem informações no juramento do eleitor, os administradores simplesmente ligariam para a pessoa. Mas no condado de maior diversidade racial do Estado, Gwinnett, os funcionários eleitorais chegaram à maior taxa de rejeição de qualquer condado da Geórgia, e os eleitores afetados raramente sabiam até que fosse tarde demais. A maneira como diferentes condados interpretaram as leis significou uma experiência diferente para os eleitores de um mesmo Estado.

Uma série de ações judiciais levou a mudanças no formato da votação a distância da Geórgia e a um período de cura de três dias após a eleição; no entanto, o Estado ainda não determina quando o eleitor deve tomar conhecimento do problema. Por exemplo, um eleitor pode enviar uma cédula de votação a distância semanas antes da eleição, mas só tomar conhecimento de um problema com a assinatura na manhã do terceiro dia após a eleição. Se esse eleitor trabalha a horas de distância do serviço eleitoral do condado ou tem opções de transporte limitadas, e a solução é trazer um documento de identidade com foto ou responder a perguntas pessoalmente, a capacidade de resolver o problema também pode não existir. Sem definir padrões que estabeleçam quem tem a chance de corrigir os erros e quando, o direito de votar torna-se um privilégio dos conectados ou desejáveis.[9]

* * *

E esses votos a distância importam – muito. Em 2018, recebi 60% de todos os votos a distância lançados na Geórgia (137.616 dos 223.576 votos a distância lançados), e a diferença na eleição foi de 54.723 votos. O número de cédulas rejeitadas totalizou 16.377, insuficiente para alterar o resultado por conta própria, mas, quando combinado com outros fatores como fechamentos de locais de votação e expurgos de eleitores, essas vozes ausentes são importantes.

Uma disputa ainda mais acirrada pode ter dependido desses processos, e quando o Sétimo Distrito Congressional se tornou uma cadeira competitiva em 2018, a candidata democrata recebeu 57% dos votos a distância e perdeu por meros 419 votos em um distrito que incluía o condado de Gwinnett. Novamente, não podemos provar de forma empírica que ela teria vencido com processos melhores e mais uniformes, mas os eleitores não podem ficar tranquilos até que saibam que a luta é justa.

Como uma rede de segurança tornou-se uma armadilha: votos provisórios

Após o tumulto da eleição Bush *vs.* Gore em 2000, o Congresso aprovou o Help America Vote Act [Ajude a América a Votar, ou HAVA] em 2002. Os legisladores federais queriam limitar as formas como os processos de votação diferiam de Estado para Estado e escolheram problemas de grande visibilidade para resolver, como substituir o infame cartão perfurado e os sistemas de votação baseados em alavanca, estabelecer a Comissão de Assistência Eleitoral e definir padrões mínimos para votação em todo o país. Um desses padrões era a obrigatoriedade da votação provisória, segundo a qual os Estados permitiriam que eleitores elegíveis que poderiam ser rejeitados votassem de qualquer maneira, especialmente à luz de erros administrativos. Antes da HAVA, um eleitor poderia ser recusado em uma zona eleitoral se seu nome não aparecesse nas listas ou se seu endereço tivesse mudado e não tivesse sido atualizado nos registros do Estado.

Com a intenção de ser uma proteção contra falhas para os eleitores, como a maioria das outras leis eleitorais, o processo de tratamento e contagem dos votos provisórios difere em cada Estado. Nas mãos dos mestres da supressão de votos, a votação provisória não oferece segurança, mas uma garantia contra plenos direitos democráticos. Em 2018, os Estados com histórico de supressão de eleitores tiveram altas taxas de rejeição de votos provisórios. O Arizona rejeitou 14.902 votos provisórios. A Flórida cancelou o voto de 8.345 eleitores provisórios e a Geórgia recusou 9.699 votos provisórios. A Carolina do Norte rejeitou 17.578 votos e o Texas rejeitou 40.834 votos. A taxa de rejeição variou de um mínimo de 28,64% no Arizona a um máximo de 75,37% no Texas. Para os eleitores que recebem cédulas de votação provisória, a intenção pode parecer benigna, mas, quando usados de maneira inadequada, esses votos são uma forma legal de negar o direito de votar.

Tommie Hollis e sua filha Cassandra Hollis chegaram ao CT Martin Natatorium em Atlanta, Geórgia, em 31 de outubro de 2018, ansiosas para votar. A sra. Hollis tivera uma doença respiratória grave durante grande parte do início do outono e ficara bastante tempo sem poder sair de casa. Quando sua filha a levou para o centro de votação antecipada, passaram pelo primeiro estágio de identificação com facilidade. Na hora de pegar suas cédulas, Cassandra recebeu a dela, mas a sra. Hollis foi informada de que não poderia receber uma porque já havia votado com antecedência pessoalmente (categorização da Geórgia para votação antecipada) em 16 de outubro de 2018. A sra. Hollis contestou, apontando que estivera confinada em casa até recentemente, e não havia nenhuma maneira de ela ter votado. Cassandra e a mãe lutaram para encontrar um supervisor responsável que pudesse resolver o problema. O problema passou de um funcionário eleitoral para o gerente e para um supervisor. O único recurso oferecido foi o uso de voto provisório. A sra. Hollis sabia que não havia votado, mas o sistema lotado de erros da Geórgia negou-lhe o direito a uma votação real. Em vez disso, ela preencheu o formulário provisório. Cassandra e a mãe passaram as duas semanas seguintes tentando descobrir se o voto da sra. Hollis contaria. Cassandra deixou mensagens para vários agentes eleitorais, mas ninguém retornou suas ligações. No final, Tommie Hollis pode ter sido um dos milhares de votos provisórios rejeitados – um de uma série de eleitores totalmente excluídos da eleição.

Em toda a Geórgia, eleitores qualificados relataram histórias de votações provisórias problemáticas durante o processo de eleição geral em 2018. No condado de Troup, o local da história de Otis Moss Sênior recontada por Oprah, ouvimos histórias de eleitores negros recebendo votos provisórios em vez de votos regulares. Em um evento da Supermajority, grupo dedicado a alistar mulheres nas eleições de 2020, Jobie Crawford, uma estudante da Spelman, contou que ficou em filas durante horas para no final ser informada de que não estava registrada, apesar de ter recebido uma carta confirmando seu registro dias antes. Quando ela pediu uma cédula provisória, a funcionária disse que tinha apenas algumas restantes e que queria guardá-las para "eleitores de verdade". Em outro incidente, no condado de Gwinnett, uma nova eleitora usou o sistema on-line do Estado para se registrar e recebeu a confirmação de que havia entrado nas listas de votação. Mas quando a eleitora foi para o posto de votação designado, os funcionários não encontraram nenhum registro. De acordo com a HAVA, ela deveria ter sido autorizada a votar provisoriamente, mas os funcionários eleitorais não permitiram, e ela deixou o local sem votar.[10]

Um mesário em DeKalb relatou a frustração de vários eleitores idosos que foram instruídos a dar votos provisórios, mas descobriram que a única seção no local de votação que aceitava esses votos tinha falta de pessoal. Uma idosa teve que sair para buscar os netos, enquanto outro relatou que já era sua segunda ida ao local, e que tinha desistido da primeira vez porque as filas eram muito longas e ele precisava trabalhar. Um observador relatou que os eleitores elegíveis foram rejeitados porque o gerente da votação achou que era muito cedo para oferecer o recurso de uma votação provisória. De acordo com outra declaração, Lisa Schnellinger atuou como fiscal eleitoral em uma igreja local onde a fila saía porta afora e o tempo de espera era de mais de duas horas. Ela viu vários eleitores saírem sem lançar um único voto e encarregou-se de perguntar por que eles não haviam utilizado uma cédula provisória. Todos, sem exceção, disseram a ela que haviam sido enviados para o local de votação errado e não sabiam que poderiam fazer aquilo. Quando a sra. Schnellinger abordou o gerente da votação, foi informada de que os votos não haviam sido oferecidos porque o gerente acreditava que os eleitores ainda tinham tempo de ir para o distrito eleitoral correto – mesmo que não fosse assim.

Para milhares de eleitores que votaram provisoriamente, por não terem podido resolver o problema no tempo limitado atribuído ou com as informações de que dispunham, os seus votos não contaram. A lei da Geórgia exige que o eleitor resolva a questão administrativa no máximo até três dias após a eleição. Mas, como Tommie e Cassandra Hollis aprenderam, consertar uma confusão burocrática pode levar muito mais do que três dias, apesar do esforço diligente. Para outros, especialmente os que trabalham por turnos ou com transporte limitado, pode ser impossível voltar ao cenário da eleição. A lei federal exige licença para votar, mas nenhuma lei oferece proteção para corrigir problemas no sistema eleitoral. Para famílias que podem vir a perder um dia de trabalho tentando navegar na burocracia, o custo de consertar o que não quebraram pode ser muito alto.

Na Geórgia, esses problemas eram tão difundidos que a juíza federal Amy Totenberg entrou na eleição de 2018 e ordenou que o Estado revisse os quase 27 mil votos provisórios. No final, 44,89% foram rejeitados e, quando combinados com outros erros no processo eleitoral, milhares provavelmente não puderam exercer seu direito de voto, apesar de serem legalmente elegíveis e de terem tentado.

Os votos provisórios são um exemplo claro de como a lei eleitoral federal administrada em cada Estado leva a grandes variações na justiça. Na Geórgia, por exemplo, minha organização, a Fair Fight Action (FFA), entrou com uma ação, alegando que a falta de treinamento, a falta de recursos e os padrões desiguais significam uma democracia diferente em cada município do Estado. Meu medo, porém, é que seja muito pior. No final, certos eleitores são colocados de lado com a promessa de votos provisórios, mas sem a garantia de que seus votos acabarão valendo.

Infraestrutura avariada: mau funcionamento de máquinas, filas enormes e outras barreiras

No fim de agosto de 2019, um vídeo assustador começou a circular nas redes sociais. O Mississippi realizou o segundo turno das eleições primárias em 27 de agosto e um eleitor registrou seu processo por meio da câmera do telefone celular. Durante o vídeo de 14 segundos, o eleitor escolheu o nome do azarão do Partido Republicano, o juiz Bill Waller. Mesmo assim, a cada vez, a máquina passava sua seleção para o oponente, o governador tenente Tate Reeves, contra sua vontade e intenção. Repetidamente, tentou fazer sua escolha, mas a máquina fazia uma escolha diferente. Ele compartilhou o vídeo e, no dia seguinte, relatos generalizados de inversão de votos foram identificados nos condados de Calhoun, Forrest, Lamar, Leflore, Lincoln, Pearl River, Scott e Washington, cerca de 10% dos condados do Estado e 11% da população do Estado. Quando questionado sobre as discrepâncias, o porta-voz do gabinete do secretário de Estado do Mississippi negou a responsabilidade, dizendo: "As urnas são de propriedade do condado e testadas por funcionários locais". Mas aquele eleitor do Mississippi não estava sozinho em seu estranho processo. Em 2018, uma eleitora da Geórgia inseriu uma declaração no processo da FFA, atestando que ela também havia passado pela experiência da troca de votos. Por três vezes, a máquina mudou sua escolha de Abrams para Kemp, e por três vezes ela tentou mudá-la de volta.

A eleição de 2018 teve a maior participação de meio de mandato nos últimos anos, demonstrando tanto o entusiasmo pela eleição quanto a infraestrutura falha que rege nossos processos. Com milhões de votantes a mais em uma disputa geralmente discreta, urnas em deterioração cometeram erros, um suprimento inadequado de equipamentos aumentou as filas e a baixa quantidade de funcionários complicou a votação para os cidadãos menos resilientes. Aqueles que tiveram que votar logo cedo ou no período da noite, que não entendiam de tecnologia ou que não puderam obter respostas para suas perguntas experimentaram uma eleição falha – e, para muitos, não era a primeira vez.

A tecnologia para votação difere de Estado para Estado, mas a maior parte deles usa urnas de votação eletrônica de registro direto (DRE), sistemas de voto de papel com digitalização ótica ou dispositivos de marcação de voto (BMD). Trinta e oito Estados e a capital Washington seguem alguma versão das diretrizes recomendadas pelo governo federal; no entanto, oito Estados não o fazem, incluindo Flórida e New Hampshire, frequentemente considerados Estados de batalha presidencial. Como a lei federal não exige conformidade e como não há consequências por contrariar o sistema, esses Estados seguem seu próprio caminho. E entenda: o processo de compra e manutenção de sistemas de votação varia de Estado para Estado. No Mississippi, a obrigação é deixada para as autoridades locais, enquanto na Geórgia o secretário de Estado escolhe o equipamento. Essas empresas de máquinas eleitorais faturam milhões de dólares com a promessa de fornecer uma solução perfeita para a forma como os eleitores votam.

Uma empresa em particular, a ES&S (Election Systems and Software), enfrentou críticas nacionais por causa de suas máquinas. Um de seus modelos, o TSX, foi citado como o polêmico equipamento capturado em vídeo no Mississippi. Mas outras máquinas enfrentam críticas semelhantes. Depois das questões de segurança eleitoral levantadas em 2016, os americanos esperavam com razão uma ação do governo federal para proteger o acesso ao voto. Em vez disso, os líderes do Senado dos Estados Unidos, sob o líder da maioria Mitch McConnell, bloquearam o financiamento e a adoção de novos padrões para proteger as máquinas contra hackers e adulterações.

Equipamentos com defeito são apenas uma peça de nossa infraestrutura avariada, infelizmente. De acordo com a análise realizada por um grupo nacional de pesquisadores, uma das barreiras mais óbvias à votação é o tempo de espera na fila.[11] Como os pesquisadores apontam, "em comparação a bairros inteiramente brancos, os residentes de bairros inteiramente negros esperaram 29% mais tempo para votar e tiveram 74% mais probabilidade de passar mais de 30 minutos em seu local de votação". (Eles utilizaram dados de smartphones da eleição presidencial de 2016 para contabilizar vieses baseados em autorrelatos ou supernotificações.) Uma questão importante que poderia explicar a disparidade é quão bem equipados são os locais de votação para eleitores negros e brancos. Se um local para negros tiver menos máquinas, menos trabalhadores designados e maior congestionamento, os efeitos dos tempos de espera serão ampliados. Em 2014, a Comissão Presidencial de Administração Eleitoral do presidente Obama concluiu que nenhum eleitor deveria esperar mais de 30 minutos para votar. Para a maioria dos americanos, esse tempo de espera é válido. Mas para aqueles que não votam com frequência, atuam em empregos sem flexibilidade ou têm compromissos familiares, o efeito de um tempo de espera maior pode facilmente suprimir seu voto.

Em 2018, a Geórgia registrou o maior tempo de espera do país para os eleitores das minorias. Um dos autores do estudo de disparidades raciais comentou que o Estado teve "[um] grande aumento na participação. Você pode percorrer a lista antes de chegar às explicações malévolas". Embora seja verdade, essa resposta alegre ignora o dano real causado aos eleitores que experimentaram tempos de espera de quatro horas ou mais. A negligência benigna, tanto quanto a intenção malévola, prejudica os eleitores que enfrentam obstáculos à participação. Vários depoimentos da FFA revelam bairros de minorias e comunidades de baixa renda que enfrentam um número inadequado de máquinas, equipamento quebrado ou inoperante e número insuficiente de funcionários eleitorais. Em dois locais de votação, as falhas eram tão desoladoras que um tribunal estendeu o prazo de votação das 19 horas para as 22 horas. Mesmo assim, muitos eleitores não tiveram opções, como aqueles com empregos que não permitiam uma pausa de quatro horas ou que tiveram que buscar crianças ou cuidar de familiares doentes. O FFA confrontou o Estado em relação ao problema das longas filas, e o Estado da Geórgia respondeu que esses eleitores poderiam votar pelo correio e à distância. Mas, em uma declaração juramentada ao tribunal, o Estado argumentou que os eleitores não têm o direito de votar pelo correio, e o fato de terem suas cédulas rejeitadas não significa que lhes foi negado o direito de votar.[12] Uma de nossas advogadas, Dara Lindenbaum, participou de uma coletiva de imprensa em nosso nome e resumiu a posição do Estado perfeitamente: "Estou grávida de gêmeos. Não posso ficar na fila por cinco horas, e é enlouquecedor que a resposta do Estado seja que minha opção é votar a distância. Então, se meu voto a distância é rejeitado, a posição do Estado é que meu direito de votar não foi negado porque posso voltar direto para a fila de cinco horas e tentar novamente. É insano". Em uma democracia, em que o Estado se recusa a consertar o problema ou a encontrar a solução, os eleitores são totalmente suprimidos.

5
Recuperando nosso poder

Meus pais criaram nós seis no Mississippi, minha mãe uma bibliotecária malpaga e meu pai um operário disléxico de um estaleiro. Com salários que mal davam para sustentar nossa família, meus pais ganharam o direito de amaldiçoar os sistemas de governo que tributavam sua renda, mas pouco faziam para remediar o destino deles. Não me lembro de meus pais colocarem uma placa de político em nosso jardinzinho da frente, nem me lembro de alguma vez ter visto uma nos pátios de nossos vizinhos da classe trabalhadora.

Ainda assim, quando criança, me lembro de acompanhar meus pais até a escola e passar pelo corredor em direção ao ginásio, onde ficavam as cabines de votação com suas cortinas abertas, espalhadas sobre o piso de vinil. Meus pais inscreviam-se na mesa e depois seguiam para as cabines com meus irmãos e comigo a reboque, como a mamãe pata e seus patinhos. Eles desapareciam por dentro das cortinas enquanto tentávamos nos aglomerar para assistir. O processo geralmente era rápido – alguns minutos de escolha e pronto. Em Gulfport, Mississippi, as filas para votar nunca eram terrivelmente longas. Mas meus pais nos levavam com eles para garantir que entendêssemos que a velocidade ou a vitória não eram o problema. O ato era importante.

Apesar de nossa família nunca declarar sua lealdade com uma placa no quintal, política, direito de voto e bom governo eram uma conversa constante em nossa casa. Nós nos vestíamos para ir à escola ouvindo na TV as vozes doces de David Hartman e Joan Lunden em *Good Morning, America*. À noite, Peter Jennings recapitulava o dia com *World News Tonight*. Eu tinha 6 anos quando entrei em minha única briga na escola, uma escaramuça na disputa eleitoral de 1980 entre o presidente Jimmy Carter e Ronald Reagan. Carter perdeu, mas eu ganhei.

Quando nos amontoávamos no carro e viajávamos uma hora para o Norte a fim de ver meus avós, tias e tios, eu ficava maravilhada com as histórias que meus familiares contavam sobre a luta pelos direitos civis nas décadas de 1950 e 1960. Como quando mamãe e papai, ainda adolescentes, tinham que assistir a um filme na plateia superior do único cinema da cidade, setor relegado às "pessoas de cor". Meu avô, um veterano da Segunda Guerra Mundial, era sempre forçado a ceder seu assento no ônibus ou era chamado de "rapaz" por homens mais jovens que ele. Por mais que minha família falasse sobre escolas segregadas, manifestações pacíficas em lanchonetes ou hospitais que se recusavam a tratá-los, a luta pelo voto me cativou mais.

Em 1993, quando eu tinha 19 anos, um grupo de líderes dos direitos civis me escolheu para ficar nos degraus do Lincoln Memorial e falar no 30º aniversário da Marcha em Washington. Liderei os esforços de registro de eleitores no campus e trabalhei em campanhas políticas para atrair eleitores jovens em Atlanta. Um ano antes, eu havia me juntado ao Estudantes pelo Empoderamento Africano-Americano (SAAE), um grupo universitário nascido a partir da indignação pelo veredicto de Rodney King. Quando os protestos varreram o país, Atlanta foi um dos principais pontos. O SAAE fez uma lista de questões que exigiam reparação vinda de alguém – qualquer um – no poder. Pobreza juvenil, violência de gangues e recursos inadequados encabeçaram nossa lista de queixas.

Mas, como vimos, um pecado mais simbólico pairava sobre o capitólio do Estado e a prefeitura, os dois localizados na mesma rua do centro. Em desafio à dessegregação e ao caso *Brown vs. Conselho de Educação* (1954), os líderes da Geórgia haviam acrescentado o emblema da batalha da Confederação ao selo do Estado na bandeira da Geórgia em 1956. Esse era o cartão de visita do nosso Estado para o mundo. Durante anos, houve um intenso debate sobre por que os afro-americanos e as pessoas de boa consciência tinham que encarar aquele emblema racista simplesmente para fazer negócios como cidadãos. Enquanto o verão de 1992 se arrastava com poucas mudanças, o SAAE decidiu encenar um ato simbólico: ateamos fogo à bandeira do Estado nos degraus do Capitólio. (Sendo filha dos meus pais, é claro que segui a lei e consegui uma permissão.)

Em 28 de agosto de 1993, subi no palco da Marcha de Washington e tentei reconciliar as duas metades do meu eu ativista. Será que eu tinha sido escolhida por causa do meu trabalho para registrar e envolver os jovens de toda a Geórgia na votação ou porque tinha queimado a bandeira do Estado? No fim das contas, me conformei com o que se tornaria minha abordagem política por toda a vida, integrada ao que meus pais haviam incutido em mim: a cidadania requer ação constante, que inclui votar, protestar e participar, e, sem essa combinação, todos corremos perigo. Queimei a bandeira pelo mesmo motivo que conduzi a campanha de Bill Clinton no campus da Spelman e participei de reuniões do conselho municipal como caloura da faculdade: nenhum sucesso verdadeiro seria viável e sustentável sem aproveitar todos os aspectos do processo.

Vinte e cinco anos depois, lancei minha candidatura para governadora da Geórgia. Durante a campanha, como uma forma de conexão, compartilhei a história de meu irmão, com a permissão dele, e de sua luta contra o abuso de substâncias e o transtorno bipolar. Queria demonstrar como o voto em mim poderia ajudar as famílias que têm seu próprio Walter – um ente querido preso por doença, vício ou erros que parecem não ter remédio ao alcance –, garantindo desde a expansão mais básica do sistema de saúde até tratamentos para aqueles com doença mental não tratada, além de reforma da justiça penal que permitiria a ex-infratores conseguirem empregos e moradia.

Mais de uma vez, os eleitores me deram as mãos e me disseram que, embora normalmente não fossem às urnas, esta seria a primeira vez, porque alguém precisava se manifestar. Nesse momento, eles entenderam como o direito ao voto podia moldar suas vidas e as de suas famílias. Sei que nem todas essas pessoas tiveram a chance de agir naquela eleição. Em 2018, centenas delas descobriram quando chegaram ao local de votação que ele havia sido alterado para outro lugar ou que haviam sido removidas das listas. Dezenas de milhares ligaram para nossa linha direta de proteção ao eleitor para pedir ajuda ou aconselhamento, e milhares provavelmente nem se deram ao trabalho de tentar. Esses eleitores legítimos, cujo acesso foi negado, têm muito mais que cidadãos como Walter. Quando meu irmão enfim recuperar sua liberdade, em muitos Estados é bem provável que ele esteja permanentemente impedido de votar.

As eleições de 2018 mudaram a dinâmica do poder de maneiras que ainda não foram totalmente calculadas, mas os efeitos já começam a reverberar. Os democratas retomaram o controle da Câmara dos Representantes, elegendo os primeiros membros nativos norte-americanos do Congresso, além de um número recorde de mulheres e de pessoas não brancas. No Texas, o condado de Harris elegeu um recorde de 17 juízas negras. Michigan, Novo México e Wisconsin escolheram uma coalizão de membros executivos brancos, latinos e negros para atuar como governadores e vice-governadores, substituindo conservadores radicais que haviam revogado proteções e direitos para milhões. No entanto, para cada história de triunfo, há uma consequência.

Quase 1,4 milhão de ex-presidiários na Flórida recuperaram os direitos de voto, mas esses direitos foram roubados por uma legislatura estadual confusa. No Tennessee, os republicanos aprovaram uma lei estadual para criminalizar grupos de recenseamento eleitoral, como o Black Votes Matter [Votos Negros Importam], depois que a organização entregou mais de 90 mil formulários de registro em um único ano.[1] New Hampshire impôs novos requisitos de residência para privar os estudantes universitários que vivem no Estado. Em Michigan, a lei estadual considera crime contratar motoristas para transportar eleitores aos locais de votação, a menos que eles sejam fisicamente incapazes de andar, mesmo que o local de votação esteja a quilômetros de distância.

A razão fundamental para votar é garantir direitos e expandir oportunidades – a força vital do progresso para a maioria dos americanos. Mas, na Geórgia, quatro meses após a polêmica eleição para governador de novembro de 2018, algumas mulheres cercaram o capitólio do Estado, vestidas de vermelho e branco, para imitar as roupas usadas em *O conto da aia*, o aclamado romance que virou programa de televisão sobre a gravidez forçada em um futuro distópico. Fora do alcance desse protesto silencioso, legisladores – a maioria brancos, a maioria homens – discutiam o HB 481, um projeto de lei que acrescentaria a Geórgia a uma lista crescente de Estados que aprovam legislação contra o aborto. Eu havia passado os dias anteriores ao telefone, cutucando ex-colegas que hesitavam em sua oposição ao projeto de lei e instando líderes empresariais que temiam as consequências. Os autores da lei inteligentemente a rotularam como um projeto do "batimento cardíaco fetal", alegando (falsamente) que os ecos ouvidos em uma ultrassonografia de seis semanas eram prova de vida.

No início daquele mês, o projeto de lei havia obtido uma vitória estreita na Câmara dos Representantes e aumentado sua margem no Senado. De volta à Câmara, a contagem dos votos mostrou que um punhado de legisladores desequilibraria a balança. Quando o presidente da Câmara convocou o projeto de lei para a aprovação final, essa ação essencialmente proibiu o aborto na Geórgia. Foi aprovado por 92 a 78, em uma Câmara onde 91 votos garantiriam a vitória. Enquanto apoiadores e opositores esperavam a assinatura do governador no projeto, eleitores souberam mais sobre os contornos da legislação. De acordo com as novas disposições, tanto a mulher quanto seu médico poderiam enfrentar penalidades por qualquer aborto – mesmo que a mulher só soubesse de sua gravidez depois que a proibição fosse invocada ou se um procedimento médico levasse a um aborto espontâneo.

Para as mulheres na Geórgia, a questão da gravidez é repleta de perigos. Não há obstetras/ginecologistas em 79 dos 159 condados da Geórgia, e há anos o Estado está classificado em primeiro lugar em mortalidade materna. A Associação Médica da Geórgia, grupos de enfermagem e outros alertaram sobre como o HB 481 poderia piorar nossa crise de saúde, especialmente nas áreas rurais, onde sete hospitais fecharam desde 2010.

Apesar das evidências científicas e dos protestos, em todo o Estado, de mulheres preocupadas e médicos indignados, em 7 de maio de 2019 Kemp sancionou o projeto de lei. Ele exerceu sua prerrogativa como governador do Estado e, no processo, foi contra a vontade da maioria do povo – 49% da população se opunha à lei e 44% a apoiava.[2] A legislação mal foi aprovada e venceu apenas por causa do *gerrymandering*[*] em 2011. O processo de designação de distritos legislativos havia desenhado um mapa que atribuía 68% das cadeiras do Estado aos republicanos, embora os candidatos republicanos em todo o Estado tivessem recebido apenas 55% dos votos em 2010. O desequilíbrio no poder significava que, embora quase dois terços do Estado se opusessem ao HB 481, nem o governador nem o legislativo tiveram que ouvir. Eles haviam manipulado o sistema para se blindar da vontade popular.

A Geórgia não é o único Estado com esse desequilíbrio nas eleições, e em todos os Estados que focam na supressão de eleitores os conservadores no poder estão tentando forçar plataformas que desafiam a vontade do povo. E podem fazer isso porque roubaram seus votos. Mas, agora que entendemos como fazem, podemos retomá-los.

Como permanecer no jogo manipulado

No centro da democracia norte-americana está a teoria da representação. Acreditamos que as pessoas devem eleger os líderes que expressam seus valores e ambições. O direito de votar é a pedra angular de nossa república democrática, mas vimos o partidarismo superar o patriotismo em nosso

---

[*]. *Gerrymandering* é um controverso método de definir, em termos de área, os distritos eleitorais de um território para obter vantagens no número de representantes políticos eleitos, em especial nos locais onde se utiliza o sistema eleitoral majoritário com voto distrital. [N. T.]

processo – no qual um partido que mantém o poder é usado para justificar a destituição dos direitos constitucionais dos eleitores. Em todo o país, os republicanos aprovaram leis destinadas a bloquear, desviar e negar o acesso às urnas. Desde 2010, de acordo com o Brennan Center, 25 Estados impuseram restrições ao voto – e quase todas elas são de autoria de representantes republicanos.

A supressão do eleitor normalmente visa os marginalizados, os desfavorecidos e os inconvenientes – aqueles cujas decisões desafiam a ordem estabelecida das coisas, como estudantes universitários ou ex-infratores. Mas o efeito é mais amplo e exponencialmente mais pronunciado. Essas comunidades tendem a compartilhar uma crença comum de que os líderes políticos devem aprovar leis que garantam a equidade e a justiça, e votam dessa forma. No entanto, a privação de direitos de indivíduos e de populações inteiras por meio das armadilhas de registro, acesso à cédula e contagem de votos funciona para dividir os grupos, muitas vezes deixando os privilegiados ilesos diante do processo, mas prejudicados diante dos resultados. A democracia representativa é um exercício de força bruta, na qual quem conta *importa*. A manipulação do jogo afeta todos os participantes da equipe, mesmo aqueles que não são os alvos.

Considere a tendência de quatro décadas de legislação projetada para proibir o aborto, apesar do consenso nacional de que o acesso é um bem público. Em Estados onde a supressão do eleitor é comum, também há tipicamente uma agregação de poder nas mãos de conservadores que compartilham uma estratégia para retirar o direito ao aborto. As leis de restrições direcionadas às clínicas de aborto, conhecidas como leis TRAP, proliferaram nos últimos anos, acelerando nos últimos vinte. Em 2000, 13 Estados foram considerados hostis ao acesso ao aborto. Em 2014, o número havia mais do que dobrado para 27. Mulheres pobres, não brancas e moradoras de áreas rurais têm mais probabilidade de não conseguir encontrar um médico quando essas restrições são impostas por legislaturas estaduais. Mulheres mais ricas, especialmente as brancas, podem cruzar as fronteiras do Estado ou obter serviços privados que mitigam o efeito das restrições. Como o empurrão para derrubar o caso *Roe vs. Wade** também ganhou força, mulheres ricas e de classe média que poderiam buscar serviços de aborto com segurança agora esperam no mesmo limbo que as pobres cujo acesso foi negado pelas leis TRAP.

Quando as comunidades mais vulneráveis ficam isoladas do discurso público, especialmente do voto, seus males também podem parecer controlados. Mas, como qualquer contágio perigoso, o sintoma da supressão do eleitor serve como um alerta para uma doença mais virulenta e mortal. Quando a democracia é ferida, os efeitos têm alcance nacional e até internacional. As recentes eleições provam repetidamente que nossa democracia é frágil. Aqui, ouvimos sobre interferência russa, máquinas hackeadas e cada vez mais pessoas que duvidam do sistema. No exterior, governantes autoritários e ditadores ganham eleições e remodelam as democracias em paródias de liberdade. Os mesmos líderes mundiais que antes temiam decepcionar os líderes americanos agora usam nossas eleições comprometidas para justificar seu comportamento. Quando campanhas de desinformação têm como alvo os eleitores negros e pardos para afastá-los das urnas, a fonte pode facilmente ser tanto russa quanto republicana.

Salvar a democracia não é um apelo exagerado à ação – nós *estamos* em apuros. A mudança demográfica dos Estados

---

*. *Roe vs. Wade* refere-se a uma decisão histórica da Suprema Corte estadunidense, em 1973, que reconheceu o direito da mulher ao aborto. [N. E.]

Unidos tem mais importância do que o fato de democratas ou republicanos estarem controlando as decisões políticas. Os jovens serão financeiramente responsáveis pela maior população de idosos americanos em nossa história, mas sem os recursos necessários para sustentá-los. O aumento da frequência de eventos climáticos extremos custa bilhões de dólares que não serão gastos em educação ou infraestrutura. Os últimos 50 anos de políticas públicas para as comunidades não brancas têm consequências. Durante décadas, crianças negras e pardas tiveram taxas de abandono escolar mais altas, taxas de encarceramento mais altas e menor poder aquisitivo. Essa mesma população continua a crescer em tamanho e poder político, mas os Estados Unidos abandonaram em grande parte nossa tradição de educação cívica para ajudar a orientar suas decisões. E as crises internacionais exigirão a atenção americana, mas, sem um eleitorado convincente e orientado para o consenso, provavelmente ficaremos paralisados pela inação ou por tomadas de decisão absurdas.

Nós estamos em apuros. Mas sabemos o que fazer. Os Estados Unidos sempre foram um caldeirão para a inovação democrática, e nossa marca registrada é nossa disposição de aprender e crescer. Arrumar nossa democracia avariada é um pré-requisito fundamental para o progresso. Nosso trabalho para alcançar o acesso universal à saúde, paridade educacional, justiça social, econômica e muito mais, tudo isso depende da obrigação fundamental que está por trás de cada um desses itens, erradicando a supressão de eleitores e garantindo que nossas eleições sejam disputas justas. Seja apoiando a Lei de Avanço dos Direitos de Voto no Congresso, defendendo a segurança das urnas em nível local ou exigindo que todos os candidatos estaduais apresentem um plano para acabar com essa prática repugnante, juntos podemos estabelecer um sistema eleitoral que seja verdadeiramente democrático, em que as políticas do povo, pelo povo e para o povo realmente floresçam. E, no processo, podemos reparar a própria democracia.

Como começar

Antes de definir o caminho para acabar com a supressão aos eleitores, devo dissipar um mito persistente. Quando os perpetradores são pegos em flagrante com a intenção e o efeito de restringir o voto, a denúncia de seu comportamento antidemocrático já levou a gritos de inocência dos republicanos e à indignação fingida na mídia conservadora. Quando filas absurdamente longas mantiveram os eleitores negros longe dos empregos por horas, o presidente Obama convocou uma comissão para examinar o problema. Em resposta, os secretários de Estado do Partido Republicano e outros políticos e especialistas republicanos argumentaram que as filas eram simplesmente resultado de empolgação, e não de supressão. Como o candidato democrata venceu, a maioria dos americanos das duas tendências políticas passou rapidamente para outras preocupações. No entanto, quando vários de nós levantaram a questão em 2018, as preocupações ressoaram e ricochetearam em todo o país. Em resposta, os republicanos tentaram argumentar que, como muitos eleitores negros participaram da eleição de 2018, isso prova que não ocorreu supressão eleitoral.

Empregar esse nível de preguiça intelectual proposital e querer inventar histórias sobre os eleitores negros que foram privados de seus direitos constitucionais é chocante, mas não surpreendente, visto que se trata de uma safra de políticos cuja principal estratégia para a vitória é dificultar a votação. Sua lógica espúria é desmentida por um experimento simples: em uma pista de obstáculos, mais pessoas podem se inscrever e decidir competir, mas um aumento na participação não nega o fato de que o treinador colocou mais obstáculos, e de que a pista tem mais armadilhas do que antes. Na verdade, nas eleições dos últimos 20 anos, os Estados liderados pelo Partido Republicano se valeram de leis para resolver problemas administrativos, fechar atalhos e geralmente aumentar a dificuldade ano após ano. E, como qualquer tropeço em uma rota cheia de armadilhas, para muitos, os ferimentos são reais. Embora mais eleitores negros tenham superado com sucesso os impedimentos ao registro e o acesso às cédulas em 2018, não podemos ignorar as dezenas de milhares de eleitores negros adicionais silenciados por expurgos, cédulas rejeitadas e locais de votação fechados. As duas situações podem ser verdadeiras, e as duas eram verdadeiras em 2018.

A participação atingiu um nível mais alto entre os eleitores negros em 2018 do que em qualquer eleição anterior de meio de mandato, incluindo na Geórgia. Os eleitores negros compareceram em massa porque foram inspirados por campanhas inclusivas e agendas progressistas. Mas esses números não refletem os problemas enfrentados pelos eleitores, muitos dos quais foram rejeitados antes de terem seus votos contados. Igualmente dignos de investigação são os eleitores elegíveis adicionais que teriam participado se o processo não os tivesse afastado.

Maior participação significa que mais pessoas estão dispostas a tentar, não que terão sucesso. Assim como a própria supressão, os aumentos na participação não são novidade. Ondas na votação de minorias e supressão de eleitores não são fenômenos separados e independentes. Estão intimamente ligados por uma história de 150 anos, em que a tentativa de bloquear o direito de voto quase sempre desencadeou seu aumento.

A resposta negra ao sufrágio concedido pela Reconstrução elegeu homens negros em todos os níveis de governo.

As mulheres ganharam o direito de votar em 1920, revertendo anos de supressão, e suas taxas de participação continuam a aumentar desde então. O fato de eleitores negros, latinos e AAPI terem aparecido em massa em 2018 é a prova de que a participação eleitoral *e* a supressão do eleitor podem operar em conjunto, mas em relação uma com as outra. Pesquisas mostram que, quando os eleitores tomam conhecimento das atividades de supressão, se ficarem com raiva em vez de desanimados, tomarão medidas extras para derrotar esse problema, incluindo sair para votar. Costumo comparar essa situação a um brinquedo ou bem que um agressor ameaça tomar. A natureza humana diz que podemos até não usar determinada coisa com muita frequência, mas, quando a pessoa errada tenta roubá-la, lutamos muito para mantê-la conosco.

Aqueles de nós que acreditam na promessa da democracia devem ficar indignados com até mesmo um único ato de supressão. Em um sistema honrado, a perda do direito de um único eleitor de participar é um erro que não pode ser tolerado – e, como americanos, devemos saber que uma falha no sistema enfraquece todos nós. Ainda assim, muitos republicanos aceitam a supressão de eleitores como o preço pela continuação no poder, independentemente dos danos que isso cause à máquina de nosso país. Embora o desastre eleitoral de 2018 tenha se concentrado principalmente em disputas estaduais como a minha, no condado de Habersham um colega republicano da Câmara dos Representantes da Geórgia viu a supressão bem de perto. Dan Gasaway, que tentava a reeleição, perdeu as primárias de 2018 por 67 votos, mas, quando verificou a lista de eleitores, dezenas deles haviam sido retirados ilegalmente. Uma nova eleição foi convocada, mas os mesmos problemas voltaram a acontecer, levando a um terceiro pleito. A supressão pode ter como alvo um grupo selecionado, mas, quando o processo é interrompido, todos corremos risco.

Enquanto caminhamos para as eleições de 2020, os alvos de supressão eleitoral também enfrentam o retorno das medidas de "segurança eleitoral", um último elemento da negação do direito de voto. Em 1981, o Comitê Nacional Republicano ajudou o candidato do partido a se eleger governador. Além da usual assistência financeira, eles financiaram uma Força-Tarefa Nacional de Segurança de Cédulas, que contava com oficiais fora de serviço e braçadeiras de aparência oficial. Implantaram suas equipes em recintos eleitorais minoritários, habitados principalmente por eleitores negros. A força-tarefa colocou cartazes alertando os eleitores de que estavam sendo monitorados e desafiou os eleitores que faziam fila, tentando intimidá-los para que não votassem. A equipe carregava rádios bidirecionais e armas de fogo, patrulhando as filas de votação. O plano funcionou, e o candidato republicano tornou-se governador. Em resposta, o Comitê Nacional Democrata processou o Partido Republicano, e um decreto federal de consentimento foi ordenado. O decreto proibiu o Comitê Nacional Republicano de executar uma dessas operações novamente.

Por 35 anos, o decreto manteve a organização guarda-chuva do Partido Republicano sob controle, embora grupos como o conservador True the Vote tenham sido acusados de intervir para compensar, intimidando eleitores não brancos e tentando removê-los das listas de eleitores.[3] Em 2017, um juiz federal suspendeu a ordem de consentimento contra o Comitê Nacional Republicano, concluindo que as três décadas de "bom" comportamento do partido justificavam o fim da proibição. A eleição presidencial de 2020 será o primeiro teste nacional desde o fim do decreto, e ativistas eleitores e especialistas eleitorais temem que o Partido Republicano não tenha aprendido a lição.[4] Desde contratar mais uma vez agentes da lei fora de serviço, incluindo oficiais de imigração e alfândega fora de serviço, até a publicação de informações falsas que ameacem o retorno de cidadãos alegando violações criminais, o potencial de dano é grave. O desespero conservador para manter o poder aumentará a cada campanha, e como a lei permite cada vez mais ações ofensivas, nossa responsabilidade é fazer o que pudermos para derrotar a supressão em sua fonte.

Como arrumar o sistema de uma vez por todas

Nossa nação tem enfrentado dificuldades em relação ao sufrágio universal real desde os primeiros dias. No entanto, em todo o país, cidadãos obstinados encontraram maneiras de tornar a democracia uma realidade para o maior número possível de pessoas. Seja por meio da ação de legisladores estaduais e governadores atenciosos ou por meio de iniciativas eleitorais lideradas por cidadãos que tiram a política dos políticos, temos uma série de exemplos sobre o que deve ser feito para que nossa democracia funcione. Em Oregon e Washington, os eleitores e líderes se alinharam em uma série de melhores práticas, incluindo registro automático, registro no mesmo dia, o fim da identificação restritiva do eleitor e cédulas enviadas diretamente aos eleitores (o Estado de Washington até envia um guia prático para a eleição). Lá, a facilidade de votar não foi marcada por fraude ou corrupção desenfreadas. Em vez disso, os dois Estados registraram altos níveis de participação e de comparecimento dos eleitores nas últimas eleições. Os Estados Unidos não devem mais ser uma colcha de retalhos de Estados bons, ruins e piores para os eleitores, uma degradação da democracia baseada em divisões estaduais e códigos postais. Ser um cidadão elegível deve ser suficiente para uma participação plena, e temos vários exemplos do que pode ser alcançado, e como pode ser alcançado.

A mudança deve começar no nível federal, em que o Congresso estabelece o ponto principal para a democracia, em vez de relegar a qualidade do acesso aos Estados. Cientistas políticos e defensores dos direitos de voto sabem o que funciona, e no primeiro ato do 116º Congresso liderado pela presidente da Câmara, Nancy Pelosi, a legislação de assinatura concentrou-se em expandir e garantir o direito de voto. Enquanto o projeto de lei, conhecido como H. R. 1, vai além de simplesmente consertar nosso sistema de votação danificado, os elementos centrais de como melhoramos e garantimos o acesso merecem atenção.

O lugar onde a maioria de nossos problemas começa é o registro eleitoral. Os Estados Unidos são um dos poucos sistemas industrializados e democratizados que obrigam os cidadãos a se submeter a tal rigor para serem considerados aptos a participar do voto. Na verdade, em Dakota do Norte, o registro eleitoral não é um problema. Já há 17 Estados, incluindo D.C., que oferecem alguma forma de registro automático, e 21 Estados, contando D.C., dão aos eleitores o registro no mesmo dia, inclusive no dia da eleição. A lei federal deve ir além do sucesso limitado do "eleitor motorizado" e exigir registro automático, registro no mesmo dia e pré-registro para jovens de 16 e 17 anos. Para o registro automático, o processo deve ser projetado para interagir com órgãos federais e estaduais com o mais amplo contato, indo além dos DMVs e incluindo tribunais, escritórios de serviços humanitários, de impostos estaduais e locais de habitação pública. Se os Estados desejarem seguir os modelos de Oregon, Washington e Califórnia, a jurisdição pode agregar dados de todas as fontes para registrar eleitores qualificados, e, então, os cidadãos que forem incluídos devem ter a opção de cancelar com facilidade.

Assim como o registro automático, o registro no mesmo dia eliminaria a colcha de retalhos de regras estaduais para quando um eleitor se inscreve, principalmente devido à fluidez da vida no século 21. Os Estados com votação antecipada já permitem que os eleitores se dirijam a um local central para votar nas questões de seu bairro ou distrito. Essa capacidade deve estar disponível para todos os eleitores qualificados, nos níveis estadual e federal, incluindo a criação de centros de votação em todo o condado que evitam que os eleitores enfrentem distritos locais lotados, se necessário. Essas mudanças ajudariam a mitigar a disparidade na qualidade das eleições – em que as áreas mais ricas enfrentam tempos de espera mais curtos e menos desafios.

Quando o eleitor entra nas listas, mas decide não votar, isso não pode ser um pretexto para retirar os direitos dele no que é conhecido como expurgo eleitoral. Nenhum Estado deve ter permissão para remover eleitores simplesmente por escolherem não votar. Os Estados devem absolutamente continuar a conduzir a manutenção da lista – isto é, remover pessoas falecidas, aquelas que se mudaram do Estado ou aquelas que, de alguma outra forma, são inelegíveis. No entanto, o problema das imprecisões do banco de dados e das identificações errôneas significa que privar alguém de seus direitos deve ser mais difícil do que agora. Perder o direito de votar em um Estado deve ser o último recurso, não uma opção para enganar a eleição.

O segundo fator de supressão do eleitor é limitar o acesso à cédula. A lei federal deve proibir leis restritivas de identificação do eleitor, que não servem a ninguém, exceto àqueles que procuram reduzir a participação dele. Restrições desnecessárias nada fazem para proteger os eleitores e, em vez disso, criam danos irreparáveis às vítimas dessas leis, a saber, pessoas não brancas, americanos de baixa renda, jovens e idosos. O requisito de identificação não implica a exclusão de eleitores que de outra forma seriam elegíveis. Em vez disso, os Estados devem ser proibidos de exigir identificações de eleitor que vão além da prova de identidade: isso significa proibir requisitos de endereço impossíveis, registros caros ou inacessíveis ou proibir a identificação habitual, como identidades universitárias ou crachás emitidos pelo governo federal. Devem ser estabelecidos padrões federais para o que os Estados possam exigir de identificação do eleitor, proibindo requisitos supressivos que excedam os padrões mais básicos.

Além de desfazer o dano da identificação estrita do eleitor, o Congresso deve adotar a restauração da Lei dos Direitos de Voto, conforme proferida no H. R. 4. Esse projeto de lei limita o fechamento de locais de votação sem autorização prévia do Departamento de Justiça, restaurando uma proteção vital para os alvos de supressão de eleitores. Ao exigir permissão antes que os eleitores sejam privados de direitos, as comunidades não brancas, as de baixa renda, os idosos, jovens e pessoas com deficiência terão uma nova ferramenta para aumentar e garantir sua participação.

A questão do acesso à candidatura também precisa de padrões federais, melhorando a diversidade de candidatos capazes de concorrer a cargos públicos. Em alguns Estados, o problema são as regras de afiliação política que estabelecem barreiras altas para candidatos de partidos terceiros. Em outros, para entrar na disputa, é necessário cumprir os limites da petição que são quase intransponíveis para aqueles que não têm base de apoio. A ideia de que, para ser viável, um candidato já deve ter milhares de apoiadores desmente o intuito das campanhas. O objetivo deve ser encorajar líderes políticos em potencial a estender a mão e construir uma rede de apoio – e não exigir uma rede existente para chegar ao portão de partida. Infelizmente, a lei federal se curva à lei estadual sobre as regras de acesso, mas fazer isso sem estabelecer padrões significa que alguns cidadãos raramente poderão concorrer. Quer o obstáculo seja financeiro, geográfico ou uma combinação de ambos, os Estados devem ser obrigados a cumprir as regras básicas para abrir o acesso à candidatura a um cargo.

A terceira questão é como reestruturar o ato de contagem de votos e rejeição de cédulas. Nossas vidas estão se tornando cada vez mais complexas, e nossas opções de voto precisam acompanhar os novos tempos. Para fazer com que todos os votos contem, precisaremos de uma mudança na forma como as cédulas são depositadas e quem poderá fazê-lo. Dezenas de Estados adotaram versões de votação antecipada, votação pelo correio e melhorias no processo no dia da eleição. Mas, em vez de deixar aos Estados a decisão de apoiar o acesso dos eleitores, a lei federal deve estabelecer padrões mínimos para a votação antecipada, a distância e equipamento para os locais de votação. Os Estados podem melhorar, ter mais dias, mais horas e mais locais de votação, mas precisamos ter um conjunto básico de regras que não mudem simplesmente porque os eleitores mudaram seu Estado de residência.

Da mesma forma, precisamos de um conjunto de padrões para a forma como os locais de votação são dotados de equipamentos e pessoas. Há um debate acalorado sobre o melhor equipamento para votação, em parte por causa de questões relacionadas a hackers controlados por governos estrangeiros hostis ou invasores domésticos que querem burlar o sistema. O equipamento de votação pode incluir desde a abordagem puramente analógica de cédulas de papel marcadas à mão até uma variedade de opções digitais. Até que o governo federal se comprometa a exigir e financiar a segurança eleitoral para todas as eleições, ou a menos que um Estado tenha demonstrado um alto nível de consciência de segurança, a melhor opção são cédulas de papel marcadas à mão – com concessões feitas àqueles que exigem a acessibilidade da votação assistida por máquina. Cédulas de papel marcadas à mão são difíceis de hackear, podem ser monitoradas e auditadas e restaurar a confiança no processo.

O equipamento de votação não deve ser apenas seguro, mas também estar disponível, junto com uma equipe adequada para apoiar a participação eleitoral. Os progressistas que defendem melhorias no acesso do eleitor não discutem isso com frequência, mas encontrar um número mínimo de máquinas ou funcionários de votação em cada distrito não é suficiente. Nossa demanda precisar ser por regras federais que exijam que os funcionários eleitorais do condado aumentem os recursos em locais com filas historicamente longas, independentemente da média do condado. Filas longas podem ocorrer em locais com o mesmo número de máquinas e eleitores por vários motivos. Primeiro, a comunidade atendida por determinado posto pode não ser composta de eleitores perfeitos. Em comunidades de baixa renda, muitos eleitores podem se mudar dentro do condado ou do distrito eleitoral e, embora não seja necessário se registrar novamente para votar, os votos levam mais tempo para ser processados. Segundo, a infraestrutura obsoleta em comunidades de baixa renda pode interferir no funcionamento das eleições. Falhas ou atrasos ocorrem porque o local de votação pode ter fontes de eletricidade insuficientes ou outros problemas que fazem com que as máquinas parem ou dificultem a condução da eleição. O subinvestimento histórico nessas instâncias não é resolvido pela igualdade. Em vez disso, a lei federal deve sustentar que, para haver igualdade entre os distritos, cada local de votação precisa ter suas necessidades cuidadosamente consideradas – e isso pode significar mais recursos para aqueles com mais problemas.

Em relação às cédulas de votação a distância, todos os Estados devem ser obrigados a oferecê-las sem desculpa para quem quer votar de casa. É imperativo que o processo de recebimento da cédula tenha diretrizes federais para garantir que os eleitores realmente recebam o que pedem, bem como os motivos para a rejeição, como incompatibilidade de assinatura, sejam proibidos federalmente. Além disso, é necessário que a devolução da cédula preenchida tenha prazos uniformes, como acontece com a declaração de imposto de renda: prazos de carimbo que os eleitores podem controlar *versus* prazos de entrega que não podem. Esperar por cédulas a distância pode atrasar a solicitação de uma contestação na noite da eleição, mas essa não é uma razão boa o suficiente para restringir o acesso à votação. Os americanos se acostumaram a ter resultados instantâneos por volta das 23 horas, mas podemos aprender a esperar se um pequeno atraso aumentar a legitimidade do resultado. Embora bem-intencionadas, as cédulas provisórias tornaram-se um obstáculo para certas comunidades, mas, novamente, os padrões de como elas são alocadas e como se aplicam podem mitigar muitas das rejeições. Mais importante: ao resolver os desafios de registro eleitoral, identificação e métodos de votação, essas melhorias reduzem drasticamente o número de cédulas que fogem aos processos normais. Um pleito federal uniforme resolveria até mesmo a complexidade da votação em todos os setores.

Outra coisa importante é se o eleitor realmente tem tempo para participar. Uma opção é fazer do Dia da Eleição um feriado nacional, o que beneficia a maioria dos eleitores, mas não todos. Das 36 nações da Organização para a Cooperação e o Desenvolvimento Econômico (OCDE), um consórcio de países democráticos de todo o mundo, os Estados Unidos são uma das sete nações que realizam eleições nacionais em um dia em que a maior parte do país está trabalhando. Vinte e sete desses países realizam eleições nacionais em um fim de semana, e tanto Israel quanto a Coreia do Sul designam o dia da eleição como feriado nacional. Apenas 22 Estados americanos oferecem licença remunerada para votar. Eleitores de baixa renda podem perder o salário daquele dia se não forem compensados de outra forma por feriados. Da mesma forma, eleitores com deficiência podem ter dificuldade em obter apoio para levá-los às urnas. Outra opção é a folga remunerada garantida no Dia da Eleição, podendo o empregado escolher a hora de votar, inclusive no período de votação antecipada. Um mínimo de cinco horas de folga remunerada para fins de votação garantiria uma compensação pelo tempo de viagem e pelas longas filas nos locais de votação.

Enquanto não temos uma legislação federal, nossos cidadãos trabalhadores podem alavancar seu apoio à expansão do acesso ao voto e à garantia de que todos os eleitores tenham uma experiência de qualidade. Cada empresa pode seguir quatro passos simples para aumentar o acesso ao voto e à democracia.[5] Em primeiro lugar, empresas de todos os tamanhos devem fornecer informações de registro de eleitor aos funcionários e lembrá-los de verificar seu registro atual. O local de trabalho é um local garantido que a maioria dos americanos visitará em algum momento durante o ano. O registro não é uma atividade partidária, o que deve aliviar quaisquer preocupações sobre influência indevida ou propaganda eleitoral por parte da chefia. Em segundo lugar, as empresas devem tomar medidas para garantir que os funcionários saibam quando as eleições estão ocorrendo. Dependendo do tamanho e da localização da organização, isso pode se tornar mais complexo, mas grupos como a Liga das Eleitoras estão disponíveis em quase todos os Estados e podem ser bons parceiros cívicos para manter os trabalhadores informados. Terceiro, toda empresa que puder deve fazer do dia da eleição um recesso com licença remunerada ou garantir folga remunerada para os trabalhadores que votarem. Isso envia um sinal de compromisso cívico e alivia os eleitores da pressão de ter de escolher entre votar e ganhar a vida. Nos Estados Unidos, essa deveria ser uma decisão desnecessária, e as empresas podem mostrar o caminho. Quarto, as companhias devem encorajar os funcionários a ser voluntários para trabalhar no dia da eleição. Se mais membros da força de trabalho ocupassem locais de votação, juntando-se às fileiras normalmente ocupadas por aposentados, as operações poderiam ter mais eficiência e transparência à medida que cresce o apoio do pessoal. Os funcionários do condado passam um tempo considerável recrutando mesários e outros, e isso pode ajudar a aliviar o fardo. Na Geórgia, Arthur Blank por meio de suas empresas, que incluem Atlanta Falcons e Atlanta United, adotaram várias dessas políticas.

Enquanto estamos lidando com a infraestrutura da democracia, também temos que voltar a atenção para quem é considerado um cidadão elegível com direito a uma representação política significativa em nível federal. Tributação sem representação levou à Guerra Revolucionária, mas tornou-se aceitável tratar os cidadãos de Washington, D.C. e Porto Rico como uma subcategoria. As duas áreas gozam de direitos de cidadania qualificados, apesar de terem populações que equivalem ou ultrapassam dez Estados com cidadania plena. Com pouco mais de 700 mil residentes, D.C. é mais densamente povoada que Wyoming e Vermont. Porto Rico tem mais de 3 milhões de residentes, o que coloca sua população acima de 20 outros Estados. No entanto, nenhum residente em nenhuma dessas áreas tem um membro votante na Câmara dos Representantes ou um senador, e apenas D.C. tem direito a voto no Colégio Eleitoral. Sendo duas áreas com alta concentração de cidadãos negros e latinos, a concessão de *status* de Estado a eles reconheceria as injustiças históricas e ofereceria um caminho para a inclusão plena.

A chave para a criação de direitos de voto permanentes reside em grandes mudanças federais. Quando o direito de voto é deixado para os Estados, a implementação é fragmentada, racista e totalmente repressiva. Ainda assim, mesmo sem uma ação federal mais ampla, eu sigo firmemente um código de *cidadão* em ação. Em 2017, o New Georgia Project se transformou em uma organização autônoma ainda comprometida com o registro eleitoral e a educação, adicionando dezenas de milhares de pessoas não brancas às listas de eleitores da Geórgia a cada ciclo e encontrando maneiras novas e inovadoras de envolver efetivamente os eleitores de baixa propensão. Após a eleição de 2018, lancei três organizações: Fair Fight Action, para focar nos direitos de voto e supressão de eleitores na Geórgia; Fair Fight PAC, para ajudar o Estado e todo o país; e Fair Count, para garantir uma contagem precisa de populações difíceis de alcançar no censo de 2020. Todas essas organizações existem porque sei que minha agitação solitária não fará muito. A mudança exige um envolvimento amplo, e cada momento de progresso em nosso sistema de votação ocorre devido ao trabalho de muitas mãos. No Fair Fight Action, temos um mantra claro: litígio, legislação e defesa. Em todo o país, nosso comitê de ação política trabalha para defender o direito de voto onde quer que seja ameaçado. As recomendações que fiz acima se concentram na ação legislativa federal, mas os cidadãos podem forçar a questão em nível local.

Se você ou alguém que você conhece foi vítima de supressão de eleitor, não guarde isso para si, nem ache que é um problema isolado. Ou, pior, não se culpe. Saiba que a supressão do eleitor é projetada para parecer um erro do usuário. Apesar das regras complicadas e das disposições misteriosas, os eleitores a quem os direitos são negados muitas vezes acreditam que fizeram algo errado. Conforme o mantra, se você vir algo, diga algo. Entre em contato com organizações como a União Americana pelas Liberdades Civis (ACLU), o Comitê de Advogados para os Direitos Civis Segundo a Lei, o Fundo de Defesa Legal e Educacional da NAACP, Voto Latino, a Associação Nacional de Oficiais Latinos Eleitos e Nomeados (NALEO), a Fair Fight – e faça isso enquanto a supressão está acontecendo. Nem todo problema pode ser resolvido por ações judiciais, mas as leis raramente melhoram se nunca são contestadas. Ao coletar histórias, exigir acesso e pressionar por mais, podemos não apenas ajudar você ou seus amigos, mas também construir um registro legal para potencialmente forçar mudanças em nível local, estadual ou federal.

Vinte e seis Estados têm um processo para iniciativas de cidadãos ou iniciativas de votação,[6] e, se você mora em um deles, siga as orientações dos cidadãos da Flórida, de Michigan e de Nevada, que aprovaram uma ampla legislação de direitos de voto na eleição de 2018. Da restauração dos direitos de voto de criminosos na Flórida à criação de redistritamento independente em Michigan e do registro no mesmo dia em Nevada, aproveite o poder de ser americano e exija mais daqueles que o lideram. Grupos como Bolder Advocacy apoiam ativistas e organizações no lançamento de mudanças lideradas pelos cidadãos.[7] Se você mora em um Estado sem iniciativas estaduais, concentre-se nos líderes locais. Entre em contato com as autoridades de sua cidade e de seu condado sobre a introdução de leis para decretar feriado aos funcionários municipais nos dias de eleição. Exija acesso multilíngue se sua cidade tiver uma população que não pode participar totalmente devido a barreiras linguísticas. Exija mais responsabilidade no processo de redistritamento do conselho municipal, da comissão do condado e dos conselhos escolares, que também enfrentam problemas. Um dos motivos pelos quais os cidadãos de bom coração ficam de fora dessa luta é porque pode ser complicado. Como já indiquei, temos 50 democracias diferentes e, dentro de cada Estado, os condados e as cidades também operam de maneiras únicas. Mas é importante lembrar que estamos juntos. Se você está em um dos 20 Estados "campo de batalha" do Fair Fight 2020, montamos equipes de proteção de eleitores que gostariam de receber sua ajuda. Swing Left, Sister District e Let America Vote também são excelentes recursos para o engajamento.

Acredito que o trabalho mais importante de um defensor do cidadão é primeiro *educar* líderes sobre o que você deseja e por que deseja. Com frequência, achamos que o problema que mais nos assombra é conhecido por nossos líderes. Não é. Portanto, você pode ser a única pessoa a apresentar o problema, dizer-lhes por que é um problema e, em seguida, compartilhar suas ideias sobre como resolvê-lo. No entanto, compreenda que, uma vez que eles conheçam o problema, a solução pode ser diferente da sua – e isso nem sempre é ruim. O segundo trabalho é *convocar* outros para ajudar você a pressionar os líderes a adotar regras e fazer isso acontecer.

Embora possa parecer assustador, tudo isso significa, na verdade, encontrar amigos e aliados que compartilhem suas preocupações e estejam dispostos a reunir ainda mais aliados. Mas é importante tomar cuidado com a tendência de querer que as pessoas do seu lado compartilhem tanto sua paixão quanto sua solução. Às vezes, você consegue um ou outro, mas não afaste o apoio potencial. Descubra como trabalhar juntos em direção ao objetivo comum e ir o mais longe que puderem um ao lado do outro. E, quando a educação e a participação levarem seu problema o mais distante possível, a etapa final é a *agitação* dos poderes constituídos. Faça pressão até que seja mais fácil fazer o que você quer do que resistir ou se opor a você. Use as redes sociais, a divulgação tradicional e os protestos à moda antiga para aumentar a conscientização e pressionar para a ação. Grupos como o Indivisible fornecem treinamento, recursos e apoio para a defesa eleitoral, e organizações como a Federação de Paternidade Planejada da América, a Liga Nacional de Ação pelos Direitos ao Aborto (NARAL), a Associação Nacional para o Avanço de Pessoas Não Brancas (NAACP), a Moms Demand Action [Mães Exigem Ação] e outras podem ajudar a definir políticas específicas com relação às implicações das eleições.

Admito que a agitação é minha parte favorita do processo. O assento que ocupei como deputada estadual havia pertencido anteriormente a uma lenda dos direitos civis, Hosea L. Williams. Certa vez, ele disse a um grupo de ativistas para pensar em uma máquina de lavar. O que limpa a roupa não é a água nem o sabão, é o mecanismo que sacode a roupa e força a água e o sabão a fazerem o seu trabalho: o agitador.

As leis federais só mudam quando os líderes também mudam, e as leis locais e estaduais têm campos de jogo semelhantes, ainda que menores. Mas uma das barreiras para a mudança é que as pessoas não têm a linguagem para descrever o que está errado ou as informações para provar que isso acontece. Sei que os direitos de voto são complicados e confusos, e a supressão de eleitores é irritante e claramente errada. Mas só poderemos vencer nossas lutas se entendermos como eles roubam nosso poder e se resolvermos, cada um de nós, tomá-lo de volta.

6
Nós conseguimos ver você, e eles também deveriam

Kimya conheceu seu futuro marido em 2006. Em 2008, eles estavam comemorando seu primeiro aniversário de casamento e planejando começar uma família. Entre aquele primeiro beijo e o aniversário de casamento, ele começou a bater nela. A violência, inicialmente explosões agudas, acabou se tornando mais rotineira. Em 2011, Kimya foi buscar a filha na creche, e o marido a confrontou no local. Armado, atirou quatro vezes em Kimya e uma vez na filha – na cabeça. Incrivelmente, Kimya sobreviveu, mas anos se passaram até que a menina aprendesse a andar novamente, a falar, a se alimentar. Foram anos até que Kimya se sentisse segura e inteira novamente – anos que ele roubou com uma arma e com a tirania da violência doméstica.

Após sua tragédia, Kimya começou a trabalhar com outras sobreviventes de violência doméstica. Tornou-se uma especialista em como o sistema havia falhado com ela, sua filha e milhões como elas. As estatísticas e desafios são surpreendentes. Em um único ano, 10 milhões de mulheres e homens vão vivenciar a violência doméstica.[1] Ativistas alertam sobre como o treinamento incompleto da aplicação da lei em relação à violência praticada pelo parceiro deixa homens e mulheres como Kimya vulneráveis ao terror, que é deixado de lado com muita facilidade. Outras falhas jurídicas permitem que abusadores condenados escapem regularmente por brechas de verificação de antecedentes, dando-lhes permissão para guardar armas que aumentam sua ameaça e, o que não surpreende ninguém, muitas vezes matam suas vítimas. Sobreviventes de violência doméstica frequentemente alertam os legisladores sobre contratos de aluguel que "prendem" as vítimas no local – elas têm medo de ficar ao alcance de seus agressores, mas não conseguem cancelar seus contratos porque poderiam ser impedidas de alugar outro imóvel em qualquer outro lugar. E, assim como Kimya aprendeu por experiência própria, os Estados Unidos deixam de investir em opções de tratamento de saúde mental, o que afeta tanto o abusado quanto o abusador, criando um círculo vicioso sem escapatória e sem remédio.

Kimya tornou-se defensora da segurança de armas, de melhores opções de cuidados de saúde e de proteção contra violência doméstica para os locatários. Ela trabalha para melhorar a forma como o sistema de justiça trata as vítimas de violência e como os ciclos de violência doméstica podem ser interrompidos com o acesso a cuidados de saúde mental. Ela agora participa da política eleitoral, responsabilizando os candidatos pela forma como lidam com a epidemia de violência doméstica que quase tirou a vida de sua filha e a dela. E ela usa experiências pessoais para decidir quem apoiará e a quem se oporá. A tragédia dela tornou-se um filtro para sua tomada de decisão política – porque Kimya pratica a chamada política de identidade.

Em termos gerais, a política de identidade se refere às pessoas que, em vez de usar categorias tradicionais como partidos políticos, dão prioridade à sua afiliação racial, de gênero, orientação sexual, social, cultural, econômica ou outra identidade ao abordar a tomada de decisões políticas. Não sei se Kimya se caracterizaria dessa forma, mas sei que uma das razões de ela ter apoiado minha campanha para governadora em 2018 foi minha posição sobre essas questões, e sei disso por que ela gravou um vídeo explicando seu raciocínio. Eleitores como Kimya alavancam intencionalmente suas experiências pessoais e seu envolvimento com barreiras sistêmicas para decidir como vão votar e a quem confiarão seu poder democrático.

Como uma jovem negra na Geórgia, Kimya escolhe seus políticos com cuidado. Ela se opõe àqueles que se recusam a apoiar a segurança com relação às armas, como os legisladores que se recusam a expandir as verificações de antecedentes e as restrições para agressores domésticos, embora as armas de fogo sejam as mais comumente usadas no assassinato de parceiros.[2] (Estatisticamente, o porte de uma arma aumenta em 500% o risco de homicídio em casos de violência doméstica.[3]) Kimya cuidou da filha e se recuperou, mas ela entende que, para quase 500 mil georgianos, o acesso à maioria dos cuidados de saúde é negado porque o Estado se recusou a expandir o Medicaid, o programa de seguro saúde para a população carente.

No Extremo Sul, como em grande parte dos Estados Unidos, a raça é o indicador mais forte de tendências políticas, e os democratas têm mais probabilidade que os republicanos de compartilhar os valores de Kimya. As mulheres são mais propensas a defender a legislação em torno de questões que afetam principalmente mulheres e crianças. Assim, se Kimya fosse se proteger, a figura política mais provável para apoiar suas necessidades seria uma democrata negra. Sua política – suas decisões de voto – são regidas por quem ela é, o que ela vivenciou e como ela precisa que o governo e a sociedade funcionem. Em muitos aspectos, para ela, política de identidade significa apenas bom senso.

A política eleitoral é frequentemente a barreira *final* à mudança social, especialmente nos EUA. Os movimentos sociais crescem, forçam mudanças e alcançam ganhos. No entanto, até que os líderes do movimento possam incorporar essas vitórias às leis e aos legisladores, os sucessos são temporários. Portanto, quando um grupo marginalizado consegue colocar um ou mais dos seus dentro dos corredores do poder, é mais provável que veja uma mudança permanente.

A realidade, porém, é que eleger uma pessoa para um cargo não garante que ela permanecerá leal à causa que a levou até lá. Mais de um político foi seduzido pelo poder do cargo e, por sua vez, se recusa a colocar em risco sua posição tomando medidas nas questões que antes defendia. Quando esses líderes demonstram que têm pés de barro, os movimentos sociais rapidamente aprendem que quantidade e qualidade têm igual importância. Ou seja, a política pode desviar os líderes mais bem-intencionados de seu propósito ou, pior, enfraquecer seu compromisso com o objetivo final de mudança social. Para que um movimento use o poder eleitoral de dentro do sistema, uma pessoa só não é suficiente. Portanto, para garantir a expansão do acesso, grupos sociais como mulheres, pessoas não brancas, LGBTQIA+ e comunidades pobres aprendem rapidamente que precisam de uma equipe de apoiadores – que agitem ações externas e pressionem por legislação e políticas dentro do processo político. Uma lei, um representante, uma estratégia raramente têm sucesso em sua busca por mudanças fundamentais.

Dezenas de homens negros eleitos em todos os níveis de governo durante a Reconstrução aterrorizavam os congressistas brancos do Sul, que sabiam que as expansões do poder negro abalariam as bases culturais e econômicas da ex-Confederação. Então, os congressistas brancos do Sul usaram a eleição presidencial de 1876 para encerrar a transformação do Sul e restaurar a discriminação que lhes servia tão bem. Aqueles que se revoltam e trabalham contra a expansão do eleitorado sabem o que está em jogo. O objetivo é bloquear o acesso às urnas e a formulação de políticas, porque permitir que os agitadores entrem pode resultar em novas leis para remediar a desigualdade ou a injustiça. O medo dessas autoridades eleitas é uma perda de poder, baseada em uma variedade de causas como racismo, sexismo, homofobia, intolerância religiosa ou um desejo incipiente de manter o mundo como era quando eles estavam no auge da influência. Eles esquecem que o passado de tranquilidade política nunca existiu de verdade – os agitadores simplesmente não haviam acumulado poder suficiente para serem ouvidos. Mas estão se aproximando disso a cada dia.

Sabemos que a nação está se diversificando rapidamente, mas a aceleração da transformação demográfica é mais forte em certas áreas, como o Cinturão do Sol (a coleção de Estados do Sul e do Oeste que vai da Carolina do Norte ao Arizona). Ainda assim, mudanças estão ocorrendo em quase todos os lugares, afetando o modo como o poder eleitoral é distribuído e quais políticas são esperadas em troca. O poder da democracia está concentrado no direito de votar, e a supressão do eleitor tem sido o meio mais eficaz de interromper essa capacidade. Mas em quem a pessoa vota importa tanto quanto ter a capacidade de votar. Com candidatos que refletem uma variedade de experiências, perspectivas e, sim, identidades se preparando para serem eleitos, os eleitores vivenciaram recentemente uma gama de opções sem precedentes. Agora, desde os cargos mais locais aos mais altos postos federais, espera-se que os candidatos reflitam a mescla que são os Estados Unidos. E os eleitores acreditam que devem escolher entre mais do que dois homens brancos heterossexuais. A intensificação da atividade política fora das eleições aumentou a consciência de quem está no comando e o que está sendo dito ou feito em resposta às demandas da comunidade. O primeiro passo é a eleição, mas espera-se que esses novos líderes apresentem resultados.

Durante o ciclo do Congresso de 2018, Alexandria Ocasio-Cortez e Ayanna Pressley tornaram-se os exemplos mais conhecidos dessa tendência. A deputada Ocasio-Cortez derrotou um candidato democrata com dez mandatos na cidade de Nova York, em parte como resultado da mudança demográfica no distrito eleitoral. Em Massachusetts, a deputada Pressley também derrotou um candidato democrata com dez mandatos. Como Ocasio-Cortez, Pressley fez uma campanha de forma a ser mais receptiva ao distrito legislativo cada vez mais diversificado. No Kansas, a deputada Sharice Davids combinou várias identidades para construir uma coalizão de votos para sua aposta em ser a primeira democrata a representar o Kansas em uma década. Ela é a primeira pessoa abertamente gay a ser eleita pelo Kansas para o Congresso dos EUA, uma das duas primeiras mulheres nativas norte-americanas eleitas para o Congresso na história e a primeira indígena abertamente gay eleita.

Esse trio de novas líderes congressistas deixou sua marca ao defender questões legislativas que as impulsionaram à vitória. No caso da deputada Ocasio-Cortez, sua promoção do Novo Acordo Verde catapultou a resolução para o discurso nacional. A representante Pressley, que concorreu com uma plataforma de acesso expandido para os pobres e as minorias, apresentou uma legislação conhecida como Lei de Promoção da Saúde Materna [Healthy Mommies Act], a fim de expandir a cobertura do Medicaid em uma tentativa de fornecer um abrangente atendimento pré-natal, durante o parto e pós-parto, estendendo o financiamento para gravidez existente no Medicaid, e combater a mortalidade materna, que mata negras a uma taxa três vezes maior do que as brancas.

Sob o comando de seu ex-secretário de Estado, o Kansas desenvolveu uma reputação de supressão de eleitores que recebeu pouca atenção devido às suas inclinações solidamente conservadoras. Em 2018, o Kansas descartou cédulas provisórias a uma taxa 8,5% superior à média nacional. A deputada Davids foi a autora da Lei de Contagem de Votos, que dará às pessoas o direito de solicitar diretamente ao Departamento de Justiça que investiguem queixas de votação. Cada uma dessas líderes eleitas contou com uma coalizão de eleitores que viam a identidade delas como indicadores claros para o tipo de objetivos políticos a que serviriam – um fator necessário para comunidades acostumadas a ficar isoladas do poder.

"Política de identidade" tornou-se uma expressão hostil para alguns e um grito de guerra para outros, embora o conceito seja tão antigo quanto nossa nação, assim como a supressão eleitoral. Como resultado, nossa política, sobretudo no que diz respeito às eleições, muitas vezes dá lugar a uma dicotomia sobre como ganhar eleições. O argumento é que devemos falar exclusivamente ou sobre grupos que são explicitamente excluídos, ou sobre aqueles que sentem que serão deixados de fora se a conversa mudar. Ao que parece, não podemos falar sobre os dois. No entanto, nossa democracia sempre foi baseada em como devemos investigar a identidade e trabalhar para incluir todos, ao menos em teoria. Os melhores atos democráticos são aqueles que podem aproximar as pessoas, sem fingir que todos temos os mesmos problemas, mas reconhecendo os obstáculos que alguns de nós enfrentamos e as oportunidades que todos desejamos.

Para resolver a histeria e o medo em torno da política de identidade, temos que entender de onde ela veio, por que tantos a temem e, o mais importante, como controlar seu poder. Para esclarecer, acredito que nós *devemos* abraçar a política de identidade se queremos salvar nossa democracia e prosperar. Tanto os oponentes fervorosos na direita quanto os críticos preocupados na esquerda tendem a encobrir a história de quem somos e como essa experiência molda nosso envolvimento com as políticas públicas.

Meus pais, um jovem casal negro da classe trabalhadora criando filhos no Mississippi, tinham um caminho nítido para nos garantir uma educação de qualidade: escolher cuidadosamente a rua em que moraríamos. Essa escolha definiria a escola que frequentaríamos, o nível de violência e pobreza que enfrentaríamos e a exposição social que teríamos. A política econômica ditava que eles seriam locatários, já que economizar para dar entrada em um imóvel estava muito além do nosso alcance. As leis de zoneamento escolar determinavam o tipo de moradia disponível nos bairros à sua disposição, bem como os paramentos das comunidades. Para morar na zona com as escolas mais bem-avaliadas, meus pais teriam de enfrentar preços de aluguel exorbitantes. O custo mais acessível significava viver na parte mais pobre da cidade. Em um distrito escolar da cidade com três escolas primárias, isso parecia uma escolha da Cachinhos Dourados. Bairros de baixa renda tradicionalmente têm escolas de baixa classificação, menos espaços verdes, menos parques e acesso limitado à programação cultural.

Meus pais tinham opções limitadas para melhorar seu padrão de vida. As leis trabalhistas no Mississippi não garantiam pagamento igual para trabalho igual feito por mulheres, e, de acordo com as leis do Estado, qualquer um de meus pais poderia ser mandado embora sem justa causa. Nenhum dos empregos deles – minha mãe como bibliotecária e meu pai como operário de estaleiro – oferecia benefícios como seguro-saúde, o que significava que, quando crianças, raramente íamos ao médico, exceto por necessidade. No fim das contas, meus pais escolheram uma casa de três quartos para nossa família de oito pessoas em uma rua da classe trabalhadora ao lado da classe média da cidade para que pudéssemos ser enviados para uma escola boa (mas não a melhor).

Para minha família e outras como a nossa, as interseções de raça, classe e gênero nos afetaram a cada passo, desde se poderíamos chegar a uma mercearia sem um carro (e não, não podíamos) ou se poderíamos participar de atividades escolares como banda, debate ou futebol (sim, mas com sacrifício). Embora essas microescolhas pareçam muito distantes das consequências mais sérias do racismo, classismo ou sexismo, os efeitos são cumulativos e determinantes. Os desertos alimentares, ou a ausência de opções de alimentos saudáveis, tendem a aumentar os preços dos alimentos, piorar os resultados de saúde e diminuir os valores de propriedade. A diminuição dos valores de propriedade está diretamente ligada à redução dos investimentos na educação pública, visto que a maioria dos sistemas escolares é financiada sobretudo por impostos sobre a propriedade.

Quando meus pais iam votar, quer eles expressassem isso tacitamente ou não, eram essas as questões que sustentavam sua tomada de decisão. Os membros da diretoria de ensino escolhiam a *"millage rate"* (quanto cada locatário, proprietário ou proprietário comercial pagava em impostos sobre a propriedade) e definiam os orçamentos para os gastos de cada escola. Prefeitos, vereadores e comissários de condados definiam regras de zoneamento, incluindo a iluminação verde de lojas de bebidas em vez de mercearias em certos bairros, e determinavam se o transporte público estaria disponível para aqueles que moravam longe de empregos e oportunidades. Os legisladores estaduais e o governador definiam o orçamento educacional do Estado e aprovavam as leis que regeriam o acesso à saúde, os salários, o trabalho e a segurança pública.

Em cada nível de governo, em cada cadeira de poder, alguém se levantava para ajudar ou prejudicar minha infância, meu aprendizado, minha vida e meu futuro. E, apesar das escolhas políticas horríveis ou simplesmente preguiçosas em todos os níveis, acabei bem. Certa vez, durante um acalorado debate no legislativo, um colega que discordava de minha posição me puxou de lado. Expressando o que parecia uma dúvida genuína, ele perguntou por que eu apoiava o aumento do investimento do governo em um programa educacional. "Você nunca teve essas coisas e está indo bem. Você não concorda que o governo deve sair do caminho? Deixe as pessoas fazerem o que seus pais fizeram." Depois de um tempo, respondi: "Sim, eu me saí bem, mas a maioria das pessoas não tem Robert e Carolyn Abrams como pais. Meu trabalho é cuidar do restante deles".

Já me perguntaram sobre a potencial balcanização* da política, na qual abraçar a identidade significa que não podemos mais chegar a um consenso sobre problemas mais amplos. Embora a questão seja bem-intencionada, acho um tanto ingênua. Aqueles de nós com identidades que há muito tempo foram ignoradas ou, pior, usadas como armas contra nós, conseguiram trabalhar juntos para eleger políticos para nos representar. Muito antes de as mulheres serem vistas como executivas viáveis, ou de pessoas não brancas poderem se dar ao luxo de concorrer ao Congresso

---

*. Balcanização é a divisão ou fragmentação de um Estado em regiões menores e etnicamente homogêneas, que são hostis umas com as outras [N. E]

em grandes números, usamos nossas lentes de política de identidade para encontrar aqueles que nos levariam o mais perto possível do progresso – votando em conjunto com outros de diferentes origens e problemas. A diferença hoje é que a identidade não é mais algo secundário; para milhões, suas preocupações podem estar na linha de frente enquanto examinam aqueles que falariam por eles. Quando os líderes se recusavam a enxergar minha família, meus pais votavam em quem o faria, e a melhor métrica era alguém que se parecesse conosco e tivesse experiências como as nossas. Naquela época, assim como agora, a identidade é importante. Eu abraço a política de identidade porque, para os grupos marginalizados, desfavorecidos e minoritários que ainda lutam para fazer parte de nossa política, a identidade é a defesa mais forte contra a invisibilidade.

Começa a guerra de classe

No início da história dos Estados Unidos, os atores políticos eram muito parecidos. O apelido que usamos quase diz tudo: os *Pais Fundadores*. Se adicionarmos o modificador "branco", a descrição será precisa. Para ser justa, todos nós já ouvimos o papel silencioso que outros desempenharam na história intelectual de nossos documentos fundamentais, como Benjamin Banneker e Abigail Adams, mas os principais arquitetos eram homens uniformemente brancos.

A Constituição dos Estados Unidos revela essa identidade original como aquela que deve ser protegida a todo custo. Os movimentos sociais ancorados na identidade tiveram início quase ao mesmo tempo que o país, entre os abolicionistas que se opunham à escravidão, as mulheres que exigiam sufrágio e igualdade e os pobres de todas as raças que eram explorados por seu trabalho. A luta contra a escravidão levou inexoravelmente à Guerra Civil, à Reconstrução, às leis Jim

Crow e ao movimento pelos direitos civis. O sufrágio feminino tornou-se um movimento multigeracional que culminou na Emenda pela Igualdade de Direitos. Justapostos a essas lutas por raça e gênero, os americanos há muito travam uma luta política para usar a classe como uma força centrífuga, e, de várias maneiras, a identidade de classe teve mais sucesso e uma história quase paralela.

Quase ao mesmo tempo em que o país produzia americanos ricos, os que trabalhavam demais e eram malpagos protestavam contra a falta de oportunidades econômicas. Uma tradição política nascente chamada populismo agarrou-se à luta desorganizada por justiça econômica e, em pouco tempo, elevou o debate ao cenário nacional. No século 19, o Know-Nothing Party [Partido do Saber-Nada] denunciou imigrantes, católicos e minorias, insistindo que seu avanço ocorria às custas dos protestantes brancos. Para eles, usar a situação do homem branco trabalhador encobria uma política de identidade que afastava qualquer pessoa que não apoiasse a supremacia cristã branca, e eles aplicaram sua ideologia de 1849 a 1860. O Partido Greenback, formado em grande parte por fazendeiros, surgiu em 1874 para exigir uma jornada de trabalho de oito horas e reformas trabalhistas mais amplas. Como os Know-Nothing, eles reconheciam a importância da influência política, e o partido lançou candidaturas à presidência até sua dissolução em 1884. Os remanescentes dos Greenbacks juntaram-se ao Partido Populista, que também absorveu a Farmers' Alliance [Aliança dos Fazendeiros], emergindo em 1890 como um terceiro partido proeminente, ganhando assentos na Câmara dos Representantes e no Senado dos Estados Unidos. No entanto, eles compartilhavam os objetivos dos Greenbacks, como o apoio à negociação coletiva e a suspeita dos Know-Nothing, que insultavam as minorias. Embora tenha tentado construir uma cobertura mais ampla – uma que permitia que as mulheres brancas assumissem papéis proeminentes na formulação de políticas e organização –, o Partido Populista rejeitava amplamente a inclusão de negros em suas fileiras, e, em 1908, sua incapacidade de cultivar o apoio urbano levou a seu fim.

William Jennings Bryan emergiu no final de um dos mais intensos confrontos entre classes e segurança econômica, e se tornou o mais famoso populista e combatente de classes dos séculos 19 e 20. Democrata leal, Bryan protestou contra os interesses financeiros e os monopólios, promovendo, em vez disso, as necessidades do "homem comum". Representou o Estado de Nebraska no Congresso, mas ganhou destaque nacional na convenção democrata de 1896. A nação estava dividida sobre a questão de como a moeda americana seria calibrada. O democrata no poder, o presidente Grover Cleveland, promovia o padrão-ouro, o que significava que os Estados Unidos tinham um suprimento limitado de moeda. Para os populistas, principalmente aqueles que suspeitavam de potências estrangeiras, o padrão-ouro atendia aos desejos dos banqueiros às custas das pessoas normais, conforme comprovado pela Depressão de 1893. Com um padrão de moeda única baseado no ouro metálico mais caro, a inflação aumentou, assim como o custo de vida para o trabalhador médio – os preços subiram, o crescimento ficou menos estável e os sistemas financeiros se tornaram menos previsíveis. Na convenção para determinar o candidato democrata para presidente em 1896, Bryan fez seu famoso discurso da "Cruz de Ouro", no qual defendeu um padrão monetário mais liberal, que incluía um metal precioso mais livremente disponível, a prata.

O tipo de consciência de classe de Bryan como marca política aproveitava quase 50 anos de movimento em direção a uma política de identidade baseada em classe, funcionando como um antídoto em relação aos ricos que se beneficiaram do esforço da classe trabalhadora. No discurso, ele expôs o que ainda ressoa na consciência de classe dos políticos de hoje: "O homem que é contratado por um salário é um homem de negócios assim como seu empregador. [O] fazendeiro que sai pela manhã e trabalha o dia todo, que começa na primavera e trabalha todo o verão, e que pela aplicação de cérebro e músculos aos recursos naturais do país cria riqueza, é um homem de negócios assim como o homem que vai à Junta Comercial e aposta no preço dos grãos".

Os defensores da identidade baseada em classe uniam seus objetivos aos dos populistas, mas as ideias eram paralelas, não idênticas. Os movimentos populistas alternadamente evitavam ou ridicularizavam as questões do *status* de minoria. A persistência deles em toda a política americana permitiu que a *classe* servisse como uma forma aceitável de política de identidade. Ao considerar as lutas econômicas de fazendeiros, mineiros e trabalhadores, os primeiros construtos da política de identidade fugiram agilmente do confronto com as interseções de outras identidades, como raça, gênero e orientação sexual. No entanto, à medida que essas questões ganharam mais destaque no século 20, o ativismo político exigiu uma discussão mais ampla sobre quem seria ouvido na política americana.

Os movimentos trabalhistas dos séculos 19 e 20 se fundiram em movimentos de direitos civis e movimentos feministas, mas muitas vezes a luta de classes se opôs à ascensão desses grupos, como se fossem inimigos separados a serem combatidos. A luta de classes econômicas aumentou os direitos dos homens brancos, mas ainda negava às mulheres e às pessoas não brancas o direito à propriedade. Posteriormente, com o fim dessas proibições, as restrições foram substituídas por limites ao acesso ao capital ou mesmo ao direito de comprar imóveis em certas áreas da cidade. Da mesma forma, à medida que a educação pública se expandia para incluir opções de ensino fundamental, médio e pós-secundário, os grupos marginalizados foram segregados ou tiveram o acesso negado às realizações educacionais. Mesmo após a Segunda Guerra Mundial, a Lei de Reajuste dos Militares (conhecida como G. I.) excluía negros e outros militares de minorias dos benefícios de seu investimento educacional. Em geral, a classe econômica, como identidade, nunca incluiu totalmente todos os economicamente desfavorecidos em suas fileiras. Em vez disso, uma vez que a classe era estabelecida, novos filtros de raça, imigração, gênero e orientação sexual eliminavam aqueles considerados indignos de seus benefícios.

Mais do que a soma de nossas partes

A raça tem sido uma fonte constante de políticas de identidade, e a cada século os políticos e os cidadãos comuns têm lutado sobre quais raças contam e quem deve fazer parte do lugar da tomada de decisão. A primeira onda de identidade política e racial questionava a humanidade dos negros e o tratamento dado aos nativos norte-americanos à medida que o século 18 se fundia com o 19. Na Guerra Civil, na Trilha de Lágrimas, na Lei de Exclusão Chinesa e na Guerra Mexicano-Americana, a raça ocupava o centro da determinação da nação sobre quem tinha valor. No rescaldo da Guerra Civil, a breve humanidade da Reconstrução rapidamente deu lugar ao período da Redenção, quando o Congresso adiou o futuro dos negros por mais um século para resolver a eleição de 1876. No mandato do presidente Rutherford B. Hayes, os republicanos que defendiam a cidadania negra retiraram suas proteções no Compromisso de 1877. Então, as leis chamadas Jim Crow permitiam linchamentos horríveis, motins que incendiavam cidades negras e uma segregação rígida na educação, na economia e em todos os aspectos da vida social.

Os nativos norte-americanos sofreram terrivelmente nas mãos de líderes federais, que difamavam sua identidade como justificativa para os atos mais brutais do país. O presidente Andrew Jackson ordenou a remoção e o genocídio de milhares de Creek, Choctaw, Cherokee e Seminole por meio de uma marcha de 8.115 quilômetros por nove Estados: Alabama, Arkansas, Geórgia, Illinois, Kentucky, Missouri, Carolina do Norte, Oklahoma e Tennessee. O presidente Martin Van Buren concluiu a campanha de "Remoção Indígena" e, nos Estados do Norte, os Sauk, os Fox e outras tribos nativas enfrentaram guerra ou remoção.

Na Califórnia, a imigração chinesa atingiu um pico em meados do século 19, especialmente após a corrida do ouro de 1849. Os chineses trabalhavam em minas, ferrovias e ao longo da orla marítima. Eles representavam menos de 0,2% da população do país; ainda assim, em resposta às demandas por "pureza racial" de trabalhadores brancos e outros, a Lei de Exclusão Chinesa de 1882 se tornou a primeira lei federal a proibir uma classe inteira de migrantes. Nenhum chinês teria permissão para imigrar por dez anos e, por causa da Lei de Naturalização, nenhum migrante chinês vivendo nos Estados Unidos poderia ser naturalizado como cidadão.

Para os latinos que habitavam o Oeste do país, a Guerra Mexicano-Americana terminou com a concessão de cidadania a todos os que decidiram ficar nos Estados Unidos, nos termos do Tratado de Guadalupe Hidalgo. No entanto, logo depois disso, a realidade de uma significativa população mexicano-americana começou a resultar em leis que os privavam dos privilégios da cidadania. No caso *Botiller vs. Dominguez*, a Suprema Corte recusou-se a reconhecer os títulos de mexicano-americanos em terrenos na Califórnia. A decisão veio na esteira da corrida do ouro, quando a Suprema Corte dos Estados Unidos interpretou a lei federal para privar os cidadãos mexicano-americanos de certos direitos de propriedade no século 19. Durante a Grande Depressão, o presidente Herbert Hoover supervisionou a deportação em massa de mais de 1 milhão de pessoas de ascendência mexicana, cerca de 60% das quais eram cidadãos americanos. Como os negros no Sul, os latinos no Oeste também enfrentaram linchamentos, segregação e expulsão, incluindo a Operação Wetback, autorizada pelo presidente Dwight Eisenhower, que afirma ter deportado à força mais de 1,3 milhão de hispânicos que viviam nos Estados Unidos.

Porém, em meados do século 20, as minorias raciais começaram a afirmar tanto sua maior presença quanto sua capacidade de organização para combater a injustiça. O movimento pelos direitos civis das décadas de 1950 e 1960 levou a uma série de novas leis para lidar com a desigualdade histórica. Da mesma forma, o Movimento Indígena Americano, El Movimiento (o Movimento Chicano) e as decisões judiciais para forçar a igualdade idiomática nas escolas e a dessegregação nas moradias beneficiaram cada vez mais pessoas não brancas. Ainda assim, hoje, como sabemos, a desigualdade racial inflama nossa política, nossa economia e as experiências vividas por americanos de ascendência não branca.

Assim como a raça, a questão do gênero foi retorcida em um emaranhado de acesso e rejeição. O movimento pelo sufrágio feminino teve sucesso, e a segunda onda de direitos das mulheres vista no Movimento Feminista dos anos 1970 também produziu mudanças extraordinárias. Como as pessoas não brancas, as mulheres enfrentaram limitações em sua própria cidadania: o direito de votar, de fazer parte de júris, de trabalhar na área de sua escolha e de controlar as escolhas reprodutivas. Por meio de uma série de movimentos, começando com o sufrágio e continuando até a primeira e a segunda onda do feminismo, as mulheres aumentaram os compromissos obtidos em rodadas anteriores. Ainda assim, em cada uma dessas conquistas, a interseção de raça e gênero deixou para trás as mulheres não brancas, principalmente as negras. A ativista negra Sojourner Truth expressou indignação legítima em seu discurso "Não sou uma mulher" contra uma visão pálida do sufrágio, antecipando que o direito de voto concedido pela 19ª Emenda excluiria as negras. A jornalista Ida B. Wells, também negra, enfrentou a rejeição das mulheres brancas quando chamou a atenção para os linchamentos de homens e mulheres negros. Para as latinas e asiático-americanas no Oeste, sem falar nas nativas norte-americanas, sua feminilidade não garantia a entrada nos debates feministas.

O desenvolvimento de uma política de identidade para a comunidade LGBTQIA+ estende-se por quase 150 anos nos Estados Unidos, da década de 1870 em diante. Como a sigla demonstra, nenhum perfil único descreve adequadamente a gama de problemas enfrentados por lésbicas, gays, bissexuais, transgêneros, queers ou outros indivíduos não binários nos EUA. Forçados, na maior parte da história norte-americana, para as sombras do cotidiano, o surgimento de um movimento social teve início durante a Segunda Guerra Mundial, decorrente da liberdade subterrânea experimentada em áreas metropolitanas como a cidade de Nova York na década de 1920. Durante a Segunda Guerra Mundial, a primeira iteração de "não pergunte, não conte"[*] fez com que membros da

---

[*] "Don't Ask, Don't Tell" era uma política americana que permitia que indivíduos LGBTQIA+ servissem nas Forças Armadas do país contanto que não revelassem abertamente sua orientação sexual. [N. E.]

comunidade LGBTQIA+ se alistassem nas Forças Armadas, e um relaxamento das restrições sociais permitiu comportamentos mais abertos. A reação logo se seguiu, destacada pela cruzada do senador Joseph McCarthy contra os homossexuais empregados pelo governo federal na década de 1950. A demanda pública por igualdade para a comunidade LGBTQIA+ coincidiu e cruzou com a ascensão do movimento pelos direitos civis. O movimento Stonewall, que começou após uma invasão a um clube gay em 1969, lançou um esforço mais sustentado para obter igualdade no tratamento de saúde física e mental, moradia, emprego, casamento e adoção. O que permanece uma tensão no movimento LGBTQIA+ são os conflitos expostos por raça, classe e gênero quando envolvidos no debate nacional sobre orientação sexual.

"Política de identidade", um termo originalmente usado por mulheres negras na década de 1970, tornou-se uma abreviação para combinar as duas facetas mais críticas para alcançar a inclusão plena nos Estados Unidos – quem você é e como você ganha poder. Feministas negras do Combahee River Collective usaram o termo para descrever como a diferença as tornou alvos da opressão. Mas, de forma mais otimista, elas reconheceram que usar as experiências comuns dessa identidade poderia permitir uma nova estratégia de organização política para acabar com a opressão. Com o tempo, mais e mais grupos reconheceram a ressonância do termo e usaram suas próprias experiências comuns para construir coalizões, definir os desafios inerentes de suas lutas e alavancar seu novo coletivismo para pressionar por mudanças. As discussões continuam sobre o que constitui a verdadeira "política de identidade" como uma construção filosófica, um imperativo de política pública ou um meio falho de escolher candidatos com base apenas em características externas, e não no próprio mérito do candidato. Em vez de fazer uma escolha falsa, opto por interromper o debate com uma visão mais simplista: a identidade é real e necessária e está tão entrelaçada em nossa política que não há como recuar.

Por que importa quem somos

Para termos o poder que o voto fornece, devemos estar em uma posição para selecionar e eleger líderes que apoiarão nossas ambições e limparão as barreiras para nossa inclusão nas oportunidades. Mais importante, devemos reconhecer e aceitar que todos nós praticamos uma forma própria de política de identidade. Cada pessoa entra no discurso público com histórias e desafios. Os piores espaços políticos são aqueles em que se diz aos eleitores que todos têm exatamente a mesma narrativa e que todos enfrentam os mesmos obstáculos. O mito do *self-made man* coexiste com o estereótipo da rainha dos programas sociais, do drogado sem-teto e do trabalhador que fala espanhol. Quando os líderes políticos homogeneízam nossas experiências ou, pior, as reduzem a insultos ou aberrações, eles se esquivam do árduo trabalho de entender quem representam.

A política de identidade força aqueles que pedem nosso apoio a fazer seu trabalho: a entender que o *self-made man* cresceu em um bom distrito escolar e recebeu uma educação de qualidade, a qual não existiria se seu código postal mudasse um dígito; a reconhecer que a mulher que recebe assistência social com três filhos é produto do divórcio em um Estado onde ela corre o risco de perder a ajuda governamental para alimentação se seu trabalho de baixa remuneração lhe pagar muito. Ou que o drogado sem-teto é um veterano da Guerra do Iraque que estava na Guarda Nacional, mas perdeu o emprego devido a vários desdobramentos e não cumpria os requisitos para obter cuidados médicos completos. E que o trabalhador rural é um migrante que perdeu o prazo do visto para cuidar de seus filhos nascidos nos Estados Unidos.

Identidades de uma única vertente não existem em uma família, muito menos em uma nação. Quando os EUA estão no seu melhor, reconhecemos a complexidade de nossas sociedades e a complicada realidade de como vivenciamos este país – e seus obstáculos. No entanto, nunca perdemos de vista o fato de que todos queremos a mesma coisa. Queremos educação. Queremos segurança econômica. Queremos serviços de saúde. A política de identidade leva os líderes a compreender que, devido a raça, classe, gênero, orientação sexual/identidade de gênero e origem nacional, as pessoas enfrentam obstáculos que se originam dessas identidades. Os líderes bem-sucedidos que desejam envolver a coalizão mais ampla de eleitores devem demonstrar que entendem que as barreiras não são uniformes e, além disso, que têm planos para lidar com esses impedimentos. Os melhores políticos exibem essas duas capacidades e nunca se esquecem de que o destino – independentemente da identidade – é o mesmo: proteção, segurança e oportunidade.

Os movimentos de justiça social e a chancela da política de identidade têm um objetivo comum: criar proteções legais inatacáveis e permanentes que garantam que ninguém pode privar outra pessoa dos direitos fundamentais garantidos pela cidadania. No entanto, como acontece com a questão central dos direitos de voto, sem proteções invioláveis, nenhum grupo marginalizado está verdadeiramente seguro.

Mudanças demográficas e inclusão pública mais ampla aceleraram esta última onda de hostilidade nos últimos anos em relação a pessoas não brancas, imigrantes, a comunidade LGBTQIA+ e mulheres. Políticas antagônicas que penalizam diferenças, como a proibição de imigração de muçulmanos, crianças imigrantes enjauladas e projetos de lei de gravidez forçada são exemplos claros desse veneno. Mais sutil é o enfraquecimento de proteções como a rede de segurança social por meio de cortes em cupons de alimentação pelo Departamento de Agricultura federal ou o término de proteções contra discriminação pelo Departamento de Educação e pelo Departamento de Habitação e Desenvolvimento Urbano. Para os nativos norte-americanos, os riscos vêm de incursões do governo Trump em retirar as proteções das terras federais e enfraquecer os controles ambientais que encorajam a invasão das terras nativas. Isso inclui até a recusa dos republicanos no Congresso em renovar a Lei dos Direitos de Voto, um repúdio ao avanço racial que era impensável 15 anos atrás.

Nosso poder de moldar o futuro gira em torno da capacidade de cimentar direitos, mas, mais importante, de compreender as interseções de identidade que negam acesso e oportunidade. A diferença é real, e reconhecê-la não prejudica a identidade americana como um todo. A vibração de nossa política de identidade reafirma a complexidade de nossa nação e a base de nossa fundação. As pessoas que fugiam da perseguição religiosa o faziam porque precisavam de um espaço seguro onde a diferença fosse tolerada. Nosso progresso como nação está atrelado à complexidade de quem é o nosso povo. Saber que a identidade é importante é o primeiro passo – mas a parte mais difícil é saber como fazer a identidade contar.

7
Como o censo molda os Estados Unidos

Hoje, uma guerra por números ameaça remodelar a próxima década da vida nos EUA, e quase ninguém está prestando atenção. Stephanie Hofeller certamente nunca imaginou que seria uma participante-chave na luta. Distante do pai, Thomas Hofeller, Stephanie não falava com ele nem o via há vários anos, e só soube de sua morte quando procurou por ele na internet, enquanto o carro dela estava parado no estacionamento de uma loja de conveniência. Então, Stephanie saiu de Kentucky e foi até a Carolina do Norte, para a casa de sua mãe. Durante a visita, a mãe permitiu que ela pegasse vários arquivos que pertenciam ao pai, talvez esperando que isso desencadeasse uma reconexão. Stephanie vasculhou cuidadosamente os discos rígidos e pen drives, encontrando fotos de família e outras lembranças. Mas as imagens de crianças e dias mais felizes compartilhavam o espaço de dados com o produto de seu trabalho diurno como consultor de redistritamento para republicanos.

O termo banal "redistritamento" foi adicionado à dieta política geral americana nos últimos anos, mas como e por que isso acontece permanece obscuro. Na verdade, a maioria das pessoas nunca ouviu falar do conservador Thomas Hofeller ou de sua filha, Stephanie, a independente política. Poucos visitaram o site que ela criou, conhecido como The Hofeller Files (Os arquivos Hofeller), onde publicou milhares de páginas e planilhas do trabalho de seu pai, apesar das ameaças legais e das acusações de roubo. Os documentos que ela descobriu nos registros do pai, compilados ao longo de vários anos, contam a história de como o Partido Republicano se fixou em um objetivo único: agregar e manter o domínio republicano na política estadual e federal, independentemente da vontade do povo.

A busca pelo poder não deve surpreender ninguém que presta atenção ao noticiário noturno, mas a natureza metódica e viciosa dos conselhos de Hofeller talvez cause espanto. Ele serviu como um guru nacional do redistritamento, o processo pelo qual as linhas do Congresso, os distritos legislativos estaduais e os mapas políticos locais são desenhados. Para os republicanos, ele era um sábio na arte do *gerrymandering*: torcer e transformar essas linhas geográficas em distritos políticos imbatíveis para os candidatos republicanos. Documento após documento, Hofeller dava uma aula magistral para legisladores e lobistas sobre como usar dados estatísticos e táticas legais para bloquear esforços de aumentar a participação cívica de pessoas não brancas. Ele compunha memorandos e relatórios sobre a limitação da contagem decenal de residentes não brancos nos Estados Unidos como parte da composição da nação.

Em 2020, seu trabalho ganhou relevância, porque desde 2010 mais americanos passaram a aprender a respeito do efeito do *gerrymandering* sobre a composição do Congresso e das legislaturas estaduais. Após três eleições presidenciais do século 20 em que o vencedor *perdeu* o voto popular, uma discussão renovada do Colégio Eleitoral grassa na internet e em pequenos enclaves intelectuais. Mas, no cerne desses debates, no centro do turbilhão, há um único instrumento de imensa importância que molda todos os contornos do poder no país, que é o censo dos Estados Unidos.

O censo dos Estados Unidos normalmente recebe atenção nas semanas anteriores ao seu início e nos dias que antecedem seu término. Alguns sinais chamam a atenção do país depois, como o anúncio de quanto um Estado cresceu rapidamente ou quantas pessoas vivem aqui agora. Saber quem está nos Estados Unidos tem sido uma parte constante de nossa identidade nacional desde o início. A Constituição exige uma contagem a cada dez anos de todas as pessoas que residem nos EUA, desde o primeiro censo realizado em 1790. O Artigo I, Seção 2, dita uma "enumeração" de pessoas, independentemente de sua cidadania, e estabelece quem é importante e por quê. Desde o início, o que não é surpresa, a contagem fez ressalvas. O acordo de três quintos permitiu que os Estados do Sul contassem escravos negros a menos para os fins do censo. "Índios não tributados" também foram excluídos como parte do cálculo nacional, relegando a maioria dos nativos norte-americanos à invisibilidade. Com o tempo, as regras foram expandidas para contar cada pessoa que reside nos Estados, incluindo cidadãos, residentes legais não cidadãos, visitantes de longo prazo não cidadãos e imigrantes não documentados. Os visitantes de curto prazo não são contabilizados, nem os americanos que vivem no exterior e não são empregados diretamente pelo governo dos Estados Unidos, como militares e oficiais do serviço estrangeiro e seus dependentes. Quem conta é muito importante, e a precisão do processo foi uma fonte de controvérsia desde o início.

Mais do que uma simples contagem, o censo dos EUA direciona mais de 1 trilhão de dólares para serviços essenciais como saúde e educação, orienta o traçado de limites para distritos políticos e zonas escolares e informa empresas e empregadores sobre oportunidades de desenvolvimento econômico. Ninguém está isento do impacto dessas decisões, mas, a cada iteração, certas populações permanecem difíceis de alcançar. Os grupos mais subestimados são pessoas não brancas, pessoas de baixa renda, pessoas LGBTQIA+, crianças pequenas, minorias étnicas, imigrantes sem documentos, inquilinos e aqueles em áreas rurais.

Conhecidas coletivamente como "difíceis de contar", essas populações compreendem cada vez mais a maioria americana. Essa subcontagem atrapalha o acesso econômico dessas comunidades e reduz seu poder político a cada década, e quem entendemos como nossa população nacional influencia todas as facetas da vida pública e está imbricado em quase todos os mecanismos de administração eleitoral. No geral, o censo é um tesouro de dados valiosos e úteis que podem avaliar onde um hospital deve ser construído ou onde uma empresa pode erguer uma fábrica. Pesquisadores, cientistas e defensores da justiça social recorrem a ele em busca de orientação. Como legisladora, busquei suas estatísticas para sustentar um argumento e, como empresária, recorri a ele ao fazer uma apresentação. Ninguém está imune ao alcance do censo, quer tente ou não. Na década que se seguirá ao próximo censo, mais de 1,5 trilhão de dólares será alocado anualmente. Da mesma forma, com base nos números coletados em 2020, o poder político será distribuído em quase cada nível de governo até 2030. Mas quando é corrompido intencionalmente, ou quando a eficiência supera a precisão, o censo se torna uma arma contra os mais vulneráveis.

A importância do censo dos estados unidos

Não é segredo que o poder político e econômico tende a ser distribuído de maneira desigual até mesmo nas nações mais democratizadas. No entanto, o censo dos Estados Unidos oferece ostensivamente uma cura para o problema. Ele foi projetado para contar todo mundo e permitir que os dados revelem a história. Uma contagem errada do censo rouba as comunidades que não estão incluídas. Os dólares federais são distribuídos com base no número de pessoas afetadas e, se um bairro é subestimado, os moradores não recebem os recursos alocados para resolver seus problemas. E, se eles não podem eleger representantes para falar por eles, são vitimados novamente.

Considere um bairro de baixa renda com altas taxas de natalidade e trágicas taxas de mortalidade infantil. Décadas atrás, decidimos intervir fornecendo programas de saúde pública, como o Medicaid e o Programa Especial de Nutrição Suplementar para Mulheres, Bebês e Crianças, também conhecido como WIC, na sigla em inglês. Cada Estado recebe uma alocação com base em uma fórmula derivada de informações do censo. Em locais onde mães e bebês em situação de risco são deixados de fora do censo, a falta de informação significa uma diminuição na quantidade de dinheiro que a área recebe. Já atendi comunidades contadas a menos no censo. Durante minha carreira, trabalhei no governo local, para a cidade de Atlanta; em nível estadual, como representante; e no governo federal, na Agência de Proteção Ambiental e no Escritório de Gestão e Orçamento. Por conta dessas posições, tenho uma compreensão minuciosa do que uma contagem inferior pode significar, como a diferença entre sobrevivência e oportunidade.

Na esteira da eleição de 2018, passei dez dias – entre o dia da eleição em 6 de novembro e meu dia de não concessão em 16 de novembro – pensando no que viria a seguir para mim caso não ganhasse. Combater a supressão do eleitor estava no topo da minha lista, uma expansão do trabalho que eu vinha fazendo há mais de 25 anos. De alguma forma, lançar o trabalho do Fair Fight me pareceu essencial, mas insuficiente. Outra preocupação me incomodava, um lembrete de meus primeiros dias como líder da minoria. O censo de 2010 levara a uma profunda reformulação da representação política na Geórgia, e não estávamos sozinhos. Sabemos que 22% da população da Geórgia é considerada difícil de contar, e esse desafio pode custar ao Estado mais de 407 milhões de dólares por ano em financiamento. Para cada pessoa que não participa do censo, a Geórgia perde 2.300 dólares. Em todo o país, há uma correlação notável que mostra que, quando ocorrem aumentos bruscos de pessoas não brancas nos Estados liderados pelo Partido Republicano, o voto torna-se mais difícil nesses mesmos Estados. Eu precisava me concentrar em votar, sim, mas sabia que precisava abordar as ferramentas fundamentais de como o poder é alocado. Esse era o fator preponderante. Assim, nossa operação Fair Fight juntou-se a uma outra organização chamada Fair Count, dedicada a garantir que populações difíceis de contar fossem detectadas no censo de 2020 – porque o censo era o centro de tudo.

O censo fornece os números e os dados que constroem a imagem que temos dos Estados Unidos, o que nos levou além das fronteiras da Geórgia com a cruzada Fair Count, mas os desafios colocados para uma contagem precisa na Geórgia e em todo o país são significativos e foram destacados em um estudo aprofundado do Urban Institute.[1] O relatório menciona questões como o subfinanciamento do Departamento de Censo, o impacto desconhecido de passar a fazer o censo on-line e vários outros fatores que poderiam levar à pior subcontagem de negros e latinos em 30 anos, bem como gerar custos notáveis para os AAPI e as populações nativas.

E não é apenas na Geórgia, é claro. O impacto do censo será sentido em todo o país, e os riscos são igualmente grandes.

Visitamos a Brooklyn Community Foundation de Nova York no final de 2019, e os organizadores do evento ecoaram meu medo de que uma contagem inferior estivesse à espreita. Apesar de estar localizado em uma cidade e em um Estado democrata, a composição do Brooklyn reflete o perigo mais amplo para as populações marginalizadas. Mais de 80% dos residentes do Brooklyn vivem em bairros difíceis de contar, e a área abriga quase metade dos 500 setores censitários no Estado de Nova York que correm o risco de uma contagem inferior. A história não traz bons augúrios para eles. Durante o censo mais recente, o Brooklyn teve uma das mais baixas taxas de retorno do país: um terço das famílias não devolveu seus formulários. Empolgados pelo interesse dos organizadores em nosso trabalho, expandimos nossos esforços para Carolina do Sul, Carolina do Norte, Massachusetts, Nevada e Louisiana, além de cidades em todo o país.

A contagem inferior esperada do censo terá o efeito mais gritante nas comunidades negras, latinas, AAPI e nativas norte-americanas, custando-lhes dinheiro e representação legislativa. Vários grupos e organizações estão concentrados em garantir um censo preciso para populações difíceis de contar. O Census Equity Fund reuniu filantropos e líderes a fim de direcionar investimentos estratégicos para as áreas mais críticas. Grupos como a Conferência de Liderança sobre Direitos Civis e Humanos e a Census Black Roundtable [Távola Redonda Negra do Censo] ajudam a concentrar a atenção nas tendências nacionais para melhorar o alcance do censo. A Organizing 101 ensina que as pessoas reagem melhor àqueles que refletem suas experiências, e entidades como a Associação Nacional de Oficiais Latinos Eleitos e Nomeados, a Asian Americans Advancing Justice [Asiático-Americanos Promovendo a Justiça] e a NAACP desenvolveram programas para envolver residentes recalcitrantes ou amedrontados. A Fair Count, assim como esses outros grupos, entrou em cooperação com o Congressional Black Caucus, o Congressional Hispanic Caucus e o Congressional Pacific American Caucus – juntos chamados de Tri-Caucus – e também com pelo menos um membro nativo norte-americano da Câmara para impulsionar a participação no censo de 2020. Em um briefing em dezembro de 2019, utilizando as estimativas produzidas pelo Urban Institute, que detalhavam as contagens insuficientes previstas, o Fair Count calculou como isso afetaria financeiramente a distribuição de fundos para as comunidades, e discutimos as más notícias em números: em termos de população, mais de 1,7 milhão de negros podem passar despercebidos no censo de 2020, e suas comunidades poderão perder 3,3 bilhões de dólares em financiamento federal anualmente na próxima década se os negros forem contados a menos. Com base nos custos variáveis entre as áreas, as perdas variam de 451 mil dólares por ano em Wyoming a 392 milhões de dólares por ano em Nova York. Para o grupo demográfico hispânico/latino, 2,2 milhões de pessoas podem ser omitidas, e suas cidades e Estados podem perder 4,1 bilhões de dólares em financiamento federal anualmente. Os custos comparativos mostram que o impacto é de 1,1 milhão de dólares por ano em West Virginia e 1,1 bilhão de dólares por ano na Califórnia. O censo pode vir a ignorar 305 mil asiáticos/nativos havaianos/ilhéus do Pacífico, o que custaria 590 milhões de dólares em financiamento federal anual. Os indígenas/nativos norte-americanos do Alasca correm o risco de uma contagem inferior de 130 mil residentes, gerando 200 milhões de dólares em fundos federais perdidos a cada ano. Essas perdas de fundos reduzem o potencial de atender às necessidades reais em suas áreas, e os efeitos em cascata fluem por dez anos, agravando o abandono causado pela última contagem inferior e a anterior a essa. As escolas que aguardavam investimento na década de 1990 agora abrigam os filhos dos que ficaram para trás. Bairros desesperados por investimento em moradias populares viraram cidades fantasmas assombradas por aqueles que não têm dinheiro para sair delas.

O censo *poderia* nos salvar

O censo é mais que um rolo compressor estatístico, é uma ferramenta de organização que podemos usar para salvar a democracia. À medida que o impacto fiscal do censo afeta a vida dos contados a menos, o mesmo ocorre com as realidades políticas decorrentes do fato de não termos acesso a recursos nem capacidade de eleger líderes para protegê-los. Um diretor regional do censo sempre contava a história de uma comunidade que tinha implorado aos líderes do condado por um parque público. Sem espaços verdes gratuitos, as crianças brincavam nas ruas e em terrenos baldios. Regularmente, os vizinhos relatavam riscos de acidentes com carros que passavam e venda de drogas ocorrendo nas esquinas onde as crianças se reuniam. Indignados e desesperados, os líderes comunitários se organizaram e fizeram uma proposta de financiamento para transformar um dos lotes em um espaço seguro para as crianças brincarem, livre dos perigos da rua. Mas a comissão do condado rejeitou a proposta, apesar dos apelos do representante do distrito. A equipe explicou a negativa: a maioria das famílias daquele distrito não havia participado do último censo, o que significava uma contagem a menos das crianças do bairro. O representante argumentou que qualquer pessoa que dirigisse pela área poderia ver as ruas repletas de crianças que precisavam de espaço para recreação. Mas a funcionária respondeu que essas crianças não tinham sido incluídas no último censo, e ela só podia seguir os números.

O americano médio entende os fundamentos do direito de voto porque as eleições são ocorrências quase anuais, com milhões gastos para lembrar os cidadãos. Séries e filmes de televisão têm como premissa as eleições e seus resultados. Mesmo que uma pessoa não participe ou seu candidato perca, ela pode ignorar os resultados porque, em uma eleição, ninguém tem a vitória garantida. Quando se trata do censo, tanto aqueles que se beneficiam da participação quanto aqueles que podem ser prejudicados talvez não compartilhem da urgência do assunto. E isso porque a maioria das pessoas conhece o censo como uma intrusão do governo que ocorre uma vez a cada década, e que pode ser desconsiderada ou ignorada com poucas consequências. Mas, como a comunidade aprendeu, aparecer em um formulário pode salvar a vida de seus filhos.

Para coletar os dados sobre quem exatamente mora no país, o Departamento de Censo dos EUA começa enviando cartas para as famílias com um formulário escrito ou, mais provavelmente em 2020, com um código direcionando-as a um formulário on-line para preenchimento. O formulário inicial é simplesmente a primeira tentativa de aumentar a participação. Os residentes que não responderem receberão lembretes, e, se ainda assim não responderem, os recenseadores são enviados de porta em porta para coletar informações. O Departamento de Censo desenvolveu processos especiais para contar grupos que não têm endereços regulares, como tropas destacadas, pessoas sem-teto, estudantes universitários, pessoas encarceradas, as deslocadas por desastres naturais, idosos e outros em casas de repouso e demais grupos que não têm arranjos habitacionais típicos.

O que o censo pede é bastante direto. Começa com o local onde a pessoa mora e dorme a maior parte do tempo. Os residentes também são questionados sobre nome, idade, sexo, data de nascimento e raça de cada ocupante, bem como a relação entre cada pessoa e o chefe da família. Nas primeiras pesquisas do censo, apenas os chefes de família eram listados pelo nome, com os outros membros sendo referidos pela contagem em vez do nome. O censo também pergunta sobre a situação dos residentes e de sua moradia, ou seja, se a casa é própria, alugada ou ocupada e se há hipoteca para o proprietário. Em rodadas de censo recentes, também foi solicitado aos entrevistados que identificassem se cada pessoa é de origem hispânica, latina ou espanhola. Essa última questão se tornou particularmente ameaçadora para o Partido Republicano, à medida que a população latina se expande em tamanho e localização.[2]

Em 2019, o governo Trump tentou adicionar uma "questão de cidadania" à pesquisa do censo.[3] A reação foi imediata, gerando acusações de que Trump queria ter uma contagem a menos de pessoas não brancas, ou seja, latinos. Os defensores da questão da cidadania argumentaram que a precisão do censo dependia do conhecimento da situação legal de cada residente americano – documentado ou não. Eles afirmam com orgulho que o censo faz essa pergunta há anos.

Até 1950, uma versão da questão de cidadania de fato existia no formulário curto enviado a todas as famílias. Ao mesmo tempo, a lei dos EUA impunha limites rígidos à imigração de quase todos os lugares para os Estados Unidos, exceto do norte da Europa, o que significa que a maioria dos imigrantes era branca. Esse desequilíbrio na imigração existiu até a Lei de Imigração e Nacionalidade de 1965. O sistema de cotas adotado na década de 1920 para restringir outros países limitava os recém-chegados da África, América Latina, Ásia e países do sul da Europa, como Itália e Grécia. Mas o país parou de usar a questão da cidadania *antes* da imigração tornar-se uma importante fonte de debate moderno.

Em vez disso, o censo mudou para fazer essa pergunta nas versões longas do questionário, que só era enviado a uma amostra de americanos. Em 50 anos, nenhum censo havia usado a questão da cidadania no formulário mais curto.

É aí que a pesquisa de Thomas Hofeller mais uma vez tenta manipular o sistema. Suas notas e relatórios indicam claramente que a questão da cidadania tinha como objetivo alimentar o medo nas famílias de imigrantes, independentemente de seu *status*. Em vez de responderem a uma pergunta sobre cidadania que poderia levar à deportação ou chamarem a atenção para uma família com *status* de documentação mista (uma combinação de cidadania, residência e *status* não documentado), os imigrantes latinos, africanos e asiáticos ignorariam totalmente o processo do censo. O que é exatamente o que esperavam os que estão no poder. De fato, um dos estudos de Hofeller afirma que a inclusão da questão da cidadania seria "vantajosa para republicanos e brancos não hispânicos", e ele exortava os republicanos a buscarem a inclusão dessa pergunta.[4]

Trump mordeu a isca e anunciou sua intenção de colocar a polêmica questão no censo de 2020. Organizações e vários Estados entraram com processos contra a administração Trump. O secretário de Estado da Califórnia, Alex Padilla, ajudou a liderar o processo em seu Estado, junto com o procurador-geral Xavier Becerra. Eles argumentaram que a questão da cidadania tinha como objetivo reduzir artificialmente a contagem, e as consequências para a Califórnia seriam terríveis. Lar de quase 40 milhões de pessoas, a Califórnia administra uma economia maior do que quase todas as nações do mundo, exceto cinco, e tem uma das populações mais diversificadas dos EUA. Os latinos constituem o maior grupo étnico, com 39,3%, seguidos por brancos não hispânicos (36,8%), AAPI (15,1%), negros (5,8%) e nativos norte-americanos e nativos do Alasca (0,8%).[5] Em uma entrevista para a rádio NPR, o secretário Padilla expôs o efeito potencial: "O objetivo do censo é obter uma contagem precisa de toda a população da nação para alguns fins importantes. Sim, ele determina as fórmulas de financiamento federal para a próxima década – dólares para transporte, dólares para educação, dólares para habitação e assim por diante. No entanto, mais fundamentalmente, são os números do censo que impulsionam o processo de reatribuição e redistritamento. Portanto, estamos literalmente falando da voz da Califórnia no Congresso, e o nível de representação em jogo".[6] Em um Estado onde quase seis em cada dez residentes estão na categoria de difícil contagem em virtude da raça, uma contagem inferior seria financeiramente catastrófica. E sem representação política completa, recuperar esses dólares perdidos é uma tarefa difícil.

Com uma população nacional estimada em mais de 329 milhões, o censo evoluiu desde a criação e o processamento originais dos fundadores. O advento da internet alterou fundamentalmente a maior parte da vida moderna, e com o censo não foi diferente. Se no passado o processo começava e terminava em um único ano, a utilidade e a consequência dos dados do censo levaram a uma expansão da função governamental, eventualmente levando à criação de um Departamento de Censo permanente dentro do Departamento de Comércio. Para o censo de 2020, o departamento pretende usar formulários on-line para coletar dados. O uso da internet pode expandir a eficiência do censo sob a teoria de que responder on-line é mais rápido do que no papel e é um processo mais simples do que ir aos correios. No entanto, a abordagem apresenta alto risco de problemas devido às operações limitadas de teste e divulgação, agravado pelo subfinanciamento. Na verdade, o Departamento de Auditoria de Contas Públicas sinalizou a realização do censo de 2020 como uma operação governamental de "alto risco" devido à complexidade do processo. "Para o censo de 2020, o Departamento de Censo planeja implementar várias inovações, incluindo novos sistemas de TI. Os desafios associados à implementação bem-sucedida dessas inovações, junto com outros desafios, colocam em risco a capacidade do departamento de conduzir um censo com boa relação custo-benefício".[7] O subfinanciamento do projeto do censo estimado em 15,6 bilhões de dólares levou a uma batalha prolongada entre a Casa Branca e o Congresso.[8] Os líderes do Congresso conseguiram fundos adicionais para a operação, mas o financiamento ainda é insuficiente para atingir uma contagem precisa e completa, conforme estimado pelo departamento.

Pela primeira vez na história, espera-se que até 80% dos entrevistados concluam o censo on-line. O novo método deve aumentar a economia de custos e garantir a distribuição mais ampla. Para populações difíceis de contar, o que parece inovação cria o risco de deixá-las de fora. Com acesso limitado à internet, milhões podem não conseguir responder à pesquisa, apesar de quererem participar. Em meados de 2019, fiz um discurso em Athens, Geórgia, sobre o futuro da saúde rural, incluindo telemedicina, em que médicos atendem seus pacientes usando computadores e tecnologia de vídeo. Uma jovem estudante negra na plateia levantou a mão. Ela questionou a probabilidade de se usar a internet em áreas rurais como sua cidade natal. "Tive que preencher minha inscrição para a faculdade no estacionamento do McDonald's na cidade vizinha", explicou ela ao público. "Onde eu moro, não tem internet." Seu alerta é preciso e uma preocupação urgente para grupos interessados em apoiar o censo. De acordo com o relatório da Comissão Federal de Comunicações sobre o progresso da banda larga, "nas áreas rurais, quase um quarto da população – 14,5 milhões de pessoas – carece de acesso ao serviço [de banda larga]. Nas áreas tribais, quase um terço da população não tem acesso. Mesmo em áreas onde a banda larga está disponível, aproximadamente 100 milhões de americanos ainda não assinam".[9] Esse problema acionou o alerta vermelho para uma série de organizações, incluindo Fair Count. Nossa resposta foi a instalação de 150 pontos de acesso wi-fi em áreas de baixa cobertura em toda a Geórgia. Fizemos parceria com o bispo Reginald Jackson e com a liderança da igreja AME, na Geórgia, e desenvolvemos relacionamentos com a comunidade que nos permitiu colocar dispositivos em igrejas, barbearias, em um abrigo para refugiados do Camboja e em um centro médico para trabalhadores migrantes.

As suspeitas da questão da cidadania, subfinanciamento e implantação on-line reforçam outra controvérsia para os potenciais participantes do censo: a segurança de seus dados. Em uma época de hackeamento russo nas eleições e invasões do Departamento de Imigração em cidades inteiras, algumas comunidades vulneráveis não confiam no censo porque não confiam no governo. Um defensor do censo conta sobre visitas a conjuntos habitacionais, onde os residentes são cautelosos ao responder aos formulários. Uma preocupação é que, se revelarem mais pessoas em sua casa do que o permitido pelo aluguel, estarão sujeitos a despejo? Outra preocupação entre as comunidades negra e latina é se o censo pode ser usado pelas autoridades policiais, independentemente de o entrevistado ter algum histórico criminal. Em Estados onde o viés racial no encarceramento é real, esses medos têm um peso.

Para combater as apreensões legítimas, as organizações de divulgação não medem esforços para explicar como o benefício do censo supera os danos percebidos. Tanto o

Departamento de Censo quanto as plataformas de mídia social como o Facebook e o Instagram se comprometeram a combater as campanhas de desinformação que buscam atiçar o medo.[10] Isso significa explicar as consequências de se quebrar a privacidade do censo. De acordo com o Título 13 do Código dos EUA, qualquer pessoa que usar informações confidenciais da resposta de alguém comete um crime federal. As informações privadas de um entrevistado nunca serão publicadas, como nome, endereço (incluindo coordenadas de GPS), números de previdência social ou números de telefone de membros da família. A lei também declara que as informações pessoais não podem ser usadas contra os entrevistados por qualquer agência governamental ou tribunal. Qualquer dado de identificação fica restrito por 72 anos, e as consequências da violação incluem cinco anos de prisão, multa de até 250 mil dólares, ou ambos. Como gosto de explicar aos céticos, se uma pessoa possui um telefone ou paga uma conta de luz, o governo já sabe como encontrar você. Ao concluir o censo, você pode conseguir dinheiro para sua comunidade e poder em sua política, mas a confiança continuará a ser um problema até que nossa liderança nacional prove suas melhores intenções.

Efeito colateral: divisão desigual de áreas de votação (*gerrymandering*)

O Distrito Legislativo 151, no sudoeste da Geórgia, é predominantemente negro e democrata. O representante estadual de longa data para a área, Gerald Greene, atuou lá por mais de 30 anos, 28 deles como democrata. Então, em 2010, quando os republicanos venceram as eleições, ele trocou de partido. Greene é um educador aposentado com uma longa história em seu distrito. No entanto, também presidiu o encerramento de dois hospitais nessa região empobrecida, e centenas de vagas de emprego foram fechadas nos condados que representou. Greene se opôs à expansão do Medicaid, o que teria injetado fundos e empregos na região.[11]

Como líder democrata, uma de minhas tarefas era conquistar sua cadeira para meu partido, mas recrutar um bom oponente era mais difícil do que eu esperava. Em 2016, um delegado assistente afro-americano aposentado que cresceu na região se apresentou para concorrer. Fizemos todas as sondagens de seu passado, estudando sua história na aplicação da lei e quaisquer surpresas que poderiam prejudicar uma campanha. James Williams voltou como um candidato ideal, incluindo seu longo histórico de votação no distrito. Durante o período de qualificação, o sr. Williams dirigiu por três horas até Atlanta, pagou suas taxas para entrar na disputa e voltou para casa no Distrito 151. Poucos dias depois, recebi um telefonema indignado dele. O secretário de Estado Brian Kemp o havia desqualificado da corrida, alegando que ele não morava no distrito. Nossa equipe extraiu os mapas de distrito que estavam em uso na região desde o redistritamento de 2011 e usou programas de mapeamento por computador para verificar o que estava acontecendo. Por cinco anos, James Williams chamou o Distrito Legislativo 151 de casa, mas, quase que da noite para o dia, o conselho eleitoral do condado decidiu que seu endereço ficava fora dos limites, colocando-o no Distrito 154. Mas seu endereço não havia mudado. As linhas sim – quase como por mágica. Diante de um oponente popular e bem-organizado, o Partido Republicano decidira que, em vez de vencer a eleição de forma justa, eles redesenhariam as linhas distritais e o desqualificariam dessa forma. Essa tática de traçar linhas legislativas para beneficiar um partido normalmente acontecia a cada dez anos, mas, sob o secretário de Estado republicano que se tornaria governador, um "erro" de cinco anos foi consertado da noite para o dia, e Williams estava fora do jogo. Apesar da ação legal agressiva, o *gerrymandering* venceu.

O termo *gerrymandering* passou a se referir ao desenho de distritos legislativos em formas e configurações que dão a um partido ou a uma pessoa uma vantagem injusta nas eleições. A prática, que vai contra os objetivos constitucionais dos Estados Unidos de representação justa, ganhou seu nome a partir das maquinações de alguns legisladores de Massachusetts, quando, em 1812, o governador Elbridge Gerry assinou um projeto de lei que traçava limites distritais para o Estado. Um distrito hiperpartidário na área de Boston assumiu a forma de uma salamandra [*salamander*, em inglês] e, portanto, a aglutinação *gerrymander* nasceu, e com ela vieram denúncias da imprensa da época e do próprio governador.

Nos últimos 200 anos, os dois principais partidos políticos alavancaram o desenho de mapas do Congresso para privilegiar os titulares e seus partidos. No entanto, em 2011, a questão do *gerrymandering* chamou a atenção nacional. As eleições de 2010 transferiram o controle do Congresso para os republicanos. Os eleitores também concederam ao Partido Republicano o controle das legislaturas estaduais e do governo de mais de 30 Estados. Em Michigan, Ohio e Wisconsin, a varredura republicana deu ao Partido Republicano um poder sem precedentes para redesenhar as linhas políticas com base no resultado do censo de 2010. Na maioria dos Estados, o redistritamento ocorre no mesmo ano em que o censo divulga seus dados, geralmente em fevereiro do ano seguinte à contagem. Estado após Estado, o Partido Republicano não apenas consolidou suas vitórias eleitorais em 2010, como também garantiu que pouca coisa mudaria na próxima década e além dela, traçando linhas políticas para se manter no poder.

O cientista político e estatístico dr. Simon Jackman explica o problema que está realmente no cerne do *gerrymandering*:

ele cria votos perdidos. "Votos perdidos são votos para um partido além do que o partido precisava para ganhar determinado distrito, ou votos depositados para um partido em distritos que o partido não ganha. As diferenças nas taxas de votos perdidos entre os partidos políticos medem a extensão do *gerrymandering* partidário."[12] Tradução: o *gerrymandering* intencionalmente aumenta o número de pessoas em um distrito que *não têm voz* na maneira como são governadas.

Em Michigan, as corridas estaduais para a Câmara de 2016 demonstraram o efeito de *gerrymanders* extremos. Os eleitores se dividiram quase igualmente entre os candidatos republicanos e democratas. No entanto, o Partido Republicano emergiu com 57% dos assentos. Por conta do modo como os mapas são desenhados em Michigan, os candidatos democratas receberam a maioria dos votos em geral, mas foram seus distritos, e não a vontade dos eleitores de Michigan, que decidiram a representação legislativa em geral. Como resultado, os democratas conquistaram apenas 44% das cadeiras na Câmara e 31% das cadeiras no Senado – um resultado desequilibrado. Para a delegação da Câmara dos Representantes dos EUA, a incompatibilidade era de 35%. Em todo o país, de 2012 a 2016, o Partido Republicano ganhou uma média de 19 assentos adicionais na Câmara dos Representantes por causa de distritos que sofreram *gerrymandering*.

Estados decisivos como Michigan, Carolina do Norte, Pensilvânia e Wisconsin viram suas eleições estaduais ficarem mais competitivas, mas as linhas legislativas favorecem desproporcionalmente o Partido Republicano. Em quase todos os Estados do país, uma versão perversa desse descompasso entre a população e o poder de voto ocorre quando os encarcerados são contabilizados em um processo conhecido como *gerrymandering* prisional. Em todos os Estados, exceto em seis, os residentes encarcerados são contados não em seus bairros de origem, mas na instituição penal. Isso significa que suas comunidades não têm acesso aos ganhos fiscais inesperados que poderiam advir de sua inclusão na contagem da área e nenhum recurso retorna para suas cidades natais. Desde o início do censo, a prática tem sido essa. Segundo a argumentação, os presos devem ser contados nos leitos da prisão onde dormem, não nas casas onde viviam antes. No entanto, a consequência dessa decisão é que as comunidades de onde muitas dessas pessoas saem e que muitas vezes estão lutando para sobreviver, sem recursos e desesperadas, nunca se beneficiam dos investimentos que poderiam ajudar a deter o crime e a pobreza.

Além disso, como apenas Maine e Vermont permitem que os encarcerados votem, os prisioneiros de qualquer outro Estado não têm voz política. Para ser mais detalhista nesse sentido, o encarceramento em massa nos EUA fez com que milhares de corpos negros e latinos de áreas de tendência democrática fossem contados em comunidades brancas rurais que são tipicamente republicanas, onde a maioria dos centros penais está localizada. Em um artigo sobre *gerrymandering* prisional, Hansi Lo Wang relatou sobre um distrito em Wisconsin onde um vereador representava um distrito em que 61% da população estava encarcerada em uma prisão local. Apesar de abrigar mais da metade de seus constituintes, o vereador nunca visitou a prisão. Segundo a história, quando lhe perguntaram se queria saber quantas pessoas estavam na prisão que representava, o vereador respondeu: "Não tenho nada a comentar".[13]

Desde 2010, vários Estados começaram a lidar com a iniquidade inerente ao sistema de *gerrymandering* penitenciário. Nevada e Washington aprovaram leis para exigir que suas populações carcerárias fossem alocadas em seus endereços anteriores ao encarceramento. Califórnia, Delaware,

Maryland e Nova York já o haviam feito. O Departamento de Censo fez uma espécie de plebiscito em 2016 e 99% dos entrevistados defenderam o fim do *gerrymandering* prisional. Entra – mais uma vez – o sr. Thomas Hofeller, que foi veementemente contra um sistema mais justo. Ele observou: "Além disso, a remoção de presidiários de outros Estados foi permitida em três Estados no ciclo de redistritamento de 2010 (Delaware, Maryland e Nova York). Essa prática, muitas vezes chamada de 'ajuste de prisioneiro', também transfere a contagem de presidiários domésticos em prisões estaduais para o local onde viviam antes de serem encarcerados (prisioneiros que não eram de fora do Estado). Aliados democratas agora estão pressionando o Departamento de Censo para incluir essa prática no decênio de 2010. O ajuste dos prisioneiros é geralmente considerado favorável aos democratas".[14]

As revelações de Stephanie Hofeller sobre o trabalho do pai acenderam grupos como o Comitê Nacional de Redistritamento Democrático, liderado pelo ex-procurador-geral dos Estados Unidos Eric Holder, e outros grupos que entendem como Hofeller e o Partido Republicano exploraram as consequências de sua manipulação do processo. Mas o próximo passo no ataque deles é impulsionar o redistritamento da População Cidadã em Idade de Votação (CVAP), que recomenda que, em vez de contar todas as pessoas em cada Estado, as legislaturas deveriam contar apenas aquelas com direito a voto. Por lei federal, os distritos eleitorais devem ser sorteados com base na população real do Estado, e cada distrito é projetado com base em um número justo de pessoas presentes. Em 2016, o Supremo Tribunal rejeitou uma tentativa de traçar esses limites com base apenas no número de cidadãos adultos em idade de votar, mas, se a Suprema Corte tivesse concordado, a representação federal não incluiria mais residentes legais, não documentados ou crianças. No entanto, a decisão do tribunal deixou a porta aberta para os Estados traçarem linhas legislativas que excluem intencionalmente essas populações não adultas ou não cidadãs.

Em Estados como Texas e Flórida, o efeito sobre a representação política mudaria o poder drasticamente. Distritos com grandes populações de latinos compostas por uma mistura de cidadãos, portadores de *green card*, migrantes sem documentos e crianças incluiriam apenas os cidadãos em seus cálculos. Por exemplo, um distrito com 1.000 pessoas, onde 700 são latinas e 300 são brancas, provavelmente elegerá um representante latino. Mas, de acordo com a CVAP, se metade da população latina é residente ou sem documentos e outro quarto é de crianças, então os eleitores brancos seriam a maioria (263 eleitores latinos para 300 eleitores brancos). Multiplique esse exemplo por milhares, e o efeito será cristalino. Para enfatizar seu ponto, Hofeller escreveu um estudo que explicava a utilidade da abordagem para aumentar os ganhos republicanos em vagas legislativas ao diminuir a participação dos latinos devido à reformulação de distritos efetivos. Mas ele fez uma pergunta que deve assombrar os proponentes da CVAP: "Será que o ganho da força de voto do Partido Republicano valeria a alienação dos eleitores latinos, que perceberão uma mudança para a CVAP como uma tentativa de diminuir sua força de voto?". Ele ignora sua própria consulta, afirmando: "Isso, no entanto, não é o assunto deste estudo".

O *gerrymandering* partidário foi apoiado pela Suprema Corte em 2019, o que permitirá que os políticos escolham seus eleitores em vez de proteger o direito dos cidadãos de escolher seus líderes. E há o *gerrymandering* racial – o desenho dos distritos para "agrupar" comunidades não brancas ou "dividi-las" em pequenos grupos insignificantes demais para afetar as eleições, conforme explicam os especialistas em redistritamento. No momento, a única proteção está na Seção 2 da Lei dos Direitos de Voto, que os republicanos também estão contestando. Mas até que a Suprema Corte retire essa última proteção, a raça não pode ser usada para diminuir o poder de voto das comunidades minoritárias. No entanto, apenas uma contagem precisa do censo pode fornecer as evidências necessárias para contestar um mapa racialmente discriminatório no tribunal. Hofeller e sua turma deram aos republicanos as ferramentas para manipular os mapas em 2010, e, como resultado, a composição dos tribunais, a legislatura e todos os níveis de governo foram afetados. O que eles sabem – e aquilo contra o qual devemos nos proteger – é uma subcontagem de pessoas não brancas. Como os moradores que queriam um parque para os filhos, a invisibilidade rouba o poder das comunidades. Se as pessoas não brancas forem contadas a menos, isso resultará em *gerrymanderings* raciais onde as vítimas não têm provas porque não foram vistas.

As consequências do *gerrymandering* vão muito além de uma única eleição ou dos sucessos eleitorais de um partido. Na Geórgia, um mapa fraudado levou a uma recusa contínua de expandir o Medicaid e fornecer cobertura de saúde a quase 500 mil georgianos. Em Michigan, a crise de água de Flint, onde o chumbo envenenou os residentes da cidade, surgiu depois que uma legislatura controlada pelo Partido Republicano deu ao governador o direito de remover autoridades locais devidamente eleitas e substituí-las por seus supervisores escolhidos a dedo. A Carolina do Norte perdeu bilhões de dólares quando a legislatura estadual hiperpartidária aprovou um projeto de lei que proíbe as leis de banheiro para transgêneros. Wisconsin cortou a proteção aos sindicatos, apesar de sua longa história como Estado amigável em relação aos trabalhadores. Quando os eleitores não estão representados em seus distritos, e quando os representantes eleitos se sentem confortáveis em ignorar a vontade de seus cidadãos, o processo é interrompido.

Mas existem soluções. Nove Estados determinam uma comissão independente de redistritamento para definir os limites dos distritos congressionais e/ou legislativos. Essa prática cria uma medida de distância entre os políticos e sua capacidade de ditar os contornos de seus domínios. O H. R. 1 começa o processo reunindo comissões independentes nacionalmente. No entanto, independência não significa melhores práticas. Os padrões básicos para distritos justos incluem olhar para: compactação (não criar distritos extensos e de formato estranho para atrair eleitores favorecidos); contiguidade (manter cidades ou condados intactos e não dividir bairros nem universidades); população igual (todos os distritos têm o mesmo número de pessoas); preservação das comunidades políticas existentes; justiça partidária (se na eleição anterior um Estado votar em 55%-45% para os democratas ou 65%-35% para os republicanos, os cartógrafos incluem isso em suas determinações de distritos para manter as proporções o mais precisas possível); e justiça racial (nenhuma divisão de distritos raciais para dividir as minorias raciais em várias áreas legislativas, diluindo assim sua capacidade de reunir seus votos; nada de agrupar as minorias em menos distritos para forçá-las a ter menos poder, reduzindo sua presença em outras áreas competitivas; e nada de espalhar comunidades raciais entre distritos múltiplos).

Fim do colégio eleitoral

Eu abomino o Colégio Eleitoral e não estou sozinha. Muitos candidatos democratas à indicação presidencial já pediram sua abolição;[15] editoriais do *Washington Post* e artigos na *Atlantic* criticaram suas origens[16] e seu propósito atual.[17]

O processo é um *gerrymandering* antiquado, racista e classista das eleições do país. Proposto como um compromisso entre o Sul escravista e o Norte classista, o Colégio Eleitoral há muito tempo desviou as eleições do engajamento ativo da nação. Na época de sua concepção, em 1787, o Norte e o Sul tinham populações aproximadamente iguais, mas no Norte mais habitantes da nação tinham direito a voto. Os legisladores do Sul queriam contar os corpos dos escravos para o poder político, mas se recusavam a reconhecer sua humanidade ou conceder-lhes sufrágio. No Norte, os líderes se perguntavam se os imigrantes e os sem estudos deveriam ter voz na escolha do chefe do Executivo do país. Imitando o que havia se tornado o compromisso de três quintos para o tratamento de negros mantidos como escravos, o Colégio Eleitoral ofereceu ao Sul uma versão do que havia sido entregue para cadeiras parlamentares: o benefício de uma população que entra na contagem sem a necessidade de conceder liberdade aos escravizados.

Hoje, o uso do Colégio Eleitoral continua a minar drasticamente os resultados das eleições. Nos últimos 20 anos, dois presidentes foram eleitos apesar de terem perdido o voto popular: George W. Bush e Donald J. Trump. Para os negros no Sul, a terrível distorção das intenções do eleitor continua, e em áreas onde os negros representam 25% da população cinco dos seis Estados votaram contra a vontade dos eleitores negros com tendência democrata nas últimas eleições. Esses eleitores não têm chance de agregar sua vontade a eleitores com ideias semelhantes nos 50 Estados, porque os votos contam apenas para o Estado em que vivem. Assim, embora 80% a 90% dos eleitores negros tendam a votar nos democratas, até que todos se mudem para o mesmo Estado, seus votos serão abafados nos Estados republicanos e amplificados nos democratas.

Para 75% do país, os candidatos ao cargo mais importante da nação não se preocupam em aparecer e fazer campanha, estreitando seu discurso e suas obrigações para com os Estados considerados relevantes para o próximo ciclo de quatro anos. De acordo com a campanha do Voto Popular Nacional, que tenta desfazer o Colégio Eleitoral, as estatísticas mostram que poucos de nós chegam a participar do processo. Quase 70% de todos os eventos da campanha eleitoral geral na corrida presidencial de 2016 ocorreram em seis Estados, e 94% ocorreram em 12 Estados. O Colégio Eleitoral não foi projetado para proteger os pequenos Estados contra a tirania dos grandes – nem em seu início, nem hoje. Em vez disso, serviu para proteger os proprietários de escravos de uma perda de poder na época e para tirar vantagem de um pequeno círculo de Estados considerados hoje competitivos.

Durante meu tempo na legislatura, eu copatrocinei um projeto de lei para incluir o Estado da Geórgia no Pacto Interestadual pelo Voto Popular. O pacto tenta fazer, por meio da legislação estadual, o que, de outra forma, exigiria uma emenda constitucional federal. Segundo o sistema, cada Estado concorda que todos os seus votos eleitorais serão atribuídos ao vencedor do voto popular, mas o pacto só entra em vigor quando um número suficiente de Estados – compreendendo a maioria dos votos eleitorais – concordar. Como a Geórgia é um dos Estados há muito ignorados pelas disputas presidenciais, meu copatrocinador republicano e eu passamos o projeto de lei com sucesso na Câmara por votação bipartidária, mas o projeto morreu no Senado estadual. Mais tarde naquele ano, Donald Trump ganhou a votação do Colégio Eleitoral enquanto perdia o voto popular por mais de 3 milhões de votos expressos.

Emendar a Constituição dos Estados Unidos é a maneira mais limpa de eliminar o sistema antiquado que recentemente permitiu que dois presidentes assumissem o cargo contra a vontade expressa do povo. Os eleitores podem fazer lobby com seus representantes para que apresentem uma emenda constitucional e a aprovem, mas isso é improvável dada a composição do Congresso. As regras exigem uma votação de dois terços na Câmara e no Senado, o que é um grande obstáculo. Uma maioria de dois terços dos Estados até pode votar em uma convenção constitucional, mas, se isso acontecesse, toda a constituição estaria aberta a emendas. Proponho que o Congresso autorize o Pacto Interestadual pelo Voto Popular, resolvendo quaisquer dúvidas sobre se seria constitucional. Mais importante, um sinal federal do Congresso pode acelerar a aprovação por Estados que hesitaram em concordar. Ao fazer isso, os eleitores finalmente terão a capacidade de votar diretamente para presidente, sem esperar que o resto do Estado concorde.

Thomas Hofeller, ao longo de toda a sua carreira, liderou um ataque furtivo aos direitos de voto, ao financiamento federal para comunidades e à representação política. Mas ele o fez a pedido de um aparato do Partido Republicano que semeava sua visão em governos estaduais e locais, usando a teoria de que manter a hegemonia para os eleitores brancos é o caminho mais claro para o poder. Os métodos que prescreve causam estragos em nossa democracia, e quem mais sofre são nossas comunidades mais vulneráveis. Ele visa explicitamente raça e etnia, mas classe e marginalização também estão interligadas. Como resultado, quando os republicanos seguem sua estratégia ou criam suas próprias versões, as pessoas não brancas e os desfavorecidos vivenciam a intimidação e a privação de direitos de várias maneiras. Isso deixa pouca confiança em um sistema democrático que não foi construído para servir a eles ou contá-los desde o início. Para consertar essas fissuras, os defensores da democracia devem dobrar as apostas na participação. Esta será uma tarefa enorme e assustadora, sobretudo quando aqueles que devem participar geralmente são aqueles que foram visados, silenciados e, em alguns casos, apagados.

    Se grupos progressistas e defensores manejarem o censo dos EUA com eficácia, ele pode se tornar a ferramenta mais resistente disponível para esse projeto, dada sua previsibilidade, impacto e alcance. O censo ocorre a cada dez anos, sem falta. Em vez de reagirmos ao mais novo ataque ou passarmos o ano anterior à contagem implorando para que as pessoas participem, nunca devemos interromper o trabalho de engajamento do censo. Os progressistas que desejam um envolvimento mais profundo podem usar a divulgação do censo para construir conexões de longo prazo dentro das comunidades marginalizadas. Em vez de tratar o censo como uma atividade que ocorre uma vez por década, devemos usar a educação e o voto para conectar diretamente o censo às questões que importam.

    Isso não quer dizer que filantropos, ativistas e organizações não devam se planejar para o censo. A precisão cirúrgica de Hofeller mostra como o esforço sustentado da direita usou o censo para dividir comunidades, bloquear o acesso e mudar o cenário político. Para que nosso poder seja real, nosso lado do argumento deve desenvolver uma infraestrutura forte, contínua, filantrópica e de pesquisa para equipar nosso lado com as maneiras como o censo afeta a vida diária de todos.

    Um treinador do censo contou a história de uma comunidade rural localizada no meio de um deserto alimentar. O supermercado mais próximo ficava a quilômetros de distância, e a área não tinha transporte público. Durante anos, a comunidade tentou atrair uma franquia nacional, mas ninguém mordeu a isca. A rejeição era sempre a mesma – não há clientes em potencial suficientes para garantir o investimento. Em seguida, uma pesquisa do censo mostrou a contagem mais precisa na história da comunidade, que os líderes da cidade poderiam usar para provar a viabilidade da empresa. Vendo uma forma de lucrar, a cadeia nacional concordou em instalar ali uma nova loja, e as famílias finalmente puderam comprar produtos frescos e opções saudáveis.

Nossas redes de contato devem coletar histórias, compartilhar anedotas e manter nossas populações-alvo informadas quando ocorrerem mudanças por causa do censo e, mais urgentemente, quando o poder for perdido porque o censo foi usado contra elas. Caso contrário, em 2030, nos encontraremos mais uma vez tentando recuperar o atraso, apesar de uma vantagem inicial de dez anos.

Da mesma forma, os grupos podem aproveitar o redistritamento como um processo que ocorre imediatamente após o censo. Mas os eleitores também precisam ser alertados de que os Estados e municípios praticam o redistritamento o ano todo, sem a atenção ou defesa que é necessária para impedir os resultados ruins. Isso significa ter uma discussão mais ampla sobre onde o redistritamento opera: não apenas nas cadeiras do Congresso, mas nos legislativos estaduais, no governo municipal e nas diretorias de ensino. A falta de representação em cada um desses níveis agrava as patologias e as dificuldades que os grupos passam a década seguinte inteira tentando resolver.

Esforços que analisam e potencializam totalmente as interseções entre censo, redistritamento e educação/mobilização geral dos eleitores não existem em um nível abrangente – quando na verdade é uma combinação natural trabalhar com esses três principais pilares da democracia. Para consertar nossa democracia do lado daqueles que precisam desesperadamente de acesso, devemos desenvolver e expandir o conhecimento e a participação dos eleitores por meio do censo e dos esforços de redistritamento, particularmente nas comunidades difíceis de contar. Grupos como o Black Leadership Roundtable, que reúne dezenas de organizações para lidar com o censo, podem servir como um convocador permanente desse projeto. O censo ocorre a cada dez anos, mas devemos nos concentrar na educação e no engajamento durante os nove anos entre cada contagem. As comunidades podem ser mobilizadas anualmente em torno da coleta de dados do censo no que se refere ao orçamento do ano fiscal em suas cidades, e, durante o redistritamento e depois, podemos conectar o censo decenal à importância das eleições locais sempre que ocorrerem.

Embora as disputas nacionais e estaduais sejam regularmente enfatizadas, as eleições para prefeito, representantes de condado, membros da diretoria de ensino, legislativo estadual e assim por diante não recebem os recursos ou a atenção de votos de alto nível. Mais importante, os eleitores raramente recebem as ferramentas para responsabilizar seus governos na mesma capacidade. De esforços de longo prazo para subfinanciar as necessidades da comunidade, passando por processos orçamentários complexos, até iniciativas eleitorais injustas e aumentos nas taxas de serviços públicos, as comunidades merecem compreender de forma mais profunda o poder de seus governantes eleitos. Muitas vezes, essa parte do trabalho começa tarde demais, com organizadores de outras áreas caindo de paraquedas a fim de garantir votos e saindo logo depois, sem dar seguimento e sem exigir seguimento. No entanto, com um envolvimento sustentado de longo prazo, usando o censo como um instrumento e um catalisador para o empoderamento da comunidade, os guerreiros da democracia podem garantir que os esforços de organização nunca cessem, podem remodelar o cenário político e, em última análise, podem garantir o poder para as comunidades vulneráveis. Hofeller e sua tropa podem ter transformado o censo em uma arma, mas podemos usá-lo para vencer a guerra.

8
O manual de estratégias

O Centro de Convenções Dalton, no condado de Whitfield, fica na Dug Gap Battle Road, que recebeu esse nome em homenagem a uma série de escaramuças militares durante a Guerra Civil que ocorreu nesse canto noroeste da Geórgia. Whitfield, assim como os condados de Dade, Walker e Catoosa, é majoritariamente branco e extremamente conservador – Donald Trump conquistou 70% dos votos aqui em 2016.

Minha ida ao centro de convenções em agosto de 2018 foi a última parada em uma visita de um dia inteiro à área, e aquela não era minha primeira visita a Dalton. Eu já havia percorrido aquele trajeto de mais de 140 quilômetros várias vezes antes de concorrer a governadora, geralmente sozinha, sempre a convite de pequenos grupos de democratas que sabiam que estavam em menor número. Naquela época, sentava-me em locais minúsculos com 15 a 30 democratas Yellow Dog (uma expressão sulista para obstinados que votariam em um cachorro amarelo antes de votar em um republicano). Na disputa pelo governo do Estado, eu sabia que uma viagem ao reduto republicano era um gesto simbólico para alguns. De jeito nenhum um democrata progressista faria a região virar para a esquerda. Mas esse não era meu objetivo. Para reunir a vitória em toda a Geórgia, eu não precisava vencer em todos os condados, mas sim solicitar o máximo de votos possível de todos os lugares imagináveis, especialmente aqui. Naquela noite, conversei com as centenas de pessoas reunidas no espaço de encontro e, como fizera durante toda a campanha, apresentei um pouco da minha biografia antes de falar sobre os motivos pelos quais estava concorrendo. No noroeste da Geórgia, candidatos confiáveis de qualquer um dos partidos geralmente evitavam menções a armas, aborto e política de imigração. Mas eu viera para o norte com uma missão diferente.

Antes de chegar à prefeitura, havia passado um tempo com um grupo menor no Miller Brothers Rib Shack, um restaurante de proprietários negros, como fizera em viagens anteriores. A cada vez, sorria ao ver a facilidade com que clientes negros, brancos e latinos se misturavam no restaurante aconchegante, unidos pelo amor pela boa comida e pela vontade de me ouvir. Os frequentadores faziam questão de me dizer o quanto adoravam o proprietário e sua esposa, e eu concordava. A cada visita, cumprimentavam-me calorosamente e enchiam minha equipe com potes transbordantes de comida para carregar de volta para Atlanta.

Na visita desse dia, os eleitores me cobriram de perguntas sobre o fracasso do Estado em expandir o Medicaid, entre outras preocupações. Uma jovem família negra que tinha um filho com uma doença crônica levantou a questão e, embora pudessem cuidar dela, preocupavam-se com os outros sem meios. Uma mulher negra mais velha me lembrou dos fechamentos de hospitais que aconteciam na área, e expressou ceticismo de que eu pudesse convencer uma legislatura conservadora de maioria branca a mudar o curso. Um pastor branco me perguntou se eu continuaria os esforços de reforma da justiça criminal do atual governador, que estava trabalhando para ajudar um número crescente de ex-infratores brancos que tinham sido arrastados pela epidemia de metanfetamina e percebiam que era quase impossível retornar à vida de antes. Um pastor negro expressou suas preocupações, lembrando as pessoas do que acontecera quando o crack era o flagelo da época. Contei a eles sobre os problemas médicos e as dívidas de meus pais, sobre a experiência do meu irmão com o encarceramento e o vício em drogas. Eles já tinham visto meus comerciais e ouvido meus discursos, e assegurei-lhes de que tinha um plano para suas preocupações. Mas ouvi a repetição porque entendia o objetivo: eles não queriam obter uma solução minha, mas me lembrar de minha promessa de não esquecer o que havia dito.

Depois de comer rapidamente algumas garfadas de macarrão com queijo, minha equipe me levou para o outro lado da cidade para visitar a Love Empanadas, uma taqueria de propriedade de um empresário latino. O piso de linóleo e as paredes brancas contrastavam fortemente com os painéis de madeira, mas a camaradagem interna era familiar. Mais uma vez, os clientes refletiam a diversidade inesperada de Dalton, e a comida tinha uma merecida reputação de ser deliciosa. Mordisquei uma empanada enquanto uma candidata ao conselho escolar do condado de Whitfield fazia sua apresentação. Ela seria a primeira latina a servir no conselho e já fora uma imigrante sem documentos. A questão da documentação tornou-se um tema recorrente naquela tarde porque a indústria de tapetes e as fábricas de processamento de frango da região atraíram trabalhadores agrícolas migrantes e outros para seus empregos.

A explosão de residentes latinos em toda a Geórgia havia ocorrido nas décadas anteriores, e agora eles correspondiam a quase 10% da população do Estado. De 2000 a 2010, a população latina havia crescido quase 96%, transformando um Estado que há muito tempo apenas se via em termos de preto e branco. Logo chegou a minha vez perto das caixas de som improvisadas, e respondi a perguntas sobre invasões do Departamento de Imigração, que haviam deixado muitos residentes nervosos. Na era Trump, o Departamento de Imigração se tornara mais agressivo quanto à remoção imediata de pessoas sem documentos, às vezes deixando crianças nascidas nos Estados Unidos sem pais ou refúgio. Uma *dreamer* – uma jovem trazida para os Estados Unidos sem documentação – perguntou-me sobre seu futuro após o ensino médio. Ela havia se inscrito em faculdades estaduais, mas as regras da Geórgia a proibiam de ser aceita nas universidades principais, apesar de suas qualificações. Outras escolas estaduais eram obrigadas a cobrar mensalidades para quem vinha de fora do Estado, a custos que poderiam ser quase quatro vezes mais altos.

Os cuidados de saúde também surgiram como uma preocupação constante. A fisicalidade do trabalho na manufatura, em uma fábrica de tapetes ou uma indústria de processamento, significava que acidentes aconteciam. Mas, sem a expansão do Medicaid, os trabalhadores que ganhavam até mesmo um salário mínimo eram pobres demais para se qualificarem ao Obamacare e ricos demais para obter a cobertura do Medicaid da Geórgia. Inevitavelmente, a conversa voltou à imigração. Compartilhei meu trabalho na capital do Estado, onde, no início da minha carreira, ajudei a bloquear uma emenda constitucional exclusivamente em inglês. A mudança aparentemente benigna proibiria que qualquer correspondência oficial do governo fosse impressa em outro idioma. Quase na hora de sua aprovação, tomei a palavra na legislatura para explicar que os professores não poderiam mais mandar mensagens para os pais em espanhol. Funcionários de saúde pública seriam proibidos de se comunicar com seus pacientes em coreano. Os promotores estaduais não poderiam traduzir ofertas para empresas em potencial em sua língua nativa. Nós derrotamos o projeto de lei, mas novas versões de sentimento anti-imigrante surgiam o tempo todo. Consegui mudanças nas leis draconianas do Estado sobre busca e apreensão de não cidadãos e tinha prometido nomear membros para o conselho estadual de regentes que levantariam a proibição dos *dreamers* em nossas faculdades.

No meu evento às 18 horas, eu havia respondido a dezenas de perguntas, cada uma sondando a sinceridade de minhas intenções. E mais: entendi que os eleitores queriam ter uma noção da minha capacidade de suportar os rigores de uma longa campanha ou de um período ainda mais longo como governadora. Se eu fosse eleita governadora, a legislatura estadual permaneceria tão solidamente republicana quanto o condado de Whitfield. Eles precisavam acreditar que eu estava à altura da tarefa de lutar por eles contra todas as probabilidades. Depois de meu discurso inicial com a multidão noturna reunida, a sessão de perguntas e respostas girou em torno de temas semelhantes, sobre emprego, salário digno, saúde, educação e meio ambiente – perguntas às quais eu havia respondido várias vezes em todo o Estado, adaptando minha resposta à região, mas sem hesitar em minhas falas, fossem elas sobre educação infantil, remuneração igualitária para professores ou investimento a empreendedores locais isolados de um sistema financeiro que não assumia riscos. Então, uma mulher branca mais velha se levantou na parte de trás e acenou para chamar minha atenção. Quando a deixei falar, ela não perguntou como eu lidaria com a complexidade da política no Capitólio ou se tinha planos de diversificar a economia regional. Em vez disso, ela perguntou sobre minha posição a respeito da Montanha de Pedra, o enorme baixo-relevo dos generais confederados comissionado pelos mesmos homens que haviam retomado a KKK (Ku Klux Klan) na Geórgia. Especificamente, ela queria que eu justificasse meus comentários de um ano antes sobre a remoção das esculturas.

A sala já estava lotada antes de eu chegar, e os repórteres se espalhavam por todo canto. A reação à sua pergunta foi mista, mas o foco em mim aumentou. Para muitos, eu era uma curiosidade, não apenas porque era uma mulher negra em busca do mais alto cargo no Estado, mas porque era uma democrata em busca de seus votos. Em uma eleição geral contra um oponente que certamente ganharia na região, minha visita pareceu a muitos uma missão tola. A política democrática tradicional considerava que eu (1) não iria tão ao norte em uma eleição geral apertada e (2) me esquivaria em minha resposta a ela. Eu já havia quebrado a primeira regra vindo para o noroeste da Geórgia, apesar de ter poucas chances de ganhar mais votos do que aqueles que me precederam. O topo da chapa para os democratas em 2014 recebeu cerca de 3.800 votos. E, nesse ponto da campanha, o tempo era mais bem gasto para aumentar a pontuação em lugares mais seguros. Mas eu tinha plantado uma bandeira aqui. Responder a uma pergunta sobre a Confederação era ainda mais temerário do que investir tempo de campanha. Tínhamos nos reunido à sombra de uma batalha da Guerra Civil, mas eu tinha toda a intenção de responder a uma pergunta que poderia desfazer a boa vontade que acumulara.

Pacientemente, expliquei minha profunda animosidade em relação às esculturas dos generais confederados. Os homens glorificados nas gravuras haviam lutado para manter os negros como escravos e estavam dispostos a aterrorizar uma nação para atingir seus objetivos. Eu tinha crescido em uma cidade onde visitar a última casa do presidente da

Confederação era um rito de passagem para alguns, embora significasse turistas andando em barracos onde homens e mulheres negros escravizados haviam vivido na miséria e no horror. Ainda assim, expliquei, embora desprezasse aquele monumento à maldade, sua remoção não estava no topo da minha lista de afazeres. Eu não tinha feito campanha sobre o assunto, mas me recusei a medir as palavras quando a pergunta foi feita a mim depois da trágica morte em Charlottesville, Virgínia. Minhas crenças e minha biografia não podiam mudar por causa da controvérsia. Qualquer pessoa que quisesse que eu fizesse isso não deveria querer que eu fosse a próxima governadora da Geórgia.

Comecei minha campanha com o objetivo de centralizar as comunidades não brancas, falando abertamente sobre as preocupações dos marginalizados e desfavorecidos e assumindo posições claras sobre questões que causam divisão, desde segurança de armas até direitos de aborto e política tributária. No entanto, a consequência de nossa abordagem foi tão radical quanto a primeira: que nossa campanha tinha que alcançar os eleitores brancos – e não apenas aqueles que compartilhavam valores progressistas, mas aqueles desiludidos com os resultados da ortodoxia republicana ou independentes em busca de clareza e consistência. Nossas várias visitas ao condado de Whitfield trabalharam para construir um novo eleitorado que desafiava as práticas anteriores. Viajei por todos os 159 condados do Estado, investi em todos os grupos demográficos e contei a mesma história para cada comunidade. Não ganhei o condado de Whitfield, mas quase dobrei o total de votos para os democratas. Alcançamos uma participação de nível presidencial em uma eleição de meio de mandato com o apoio de diversas comunidades não brancas em nosso Estado, bem como o mais alto nível de apoio branco a um democrata em uma geração.

No processo, também alteramos a dinâmica familiar de os democratas ficarem em casa durante as eleições de meio de mandato. Os candidatos presidenciais impulsionam todas as disputas durante seu ciclo. Bilhões de dólares são gastos para lembrar os americanos sobre a importância da presidência. Milhões comparecem às urnas e, enquanto escolhem o presidente, a maioria também vota nas demais disputas. Mas 2018 quebrou o padrão. O comparecimento recorde ocorreu em todo o país para eleger governadores, legisladores estaduais e candidatos a cargos federais. A mudança nacional ocorreu em parte devido a um surto de interesse na política estadual e local causado pela maior demanda dos constituintes.

Os legisladores estaduais têm mais impacto na vida cotidiana dos eleitores não brancos e dos marginalizados do que o Congresso jamais terá. Assim como estabelecem a lei que supervisiona o direito de voto, eles também determinam a justiça criminal, o acesso à saúde, a política de habitação, a igualdade educacional e o transporte. Os governadores definem orçamentos, assinam contas e implementam essas ideias. Os secretários de Estado atuam como superintendentes da lei eleitoral, mas em muitos Estados eles também administram o acesso a pequenas empresas e uma série de tarefas administrativas invisíveis para os cidadãos até que as políticas deem errado. Os procuradores-gerais atuam como o principal braço de aplicação da lei do Estado, determinando questões estaduais que podem ter impacto local. O ano de 2018 trouxe novo investimento nos eleitores que incluiu educação sobre as funções e responsabilidades desses cargos e, em todos os Estados, candidatos e defensores usaram táticas eleitorais que encorajaram os eleitores a irem às urnas e votar em cada corrida, instando-os a comparecer às eleições mesmo quando a presidência não estava em jogo.

O que conquistamos na Geórgia ocorreu apesar da supressão dos eleitores, mas nosso sucesso não foi novo nem singular. Em 2008, a campanha de Obama revolucionou as eleições com avanços tecnológicos até então nunca vistos, arrecadação de fundos sem precedentes e um candidato carismático e transformador. Em 2010, sem seu nome na cédula, o investimento democrata e a infraestrutura vacilaram, e os eleitores ficaram em casa. O segredo da vitória do presidente Obama continua sendo a chave fundamental (e tradicional) para vencer as eleições: organizar os eleitores e apresentá-los às urnas. Em nossa campanha, bem como em disputas em todo o país, a mudança no cenário de quem está concorrendo e de quem está votando não muda as noções básicas de como vencer. A fórmula para vencer é clara: (1) rejeitar os mitos de quem vota e por quê, (2) fazer um investimento inicial e sustentado no alcance de um grupo de eleitores expandido e (3) recrutar e apoiar candidatos que demonstrem crenças autênticas e consistentes. Vista em conjunto, essa abordagem vai melhorar o desempenho, se consolidar sobre o incrível apoio de 2018 e produzir sucessos eleitorais para 2020 e além.

Rejeite o mito do eleitor mágico

Qualquer um que assistiu às séries *The West Wing*, *Veep* ou quaisquer 15 minutos de noticiário da MSNBC durante o período de eleição já deve ter ouvido falar do eleitor indeciso altamente cobiçado. Essa criatura de poder raro e ilimitado espreita nas bordas dos sonhos dos consultores democratas, carregando o segredo para vitórias esmagadoras e permanentes. O eleitor indeciso aparece nas pesquisas frequentemente na categoria de indeciso ou "persuadível", um eleitor que aderirá à ideologia de qualquer um dos partidos, um eleitor que regularmente escolhe um candidato com base na qualidade da tática persuasiva da campanha, não no rótulo partidário ou no nome do candidato. O eleitor indeciso desafia as convenções porque a maioria dos eleitores, independentemente do partido a que juram fidelidade, tem um conjunto de preferências políticas: o que pensam sobre impostos, gastos com defesa ou o papel do governo na saúde pode mudar de tempos em tempos, mas normalmente dentro de um conjunto fixo de posições. Os eleitores indecisos se rebelam contra essas regras, cruzando o Rubicão para selecionar candidatos aos quais se opuseram uma vez. Os especialistas divinizam esses eleitores mais multifacetados, e as campanhas se organizam para conquistá-los.

Em nossa campanha de 2018, fomos aconselhados a nos concentrar nos eleitores indecisos, como já havia sido feito por todas as campanhas anteriores. Mas na Geórgia, como acontece nacionalmente, o universo de "eleitores indecisos" ou "eleitores persuadíveis", eleitores que votam regularmente, mas oscilam entre os partidos ou são apenas de tendências desconhecidas, é relativamente pequeno. Mesmo os eleitores que se consideram independentes irão rotineiramente votar no mesmo partido repetidas vezes, e, quando seus registros estão sob escrutínio minucioso, a realidade é que eles realmente não estão abertos à persuasão. Ainda assim, como queríamos vencer, nossa campanha calculou o número de eleitores indecisos disponíveis para nós na Geórgia, e o total foi de aproximadamente 150 mil eleitores dos quase 4 milhões que acabaram votando. Em uma eleição geralmente vencida ou perdida por 200 mil votos, a margem estreita nos forçou a pensar estrategicamente sobre como poderíamos cobrir a diferença em nossa disputa.

Eleitores indecisos existem, mas, na política moderna, angariar o apoio deles muitas vezes vem às custas de um grupo igualmente esquivo, mas importante: o eleitor *improvável*. Dependendo do cientista político que você esteja ouvindo, esses eleitores se enquadram em um espectro de comportamentos, por exemplo, não listado, inativo, não eleitor, esporádico, baixa propensão ou baixa pontuação. Basicamente, esses são os eleitores que demoraram para se registrar – ou foram adicionados automaticamente às listas, se tiveram sorte. Alguns, como os não listados ou os não votantes, têm a capacidade de votar, mas não se registraram ou foram eliminados. A maioria dos eleitores registrados já votou antes, normalmente em uma corrida presidencial. Eles raramente comparecem às primárias, e as eleições locais de meio de mandato ou fora do ano também não são comuns para eles. Com o tempo, à medida que as campanhas se tornaram mais sofisticadas, identificar esses eleitores ficou mais fácil. Então, passou a ser cada vez mais aceitável pular suas casas, remover seus endereços de correspondência e apagar seus números das listas de ligações automáticas. Durante o período eleitoral, esses eleitores em potencial enfrentam um silêncio ensurdecedor de candidatos e campanhas. Ninguém bate à porta deles para perguntar sobre suas necessidades ou para compartilhar políticas que possam resolver suas crises. Suas caixas de correio nunca ficam cheias de panfletos de campanha, e ninguém envia mensagens de texto aos telefones durante a hora do jantar para solicitar seu apoio. Suas redes sociais não são direcionadas a conteúdo digital para chamar sua atenção. Isso pode soar como o nirvana para os supereleitores que mal podem esperar pelos dias sem propaganda eleitoral, mas imagine se os líderes políticos o tratassem como se você não existisse. Ou como se não importasse.

Certa vez, participei de um painel com o estrategista político Cristóbal Alex. Ele contou a história de um bairro latino de baixa renda no Oeste que vivia sem ruas pavimentadas ou coleta regular de lixo. Eles pagavam impostos, como seus vizinhos mais ricos do condado, mas nunca conseguiam chamar a atenção do comissário do condado. Alguns moradores se organizaram e o confrontaram, exigindo saber por que ele nunca havia visitado o local nem respondido aos seus pedidos. Com um encolher de ombros, disse a eles que não precisava responder porque eles não haviam votado. Na época das eleições, enquanto o resto do condado gostasse dele, ele poderia manter sua cadeira independentemente do que fizesse na área. Sentindo-se humilhados e irritados com sua resposta, os líderes comunitários foram de porta em porta, compartilhando a notícia de uma próxima eleição e o desinteresse do comissário em exercício. As famílias se organizaram e votaram em massa pela primeira vez, expulsando o titular em troca de um oponente menos conhecido. No ano seguinte, suas ruas foram pavimentadas e a coleta regular de lixo agora é uma realidade.

Ao contrário dos eleitores indecisos, em quem não se pode confiar para votar no Candidato A em vez do Candidato B, os eleitores de baixa propensão são erroneamente considerados totalmente não confiáveis, e, quando engajados, podem transformar o cenário político. Mas sem histórias como a de Cristóbal ou eleições como a minha, os eleitores indecisos continuam sendo o padrão ouro, e a mitologia de quem vota torna-se o evangelho.

Em uma época de mudanças demográficas, o problema com essa abordagem de votação é que os eleitores de baixa propensão evitados pelos políticos compartilham características bastante comuns. Geralmente são pessoas não brancas, jovens ou mulheres solteiras, também conhecidos como Eleitorado Americano em Ascensão ou Nova Maioria Americana.[1] Os termos são usados alternadamente, mas referem-se à mesma tendência: mulheres solteiras, pessoas não brancas e jovens constituem a maioria dos cidadãos com direito a voto.[2] Desde 1997, a proporção de brancos não hispânicos como eleitores registrados caiu de 83% para 69%. Ao mesmo tempo, a combinação de eleitores negros, latinos e AAPI (além de nativos norte-americanos e pessoas que se identificam como outros) cresceu para constituir 28%.[3] Adicione a isso a tendência dos eleitores com menos de 30 anos de se identificarem como inclinados aos democratas (59%),[4] e de as mulheres solteiras tenderem a votar mais nos democratas do que nos republicanos, independente de raça, idade e educação.[5] Esses eleitores também são o ingrediente que faltava para o domínio eleitoral democrata.

Vamos começar com os não votantes. À medida que as campanhas democratas adotaram a tecnologia para eliminar esses malsucedidos, elas criaram o desafio concomitante do *não listado*. Em campanhas políticas, incluindo o tempo que as antecedeu e o período que se segue, partidos políticos, campanhas individuais, pesquisadores eleitorais e outros contam com a agregação de dados eleitorais das listas de eleitores e dados do consumidor. Em um estudo da Universidade Stanford de 2015,[6] pesquisadores descobriram que aproximadamente 11% dos adultos qualificados para votar em virtude da cidadania não estão listados nesses bancos de dados. De acordo com suas descobertas, 20% dos cidadãos adultos negros e 20% dos cidadãos adultos hispânicos não estão listados nesses arquivos usados regularmente. Em contraste, apenas 8% dos brancos são excluídos.

O perigo para os democratas é que esses eleitores não listados têm três vezes mais chances de compartilhar preferências políticas progressistas, já que tendem a ser mais jovens, mais democratas, mais flexíveis e menos ricos. Infelizmente, por não estarem nas listas de votação ou nas listas de consumidores, esses eleitores em potencial raramente ouvem falar das eleições na mesma proporção de seus homólogos registrados.

As empresas de entrega que enviam cartões-postais e cartazes para lembrar aos eleitores as posições dos candidatos nunca enviam nada disso para essas casas. As equipes Held com suas pranchetas e tablets pulam essas portas porque, sem dados, sem visita. Os telefonemas ansiosos no dia da eleição instando os eleitores a comparecer às urnas não alcançam suas linhas telefônicas, nem mesmo as perguntas dos pesquisadores em busca de sua opinião. A pesquisa de Stanford também mostrou que, se os eleitores não listados tivessem participado em taxas comparáveis às de seus pares registrados, esses eleitores teriam entregado as eleições de 2000 e 2004 aos candidatos presidenciais democratas. Sem falar no resultado de 2016. Os democratas causam um grande desserviço a si próprios e aos progressistas ao trocar eficácia por eficiência – ao pular grupos inteiros de eleitores em potencial, nós nos bloqueamos unilateralmente de vitórias. Os republicanos estão perdendo o jogo demográfico, então passaram a manipular o sistema. Mas os democratas estão perdendo as eleições ao se recusarem a alcançar todos os eleitores que poderiam igualar o placar ou inclinar a balança.

Os eleitores não listados são apenas uma categoria de potencial eleitoral que os democratas não ativaram totalmente. Outro grupo é referido como eleitores improváveis: aqueles que *conseguiram* figurar nas listas, mas ainda demonstram uma menor propensão para realmente votar no dia da eleição. Esses eleitores são esporádicos, pois só podem votar nas disputas presidenciais ou eleições gerais, mas não nas primárias e nunca nas eleições fora do ano. Ambos os partidos aprenderam a agregar dados sobre esses eleitores, incluindo informações sobre quando votam, como votam e que questões os movem. Com base nessas informações e em muitos pontos de dados adicionais, os eleitores recebem uma pontuação que avalia seu nível de partidarismo e de participação. Em ambos os lados da política partidária, consultores e engenheiros de dados desenvolveram modelos que se correlacionam com a probabilidade de um eleitor comparecer a uma eleição. Os supereleitores – aqueles que nunca perdem uma eleição para seu partido – têm uma pontuação em torno de 90. Eleitores improváveis com pouco histórico obtêm pontuações mais baixas, às vezes pairando um pouco acima da pontuação de um eleitor que é um supereleitor do outro lado.

Como as campanhas sempre precisam de dinheiro, a lógica do resultado é clara. Ao avaliar a probabilidade de resposta do eleitor antes de despejar recursos, um candidato pode aplicar seu dinheiro de forma mais eficaz. No entanto, como descobrimos na Geórgia, a eficiência dessa abordagem não foi confirmada após um exame mais minucioso. Sim, uma pontuação de participação pode ser um guia, mas as pontuações não revelam uma campanha *por que* um eleitor tem pontuação baixa. Se os eleitores simplesmente não souberem das campanhas ou enfrentarem a supressão do eleitor, serão tratados de forma idêntica aos eleitores que rotineiramente votam nos republicanos. Considere, novamente, o mapa eleitoral de 2018 da Geórgia. O Estado tinha cerca de 150 mil eleitores indecisos, pessoas que estavam no centro de um modelo de pontuação do partidarismo (e com alta probabilidade de votar) porque podiam pender para qualquer um dos lados. Em contraste, o número de eleitores improváveis com tendências democratas foi de 1,9 milhão – mais do que o suficiente para cobrir a diferença. Nossos eleitores improváveis eram predominantemente não brancos, incluindo 69% de afro-americanos. Por outro lado, os eleitores indecisos de ideologia eleitoral desconhecida eram predominantemente brancos. Nossa campanha foi encorajada por muitos a se concentrar nos eleitores indecisos e diminuir a ênfase nos eleitores improváveis, e fomos criticados por especialistas por desperdiçar recursos alcançando tanto pessoas não brancas quanto eleitores brancos.

Essa dinâmica racial – optando por ganhar eleitores brancos em vez de eleitores não brancos – não é exclusiva da Geórgia, e muitas vezes explica a devoção ao eleitor indeciso, excluindo outros caminhos viáveis. Os eleitores latinos são considerados o ingrediente que faltava nas eleições no sudoeste, mas colegas que dirigem essas campanhas reclamam amargamente das dificuldades para arrecadar fundos quando dizem aos apoiadores que aqueles são seus alvos.[7] Para a AAPI ou grupos de eleitores nativos norte-americanos, o desafio geralmente é fazer com que os candidatos democratas levem seus votos a sério.[8] Um mito das eleições é que os eleitores brancos são mais confiáveis do que os negros e que investir no indescritível eleitor branco é um dólar mais bem gasto do que o rendimento mais complexo, porém mais pesado, dos improváveis eleitores não brancos. Isso é central para a narrativa dos eleitores brancos rurais como sendo os salvadores perdidos do Partido Democrata.

De forma preocupante, desmascarar esse mito gera um segundo argumento, quase tão absurdo: que, para ganhar eleitores brancos, uma campanha não pode investir em eleitores não brancos. De fato, quando os políticos comemoram meu esforço em 2018, eles se concentram quase exclusivamente em como alcançamos uma alta participação sem precedentes dos diversos eleitores negros da Geórgia. Embora tenhamos conquistado essa façanha, a atenção da mídia a esses números levou a uma mentira de que abandonei os eleitores brancos, apesar de viagens a Dalton, por exemplo, ou de investimentos em campo e comunicação em todo o Estado. O que se segue é uma indicação de que perdemos eleitores brancos *porque* falei sobre eleitores não brancos e para estes. Os líderes políticos que abraçam esse binário reforçam os estereótipos de eras passadas. Sim, os eleitores brancos são predominantemente republicanos ou com inclinação republicana por uma variação de 52% a 39%, mas esses 39% continuam sendo uma parte vital de qualquer disputa eleitoral.[9] No entanto, os democratas fariam bem em lembrar que 86% dos eleitores negros e 64% dos eleitores latinos se identificam conosco.[10]

As suposições simplistas perdem de vista o objetivo de nosso grande experimento. Expandir o eleitorado da Geórgia entre os eleitores não brancos não exigia uma estratégia de soma zero, em que conversar com comunidades marginalizadas significava perder o apoio dos brancos. Nós nos saímos melhor com os dois grupos porque trabalhamos muito para alcançar a todos. Triplicamos a participação latina entre os democratas. Fizemos o mesmo entre os democratas da AAPI. Nossa campanha registrou aumento nas taxas de participação de jovens em 139%. Também dissipamos a mentira de que o voto negro havia atingido seu pico na Geórgia em uma eleição de meio de mandato. Em vez disso, aumentamos a participação dos negros em 40%. Resumindo, em 2014, 1,1 milhão de democratas votaram no candidato a governador, mas, em 2018, quatro anos depois, 1,2 milhão de democratas negros votaram em mim. Ao mesmo tempo, nossa campanha engajou eleitores brancos e obteve sucesso ao fazê-lo, vencendo a maior porcentagem de eleitores brancos em uma geração, mesmo quando o apoio de terceiros em 2016 é adicionado à mistura.

Essa última estatística é crítica. Nossa abordagem incomum de lutar agressivamente tanto por eleitores não brancos quanto por brancos também criou uma falsa narrativa de que meu desempenho era ruim entre os eleitores brancos. Na verdade, nossa campanha obteve um apoio historicamente alto dos eleitores brancos; no geral, 25% dos eleitores brancos apoiaram a campanha de Abrams para governadora. Entre eles, mulheres brancas com ensino superior apoiaram minha candidatura em mais de 31%, uma melhoria em relação às taxas de apoio de cerca de 24% no topo da chapa em 2014. Ganhamos o apoio dos brancos porque permaneci consistente em minha mensagem enquanto fazia campanha agressiva em todas as áreas do Estado e tinha como alvo os eleitores brancos por meio de correio, conteúdo digital e rádio rural, junto com anúncios de televisão.

Quando olhamos para a eleição de 2008 como uma singularidade, um fenômeno irrepetível, perdemos o brilho da eleição de Obama. Sua abordagem não foi uma estrela cadente para ser admirada e lembrada com nostalgia. O objetivo de alcançar a todos, e encontrá-los onde vivem, é a essência de uma boa campanha. A eleição mais eficiente não é aquela em que as campanhas economizam dinheiro ao separar partes escolhidas do eleitorado e, em seguida, despejam dinheiro e recursos na esperança de mudar uma estreita contingência de mentes.

Ganhar uma eleição é a forma mais eficiente de fazer campanha, e não pontuar eleitores sem levar em conta por que eles estão em uma posição inferior nas tabelas ou eliminar categorias inteiras com base no desempenho anterior. Em 2020 e além, a vitória exige que mudemos quem vemos como nossos aliados. Podemos chegar aos eleitores rurais, mas apenas se entendermos que áreas rurais incluem eleitores de quase todas as raças. Nossa política de identidade pode funcionar para consertar a situação difícil da classe trabalhadora, mas essa classe deve se expandir além do protótipo de um cara branco na manufatura. As campanhas eficazes e eficientes de hoje mostram sua esposa latina, que trabalha como enfermeira, e seus vizinhos, um casal de negros sobrevivendo com o salário de uma professora e de um policial de rua. Quando rejeitamos o mito de uma maneira de vencer – um eleitor para perseguir –, abrimos nossos caminhos para a vitória em vias amplas onde mais pessoas podem se juntar e todos têm sucesso.

Como colocar nosso dinheiro e as informações onde nossos votos estão

Tram Nguyen atua como codiretora da New Virginia Majority (NVM). Em 2014, quando conheci Tram, ela estava na NVM há seis anos, trabalhando em uma estratégia eleitoral que se basearia nas conquistas do presidente Obama em 2008 e 2012 na comunidade. Assim como o New Georgia Project, o NVM respondia a uma mudança no eleitorado que precisava ser aproveitada para ser eficaz. O democrata Tim Kaine havia atuado como governador durante seu mandato de 2006, mas em 2010 o republicano Robert McDonnell venceu uma eleição muito disputada. Em poucos anos, ficou famoso por suas políticas conservadoras, auxiliado por uma legislatura dominada pelo Partido Republicano. Ele sancionou um projeto de lei que exigia que todas as mulheres que procurassem um aborto se submetessem a uma forma invasiva de ultrassom. Mas em 2014 Terry McAuliffe venceu a corrida para governador, reinstalando um democrata no cargo mais alto. Trabalhando ao lado da NVM, ele almejou ações progressistas sem esperar pela autoridade legislativa. Em 22 de abril de 2016, ele assinou uma ordem executiva restaurando os direitos de voto de todos os criminosos na Virgínia. Uma decisão da Suprema Corte da Virgínia bloqueou a concessão automática de clemência, então ele usou seu autopen (um dispositivo automático que permite a assinatura de documentos em uma taxa mais alta) para conceder individualmente uma restauração dos direitos de quase 175 mil virginianos. Mas seu trabalho para acabar com a privação de direitos dos encarcerados exigia mais do que ocupar o cargo de governador; uma solução permanente significava manter o poder de governador e assumir a legislatura.

É aí que entra a NVM. Trabalhando com grupos dentro do Estado e em todo o país, Tram conduziu fundos para a Virgínia a fim de direcionar e virar deputados estaduais e senadores. O plano de aquisição era difícil, ambicioso e historicamente implausível. Ainda assim, em 2017, usando investimentos iniciais e profundos em candidatos e organizando campanhas, a NVM ajudou a inaugurar uma onda de mudanças. A Câmara dos Delegados vinha sendo governada por uma maioria de republicanos, numa proporção de 66-34. As eleições de 7 de novembro de 2017 deram 15 cadeiras para os democratas, mudando o equilíbrio de poder para uma proporção de 51-49. Embora os democratas não tenham conquistado a maioria, essas eleições mudaram mais do que o número de funcionários. Danica Roem foi a primeira candidata abertamente transgênero a ser eleita em uma legislatura estadual, e ela o fez ao derrotar um representante conservador. Elizabeth Guzmán e Hala Ayala se saíram vitoriosas como as primeiras latinas da Câmara. Junto com Guzmán e Ayala, a delegada Kathy Tran ganhou seu assento como a primeira asiático-americana na Casa da Virgínia, trocando uma cadeira republicana. E Dawn Adams tornou-se a primeira legisladora abertamente lésbica do Estado na Virgínia, novamente tomando uma cadeira ocupada pelo Partido Republicano. Essas vitórias pressagiavam um ciclo eleitoral legislativo estadual dinâmico em 2019, quando os democratas venceram as eleições para a Câmara e para o Senado, colocando o controle do Legislativo e do Executivo nas mãos dos democratas pela primeira vez em mais de 25 anos.

O que aconteceu na Virgínia já ocorreu várias vezes em todo o país desde 2016. Os esforços de milhares, incluindo organizações como Black Voters Matter (BVM), levaram à conquista de uma cadeira no Senado dos Estados Unidos em 2017, demonstrando uma forte repreensão aos conservadores que presumiam que o Alabama era impenetrável para os democratas. A BVM ignorou os prognosticadores e, em vez disso, lançou o Projeto de Mobilização de Base do Alabama. Eles semearam 18 condados do Alabama com esforços de organização, incluindo minidoações para mais de 30 organizações locais de base comunitária. Usando uma estratégia de difusão, as organizações então foram encarregadas de promover a divulgação em suas comunidades de interesse específicas, munidas de fundos para propagandas eleitorais pagas, recursos para transporte e o tipo de material de divulgação que aumentasse a conscientização e a visibilidade. E funcionou, levando à eleição de Doug Jones em vez de Roy Moore – uma vitória que não teria sido possível sem o profundo investimento em áreas mal servidas e mal representadas.

Esse éthos de ir fundo nas comunidades para transformar sua participação política também impulsionou o BLOC, um grupo de organização e mobilização em Milwaukee, Wisconsin, que envolve eleitores negros para entender seu poder eleitoral e se preparar para as eleições de 2020. Uma de suas novas ferramentas é a campanha silenciosa, em que candidatos e funcionários eleitos fazem um tour por Milwaukee, mas não podem falar. Eles são incentivados a vivenciar a cidade com todos os seus sentidos, mas também a encontrar o cotidiano dos eleitores sem o filtro de sua posição ou poder. Do outro lado do país, a New Florida Majority (NFM) investe na ampla diversidade dos habitantes da Flórida, particularmente nas populações latinas em constante expansão e internamente diversificadas. Ao compreender as reais diferenças culturais entre as comunidades venezuelana, dominicana, porto-riquenha, cubana e outras comunidades latino-americanas, a nfm fez investimentos iniciais para atender a cada comunidade – e a cada eleitor – no ponto de seus interesses.

A teoria compartilhada por trás de cada uma dessas organizações é a compreensão de que as eleições não podem ser ganhas no último quarto de uma campanha. Nem a mudança de política pode ser realizada sem envolvimento consistente, uma infraestrutura robusta e investimento inicial. Ela deve começar muito antes do início das eleições, em comunidades que ficam para trás em desempenho e recursos. A nvm quase certamente entregará seus votos eleitorais da disputa de 2020 a um democrata, e a insurgência dos eleitores negros no Alabama provavelmente não mudará a disputa a favor do candidato democrata, mesmo com o senador Jones mantendo sua cadeira. Mas em Wisconsin ou Flórida, Pensilvânia ou Minnesota, esses esforços podem fazer a diferença em eleições que vacilam em cerca de 1% a 2% em um ano presidencial. No Sudeste e no Sudoeste, as organizações estão recebendo investimentos financeiros consistentes e antecipados de grupos de agregação como o movimento político Way to Win, um consórcio de organizações e investidores individuais que contribui para aqueles que desejam dar primazia ao engajamento local de eleitores improváveis. Os doadores nacionais também começaram a reconhecer o alto impacto das doações rotinizadas e constantes aos grupos que estão construindo seu caminho até o poder. Em vez de simplesmente apoiarem os caminhos comprovados para vencer certas eleições, as organizações progressistas expandem o campo de jogo, nivelando as probabilidades em lugares que os progressistas antes ignoravam.

Em 2018, quando minha campanha terminou a 1,4 ponto da vitória, Kyrsten Sinema levou os democratas do Arizona à vitória no Senado dos Estados Unidos. Sua coalizão de eleitores brancos, latinos, nativos norte-americanos e negros derrubou décadas de domínio republicano. O Arizona agora está firmemente em várias listas de especialistas em Estados decisivos, mas, como os eleitores indecisos, nossa obrigação é olhar além da última eleição para o potencial do *pool* de eleitores improváveis. Investimento, tempo e atenção operam junto com as mudanças demográficas e o acesso do eleitor para mudar os Estados de vermelho – majoritariamente republicanos – para azul – majoritariamente democratas – ou roxo – aqueles que mudam sua escolha a cada eleição. O Arizona, assim como a Geórgia, vem tentando fazer isso há anos. Em 2018, a senadora Sinema se beneficiou de pesados investimentos nacionais que geraram aumento e comparecimento de eleitores não brancos e brancos com tendência democrata, visto que ela perdeu votos brancos, mas venceu por 54 mil votos. A vitória do Arizona valida um investimento de 2020, mas na Geórgia continuamos tentando. Apesar dos enormes recursos e de uma longa lista de Estados que recebem esses recursos, os democratas nacionais tomaram a decisão estratégica de não investir na Geórgia em 2016. Em 2018, não tivemos uma corrida federal como o Arizona, mas as métricas para governador são comparáveis. Apesar de nenhum investimento em relação a outros Estados competitivos, a campanha de Clinton manteve Trump com uma vitória de 5 pontos, mais perto do que a margem de Ohio de 8 pontos e a perda de 9 pontos em Iowa, onde os democratas nacionais investiram 70 milhões de dólares e 32 milhões de dólares, respectivamente.

    A Carolina do Norte, que recebeu apoio nacional em 2008, 2012 e 2016, também vem lentamente demonstrando progresso. Embora o candidato democrata à presidência tenha vencido apenas em 2008, o investimento no Estado continuou mesmo depois da derrota nas eleições intermediárias de 2010 e de um mapa hiperagregado. Com o apoio de recursos e infraestrutura, a Carolina do Norte elegeu um governador democrata em 2016, enquanto Hillary Clinton perdeu a disputa presidencial por 3,7 pontos. Como uma das líderes da Geórgia em 2016, questionei repetidamente os operativos nacionais sobre por que a Carolina do Norte, e não a Geórgia, havia recebido o investimento e o apoio para um Estado em campo de batalha. Assim como eu, outros líderes da Geórgia ouviram um mantra familiar: ainda não era possível vencer na Geórgia. Reforçamos nosso argumento com dois pontos de prova: (1) as pesquisas mostravam que Clinton era competitiva na Geórgia e na Carolina do Norte e (2) a Geórgia tinha um grupo muito maior de eleitores não brancos infrequentes, mas não tinha apoio sustentado. Por fim, os operativos reconheceram que estavam atendendo ao mito dos eleitores brancos *versus* eleitores negros. Mais de um admitiu acreditar que os eleitores brancos eram mais vencíveis na Carolina do Norte e, portanto, o Estado merecia um investimento que os eleitores predominantemente negros e pardos da Geórgia, não. No fim, Hillary perdeu a Carolina do Norte por 3,7 pontos e a Geórgia por 5,1 pontos. Essa disputa apertada torna-se uma lição dolorosa quando se considera o dinheiro dedicado às campanhas. Os democratas nacionais gastaram 91,8 milhões de dólares na Carolina do Norte, em comparação com cerca de 8,8 milhões de dólares na Geórgia: uma diferença de 83 milhões de dólares para garantir uma margem de apenas 38 mil votos mais próxima.

As eleições de 2020 serão fundamentais para reverter a erosão de nosso corpo político, restaurar nossa coesão nacional e reconstruir a confiança em nossas comunidades, mas a transformação de longo prazo na política exige uma estratégia que vai além de um ciclo presidencial e se volta para uma arquitetura sustentada de engajamento. Os democratas já fizeram isso antes, principalmente na década de 1930, após a Grande Depressão com o New Deal. Também já fizemos isso em menor escala, como a resposta dos anos 1960 aos direitos civis. Mas, para o século 21, só poderemos criar políticas progressistas se compreendermos e fizermos uma engenharia reversa de como os conservadores garantiram o domínio eleitoral na segunda metade do século 20.

Ao longo das décadas, os conservadores aprenderam a conectar as ambições dos eleitores ao nível de governo que poderia torná-lo assim. Quer impedir a educação sexual? Assuma conselhos escolares. Quer se opor aos dólares do contribuinte que financiam o transporte público? Ganhe cargos legislativos. Quer tirar os direitos dos trabalhadores? Eleja governadores que acabam com sindicatos em Estados industrializados. Colocar nosso dinheiro onde nossos votos estão significa ir além das disputas presidenciais e federais para também lutar por legislaturas estaduais, secretários de Estado, procuradores-gerais e governadores. A principal munição na luta é garantir que nossos exércitos de eleitores conheçam as questões, saibam quem está no controle e saibam como exigir uma liderança de qualidade.

Minha campanha de 2018 para governadora engajou, organizou e inspirou eleitores tradicionais e trouxe novas vozes para a mesa, mas o trabalho começou muito antes de meu nome ser votado. Essencial para minha teoria de serviço é a educação cívica como um precursor para o engajamento. Anos atrás, como legisladora estadual, fiz uma pesquisa em meu distrito e reconheci que ele continha alguns dos bairros mais ricos e escolarizados do Estado, bem como alguns dos mais pobres. A comunidade Druid Hills está situada nos arredores da Universidade Emory e a poucos passos dos Centros de Controle e Prevenção de Doenças. Professores, médicos e cientistas estão agrupados em bairros verdejantes com avenidas bem cuidadas e casas pitorescas. Mas, se você viajar ao longo do trecho da estrada estadual que corta o centro do distrito, a pobreza estrutural grita sua permanência em escolas dilapidadas, calçadas em ruínas e vitrines vazias em South DeKalb.

Por 11 anos, representei georgianos que votaram em mim, votaram contra mim ou não faziam ideia da minha existência. Como meus colegas, um método de divulgação para todos eles era um boletim informativo mensal. Minha versão não incluía fofocas sobre os bairros do distrito nem holofotes sobre cidadãos fazendo o bem. Em vez disso, eu compilava todos os principais projetos de lei que tínhamos votado na legislatura na época. Eu classificava os projetos de lei normalmente em grupos como educação, orçamento/finanças, judiciário/aplicação da lei e assim por diante, e então explicava brevemente o conteúdo do projeto. Mas o que vinha na sequência, destacado em negrito, era meu diferencial em relação a outros que faziam o mesmo; eu especificava qual havia sido meu voto, por que votara daquela forma e o que o outro lado provavelmente defendia. O objetivo era duplo: queria que os eleitores soubessem o que estava acontecendo, mas também queria que eles entendessem por que eu havia tomado aquelas posições. Na grande maioria das vezes segui a linha democrata. Algumas vezes, votei com a maioria republicana, e outras vezes juntei-me àqueles de tendências mais libertárias para derrotar um projeto de lei.

Para aqueles que queriam me ver pessoalmente, eu me espelhava na experiência de meus pais como pastores em um cargo de circuito – onde eles falavam diante de várias igrejas todos os meses. Em vez de ir de bairro a bairro, eu mudava regularmente o local de minha reunião mensal. Os participantes se pareciam com o distrito, metade brancos, metade negros. Em um distrito de 53 mil habitantes, uma boa participação significava mais de 50 pessoas aparecendo na manhã de sábado. Quando questões polêmicas estavam sobre a mesa, as reuniões aumentavam para 75 a 100 participantes. Para ouvir minhas atualizações políticas, os ricos tinham que vagar pela cidade até o porão de uma igreja envelhecida. Ativistas das áreas mais difíceis economicamente se juntaram a mim em ginásios amplos e limpos em escolas recém-reformadas. Juntos, eles ouviam os mesmos relatórios e davam ouvidos às preocupações uns dos outros. No entanto, após as primeiras visitas, todos os presentes entenderam que eu sempre dedicava parte da reunião a discussões sobre impostos, orçamento e finanças.

Antes de concorrer ao meu primeiro cargo público, atuei na área de direito tributário em um renomado escritório de advocacia em Atlanta. Eu tinha me formado em direito em Yale e escrito minha dissertação de mestrado sobre uma obscura questão tributária. Entender a política tributária, a meu ver, era a chave para desbloquear o engajamento dos eleitores. Pode até ser a parte menos atraente do governo, mas entendi que os impostos têm o maior impacto na vida dos eleitores. Eu também participei do Comitê de Formas e Recursos, que definia a política tributária, desde o imposto corporativo até o imposto sobre a propriedade e o de renda, e fui membra do Comitê de Apropriações da Câmara, que alocava essas receitas. Em qualquer dia, a sala de reuniões do Comitê de Apropriações podia estar cheia de participantes ansiosos para saber se seu projeto será financiado ou cortado. As reuniões do Comitê de Formas e Recursos atraíam principalmente lobistas que protegiam seus interesses. Queria que meus eleitores entendessem a mecânica do governo: o lugar de onde obtemos nosso dinheiro dita, em grande parte, a forma como o Estado o gasta. Eu sempre incluía detalhes no boletim informativo, e nós discutíamos as minúcias nas prefeituras. Dividia o orçamento em um único dólar e identificava como 55 centavos iam para a educação, enquanto apenas 4 centavos iam para os recursos naturais. Com o tempo, as pessoas que moravam no meu distrito foram se tornando mais experientes em relação às políticas fiscais. No meu quarto ano de mandato, eu regularmente recebia perguntas do público sobre tópicos obscuros como isenções de imposto de exportação (como as mercadorias são tributadas em depósitos) e a diferença entre impostos e taxas (são basicamente a mesma coisa). Em áreas que enfrentam a gentrificação, as pessoas aprenderam a perguntar sobre como os impostos sobre a propriedade poderiam ajudá-las a continuar vivendo nos bairros que sempre habitaram. Infelizmente, porém, elas também aprenderam que os legisladores estaduais conservadores controlavam os meios para consertar os problemas, mas muitas vezes não tinham interesse em fazê-lo.

Uma das minhas realizações de maior orgulho continua sendo o lançamento do Fair Fight 2020, uma estratégia de 20 Estados para financiar a infraestrutura de proteção ao eleitor durante os ciclos eleitorais de 2019 e 2020. Em nossos Estados-alvo, financiamos diretores de proteção eleitoral, deputados e gerentes de linha direta para responder às preocupações dos eleitores, bem como organizadores dedicados à proteção eleitoral para recrutar e apoiar voluntários em cada Estado. Selecionamos nossos 20 Estados com base no *status* do campo de batalha presidencial, mas uma olhada em nossas seleções revela um foco em inverter as câmaras legislativas estaduais, bem como vencer o Senado dos EUA, entrar em disputas na Câmara e apoiar cargos menores, como governador, secretário de Estado e procurador-geral. Imagine, por exemplo, uma presidência de Obama onde os democratas mantivessem o controle da Câmara e do Senado, o que teria economizado milhares de cadeiras legislativas estaduais –

protegendo assim a Suprema Corte em nível federal e evitando os atuais ataques aos direitos reprodutivos gerados por Estados recalcitrantes. A reforma da imigração, a ação climática e a agenda progressista ainda teriam gerado rancor e divisão, mas as lutas teriam se concentrado na questão da escala, e não em questões existenciais sobre quem somos. As eleições são importantes, mas os eleitores são mais ainda se forem alvos de engajamento e instrução, e não de contatos rápidos ou desconsideração. A mudança eleitoral sustentável de longo prazo exige que tenhamos uma estratégia abrangente que aborde, com igual ferocidade, a mitologia de como vencemos e o problema do subinvestimento. Caso contrário, vitórias notáveis como 2008 rapidamente se tornam vitórias de Pirro, sem um plano de replicação e expansão.

Concorra como você é

Durante a campanha, participei do *The Daily Show*, de Trevor Noah, como convidada. Ele apontou a narrativa que crescia ao meu redor, perguntando: "Sabe, as pessoas vão te perguntar, vão dizer, bem, como você planeja conseguir o voto branco? Eles não perguntam de outra forma. Então, o que você faz quando as pessoas lhe fazem esse tipo de pergunta?". Minha resposta curta à sua questão complexa foi que eu conversava com todos sobre meus planos, e, quando adaptei uma resposta, fiz isso para sinalizar que entendia os desafios específicos que alguém enfrentava. Eu não tinha respostas negras, brancas ou católicas. Recusei-me a esconder minha própria história porque questões de dívidas, encarceramento e doenças mentais em uma família afetam a todos. Fiz o tipo de campanha que pensei que convenceria meus primos não votantes a ir às urnas.

Em geral, nossa estratégia funcionou, e a consequência indesejada é que talvez tenha funcionado *muito* bem. Uma das questões mais persistentes que enfrentei desde a mudança sísmica de 2018 é sobre replicabilidade. Enquanto a Geórgia se preparava para duas disputas no Senado dos Estados Unidos, fui cortejada a concorrer, em parte supondo que nossas conquistas eleitorais são sempre o resultado de um candidato histórico. Sou uma boa candidata, mas o que quero dizer é: todos os candidatos a cargos públicos podem tentar isso em casa. Além de rejeitarmos o mito e investirmos nos eleitores, isso pode ser praticado por qualquer candidato que dispute um cargo. Eles só precisam de uma comunicação autêntica de valores, forte, clara e destemida, respaldada por uma campanha agressiva e estratégica.

Nossa campanha gastou uma quantia significativa em pesquisas sobre problemas, sobre eleitores e sobre mim. Os grupos focais me examinaram. O Twitter me investigou. O Facebook vasculhou minha conexão com quase todas as pessoas que conhecia. Ao viajar pelo Estado, ao sintetizar nossas descobertas, percebemos que minha história pessoal e minha identidade por si sós não conseguiriam atrair eleitores, especialmente as mulheres negras. A política de identidade que se concentra apenas nas externalidades raramente tem sucesso, embora seja um ponto de entrada crítico para muitos. As pessoas contam histórias para si mesmas com base no que veem, fazendo com que raça, gênero, idade e capacidade física façam parte da narrativa do candidato. Os eleitores gostam de saber que um candidato tem experiências semelhantes, e essas características imutáveis dizem muito sobre como essa pessoa navegou na sociedade. Mas, mais do que saber sobre quem eu era, eleitores de todas as idades e raças queriam saber o que eu iria *fazer*. Eu tinha planos detalhados para melhorar a vida dos georgianos e fortalecer o Estado de imediato.

Para realmente me conectar com os eleitores, adaptei minha narrativa para me relacionar com públicos específicos e para reconhecer as barreiras específicas que eles enfrentavam. Mas, como em Dalton, eu falava sobre as mesmas questões em pequenas cidades rurais e na área metropolitana de Atlanta, sem mudar minha abordagem com base em onde eu estava ou com quem estava falando. E funcionou. Tivemos um grande crescimento no comparecimento de todos os eleitores de tendência democrata. Mesmo em um ano democrático de grande afluência e divisor de águas, a Geórgia se destacou.

A verdadeira conclusão do que fizemos não é que as campanhas devem ter uma única pessoa no topo para ganhar corações e mentes. Uma campanha eficaz – ou estratégia eleitoral mais ampla – pode vencer falando diretamente com as pessoas e sendo autêntica e honesta sobre as posições políticas. Os eleitores nunca concordarão com tudo o que você diz, mas ficam empolgados ao saber que um político está disposto a lhes contar a verdade. Eles querem confiar que um candidato não suprimirá seus valores apenas para tentar apelar a um grupo específico. O eleitor quer saber se aquele em quem ele investe seu tempo e confiança é um candidato autêntico, que se sustenta nos valores que defende.

Na prática, esse processo de comunicação autêntica deve ir além de cafés e discussões em jantares. Na Geórgia, nosso alvo era de 1,9 milhão de eleitores improváveis, fora o grupo menor de eleitores indecisos. Lançamos nossa campanha com um amplo esforço de contato com eleitores por meio de um programa de campo de voluntários nas primárias. Conduzimos a campanha primária como uma operação de eleição geral e testamos nossa mensagem. O teste não perguntou se eu deveria suavizar minha plataforma ou passar a abordar questões menos polêmicas. Testamos a eficácia com que poderíamos compartilhar nossos objetivos e diferenciamos a maneira como implantamos nossa mensagem. De vídeos digitais com curadoria de nossos jovens estagiários a vídeos sobre "por que votar" liderados por voluntários, entregamos nossa plataforma convincente para o maior número de eleitores democratas em potencial. Reunimos apostilas que explicavam o que um governador fazia. Os voluntários realizaram festas em casa para discutir nossas plataformas, e outros escreveram cartões-postais destacando como as políticas afetariam sua comunidade. Como a maioria das campanhas, tínhamos anúncios na televisão e no rádio, mas também tínhamos uma equipe de campo dedicada e centenas de voluntários batendo às portas e tendo conversas profundas com os eleitores sobre suas prioridades. Nossa vitória na noite das primárias foi impressionante: obtivemos 76% dos votos e 153 de 159 condados, com o maior comparecimento às primárias não presidenciais da história da Geórgia.

Na eleição geral, voltamos a mergulhar fundo na pesquisa em cada segmento do eleitorado: vários grupos de foco com eleitores afro-americanos improváveis em todo o Estado, testes qualitativos on-line e pesquisas tradicionais com eleitores democratas e republicanos infrequentes. Ao mesmo tempo, lançamos uma campanha paga em julho de 2018, cobrindo todas as principais cidades, bem como os centros rurais micropolitanos que pontilham o Cinturão Negro do Sul da Geórgia. Pagamos aos nossos pesquisadores um salário mínimo e os treinamos em roteiros que falavam sobre emprego, saúde, justiça, educação, meio ambiente e habitação. A campanha ampliou nossa já grande e diversificada equipe interna de produção de filmes e digital, novamente usando mensagens básicas e consistentes com a mais ampla gama de ferramentas de comunicação.

Ao usar canais de comunicação anteriormente inexplorados ou subutilizados, desafiamos a maldição de campanhas com poucos recursos ou estrategicamente dependentes da televisão. Nossa abordagem, e a abordagem das mensagens, foi: sejamos ágeis em nosso alcance. Não atrapalhou o fato de termos arrecadado mais dinheiro do que qualquer campanha para governador na história da Geórgia. Por exemplo, executamos um programa de votação por correio em grande escala, e sem precedentes, que resultou em uma liderança de 50 mil votos nas cédulas de correio, aumentando a pontuação no período de votação inicial de três semanas. Entramos cedo e com força em investimentos digitais para atingir todos os segmentos de nosso *pool* de 1,9 milhão com conteúdo diversificado e atraente. Em seguida, colocamos camadas de rádio digital e convencional, envios de correspondência, batidas de porta e mensagens de texto voluntárias e pagas. Dos pequenos mercados rurais aos esforços maciços em Atlanta, chegando até a outros Estados como Alabama, Flórida, Carolina do Sul e Tennessee, aplicamos todos os métodos de comunicação disponíveis. Cada região do Estado foi alcançada por correio, digital, campo e mídia.

Nossa abordagem incomum de mensagens e comunicação atraiu ceticismo – e uma visita inesperada de agentes de Washington, D.C., a fim de questionar nossa abordagem heterodoxa nas eleições primárias e gerais –, bem como "fogo amigo" dos democratas locais no noticiário noturno durante as primárias e reclamação de consultores que anteriormente haviam aconselhado os democratas da Geórgia, mas não estavam envolvidos em nossos esforços. Os tradicionalistas democratas não confiavam em nossos métodos nem em nossa matemática. Temiam que perdêssemos uma corrida vencível por estarmos contrariando as regras regulares. Outros retrocessos incluíram: conselhos ansiosos quando rejeitamos recomendações de alvos de especialistas cujo objetivo era cortar democratas com baixa pontuação de nossos universos; repetidos questionamentos confusos sobre por que não estávamos economizando cada centavo para propaganda na TV; perguntas sobre estratégia geral vindas de líderes de opinião em Atlanta e Washington, D.C., por exemplo: "Como você sabe que falar com os eleitores vai funcionar?". E a lista continua.

No final, "Abrams para Governadora" e a Campanha Coordenada gastou um total de 42 milhões de dólares, superando nossos oponentes nas eleições primárias e gerais. Gastamos cerca de 14 milhões de dólares nas eleições gerais para a TV (o mercado de mídia de Atlanta é um dos dez mais caros nos Estados Unidos) e gastamos milhões em mídia digital, milhões em correspondência para democratas para voto por correspondência, logo no início da votação e no dia da eleição, e mais de 7 milhões de dólares na organização. Os resultados foram históricos – a corrida para governador estava indefinida na noite da eleição, quebramos a maldição da margem de 200 mil e obtivemos vitórias substanciais na votação com 16 novos membros eleitos para a legislatura estadual e com a eleição de Lucy McBath como nova integrante do Congresso por alguns milhares de votos. Na verdade, 2018 foi um ano de alta participação em todo o país, mas na Geórgia mudamos as expectativas dos candidatos e das campanhas.

A vitória deve começar a significar mais do que vencer uma única eleição. Nossa obrigação, na Geórgia e em todo o país, é tomar o rumo certo mudando a forma como fazemos campanha e para quem. Demografia não é destino – é oportunidade. Precisamos expandir nossa visão de quem pertence à grande tenda do progresso, investir em sua inclusão e conversar com eles sobre o que está em jogo. Essa fórmula não é garantia de triunfo – mas posso prometer que sem ela não teremos chance de conquistar o futuro.

9
Populismo e a morte da democracia

Conheci Will Dobson em Liberty, Missouri, em 1994, no evento anual de boas-vindas para a mais nova turma de bolsistas Harry S. Truman. Will e eu tínhamos sido escolhidos em nossas respectivas faculdades e Estados. No verão seguinte, fomos convidados para ir até D.C. como parte do instituto de políticas da capital. Fizemos estágio em diferentes departamentos do governo federal como um treino para a pós-graduação. Um dia, Will me convidou para almoçar, e nossa conversa voltou-se para a primazia da política externa sobre a política interna. Insisti na questão da política interna, o argumento de que primeiro tínhamos que resolver nossos problemas antes de nos aventurarmos no exterior. Eu havia feito cursos de estudos internacionais como parte de minha graduação na Spelman College, mas estava indo para a pós-graduação para me aprofundar nos assuntos públicos domésticos. Mas ele me provocou da seguinte forma: "Olha, se você quer ser líder, tem que entender mais do que apenas o seu espaço". E ele disse: "Você faz isso em todas as outras partes de sua vida acadêmica e intelectual; por que está se fechando para o lado da política externa?".

Não consegui rebatê-lo com eficácia, o que era realmente irritante – então comecei a estudar.

Na faculdade e na pós-graduação, mantive meu foco no engajamento cívico nos Estados Unidos e, por influência de Will, comecei a estudar sobre política social, sobretudo no Brasil. Por meio de Will, também fiquei sabendo do Seminário Global de Salzburgo e me inscrevi para me tornar uma bolsista internacional sobre engajamento cívico, investigando como o aumento da participação dos jovens afetava os regimes políticos. Todos os bolsistas viviam juntos em um castelo na Áustria. Meus dois companheiros mais próximos eram minha colega de quarto, Claudia, da Colômbia, e Tejan, de Serra Leoa.[1] Claudia estudou em Bogotá e liderou protestos contra a corrupção no governo. Sentada em nosso quarto uma noite, ela me contou sobre ameaças de morte que recebeu por seu trabalho de organização e que poderia ser presa quando voltasse da Áustria. Assustada por ela, fiquei maravilhada quando ela fez pouco caso do perigo que enfrentava. Ela acreditava na democracia prometida pela constituição de seu país e era seu dever mostrar aos colegas sua capacidade de liderança.

Um ex-soldado infantil, Tejan escapou de seus captores e conseguiu voltar para sua aldeia dizimada. Depois de anos de guerra civil, ele veio para a Áustria aprender como traduzir seu trauma em reformas democráticas. Como Claudia, enfrentou vigilância policial e ameaças de morte, mas sabia que seu trabalho afetava o futuro de seus irmãos mais novos e de outros guerreiros emancipados. Ao lado deles, me preocupava se meu trabalho na Geórgia realmente significava alguma coisa. Concentrei meus esforços na erradicação da pobreza juvenil por meio do engajamento cívico, não nas crises violentas persistentes com as quais eles viviam diariamente. Em certo momento de nossa estadia, nós nos amontoamos sobre uma mesa na sala comunal depois do jantar. Com uma pontada de constrangimento, Tejan me confessou que não esperava ver uma negra americana no evento, e Claudia concordou rapidamente. Eles podiam recitar as ignomínias de Jim Crow e os sofrimentos dos negros sob a política econômica e social dos anos 1980. Muitos de seus esforços eram baseados no movimento dos direitos civis, e eles se deliciaram em me bombardear com perguntas. Fiz o mesmo, e até hoje aproveito suas lições de como é universal e difícil fazer com que os mais prejudicados pelas políticas públicas tomem parte dela.

Depois disso, participei de um programa de estudos no Leste Asiático para examinar como suas economias e estruturas políticas moldaram o futuro da globalização. Fisgada, trabalhei com o Projeto Britânico-Americano, o Conselho da Itália, o programa Conselho Americano de Jovens Líderes Políticos e o Conselho de Relações Exteriores, entre outros. Em 2004, viajei para a Bulgária como parte do programa do German Marshall Fund. Em um pequeno escritório em Sofia, reuni-me com representantes do povo romani. Ouvi atentamente enquanto eles descreviam o arco da história de sua comunidade, marginalizada e isolada do poder. Quase uma década depois, tive uma conversa semelhante com um líder aborígine que me pressionou por detalhes sobre a causa dos direitos civis nos Estados Unidos. Quer estivesse me reunindo com executivos em Seul, na Coreia, ou com empresários em Tel Aviv, desenvolvi relacionamentos que se baseavam em minha vida de americana como um ponto de partida para a discussão. Embora a política externa parecesse ir além do meu foco como líder legislativa estadual e defensora dos direitos de voto, trabalhei intencionalmente para construir uma compreensão robusta das complexidades internacionais. Além disso, Will estava certo ao dizer que qualquer liderança nos Estados Unidos deve compreender a abordagem internacional das questões globais, bem como a interseccionalidade de nossas políticas. Falando claramente, temos que entender o efeito que exercemos no mundo e vice-versa.

As eleições de 2016 e o tumulto que se seguiu aumentam minha convicção de que somos obrigados a recuperar nossa democracia agora. Não acredito mais que haja uma linha clara entre a política interna e externa. O que aconteceu nos últimos anos nos mostrou o quão tênue é essa linha, se é que ela existe. A Nova Maioria Americana herdará as consequências do populismo autoritário no país, e podemos moldar nossa resposta a seu legado no exterior. O populismo autoritário não deve ser confundido com o tipo de progressismo que usa a linguagem da dignidade econômica e do trabalho para incitar a mudança política.[2] Seu progenitor americano, William Jennings Bryan, ajudou a moldar o moderno Partido Democrata com seus apelos por uma política mais inclusiva que se concentrasse nas necessidades dos economicamente vulneráveis. No entanto, o populismo, como a maioria das teorias, pode ter diferentes tendências. Na política moderna, os populistas progressistas têm defendido uma mensagem mais abrangente do que a propagação do medo proferida pelos Know-Nothing. Pense em Huey Long, Jesse Jackson, Sherrod Brown ou Bernie Sanders. Embora algumas características sejam transversais ao populismo, o tipo perigoso busca desmantelar e destruir, em vez de avançar e elevar. Minha profunda preocupação está na expressão atual de populismo destrutivo nos Estados Unidos e no exterior – o tipo que busca o autoritarismo como seu fim.

O aumento do populismo é uma ameaça direta a nossos destinos políticos, sociais e culturais, quer ocorra na Casa Branca ou na Polônia. O populismo desafia e põe em relevo as tensões que existem em uma democracia; levado a extremos, tende a pressagiar a entrada em uma democracia falha e, em seguida, no autoritarismo. Apesar de nossa crença otimista na permanência do sistema de governança dos Estados Unidos, de acordo com o Índice de Democracia anual, caímos para o 25º lugar na lista de democracias funcionais, abaixo do Canadá, ilhas Maurício e Uruguai, para citar alguns. A escala internacional nos classifica como uma democracia falha no século 21, uma queda terrível de nossa preeminência como líder mundial. E, menos de 20 anos atrás, a Turquia tinha uma democracia próspera, que agora luta para manter esse título.

Meu medo mais profundo é que demore muito para restaurarmos nossa posição no mundo, porque nossa credibilidade moral foi diminuída. É difícil articular ideais de quem devemos ser e de como esperamos que o mundo seja quando não estamos vivendo esses ideais em casa. Quando o presidente autoriza a separação familiar de imigrantes ou atropela os direitos das minorias com base em crenças religiosas, quando seu judiciário escolhido a dedo desconsidera a corrupção relacionada a ocultar testemunhas, os líderes americanos não podem ir para o exterior e adotar um conjunto diferente de ideais. A hipocrisia de barrar as pessoas transgênero de nossas Forças Armadas mina nossos argumentos contra países como o Azerbaijão, que buscam criminalizar a comunidade LGBTQIA+. É uma questão de grau, não de diferença. Falhamos em reconhecer a supressão dos direitos das minorias. Continuamos proibindo a entrada de muçulmanos e subestimamos e maltratamos os eleitores aqui mesmo. Como a Índia de Narendra Modi, permitimos o surgimento de leis que suprimiram sistematicamente os direitos e os votos das minorias nos Estados Unidos.

Ao sucumbir à atração do populismo tornado real por uma combinação do colégio eleitoral com a supressão de eleitores, agora temos a política externa mais temerária que já tivemos na história moderna. Posso ter discordado de George W. Bush, George H. W. Bush, Clinton e Obama em alguns pontos, mas nunca discordei fundamentalmente da posição dos Estados Unidos na ordem internacional. Agora discordo. A persistência do estilo populista de Trump tem um efeito sobre quão seguros estamos como americanos, tanto física quanto economicamente. Por exemplo, durante boa parte de 2018 e 2019, o presidente dos EUA lançou a maior guerra comercial em uma geração. Embora feita por meio de bens e serviços, em vez de balas, uma guerra comercial tem um efeito real na vida cotidiana. O consumidor americano arca com a maior parte dos custos repassados às empresas e ocultos nos preços que pagamos. Americanos com dificuldades econômicas sentem os resultados na vida diária, especialmente aqueles que enfrentam salários estagnados que não aumentaram, apesar de terem o desemprego mais baixo que já tivemos. O americano médio não pode se recuperar de uma guerra comercial com a mesma resiliência que uma corporação pode. A única solução será o engajamento em uma política comercial que não seja baseada em manhas populistas, que é o que vimos acontecer nos últimos anos. Enquanto Trump volta toda a sua atenção para a China, nosso país também está envolvido em batalhas comerciais com aliados históricos como Alemanha, Grã-Bretanha, França e Canadá.

Assim como aconteceu com o comércio, nossa posição sobre imigração enfraqueceu nossa estatura no exterior, em um momento em que guerras civis internacionais e refugiados climáticos iniciam uma nova onda de transmigração. O populismo autoritário baseado na alienação de estrangeiros abala nossa capacidade de pedir cooperação internacional quando a crise atinge o auge. Os Estados

Unidos terão que restaurar a humanidade de nossa política de refugiados. Mudanças demográficas, como redução das taxas de natalidade, automação e mudanças nas âncoras da indústria, significam que também temos que antecipar uma mudança no mercado de trabalho. Com uma retórica dura e divisionista que considera os imigrantes inimigos, minamos nossa segurança nacional ao enfraquecer nossa segurança econômica. Nossa única solução será finalmente ter uma política robusta e real para a imigração que reconheça a profunda dependência dos Estados Unidos da mão de obra estrangeira e nossa história como nação de imigrantes. Essa é nossa responsabilidade. Mas devemos ter um Congresso e um presidente que estejam realmente dispostos a confrontar essas questões e deixar de se preocupar com as próximas eleições e realmente dar importância aos próximos 20 anos da vida americana.

Assim que ele deixar o cargo – independentemente de quando –, as ações realizadas sob sua bandeira "America First" [Estados Unidos em primeiro lugar] afetarão quaisquer intervenções internacionais que tentarmos. Portanto, temos que reconhecer que a iteração da política populista não será simplesmente contida por meio de um novo líder. Teremos que reconstruir e restaurar nossa credibilidade, e isso significa que teremos que enfrentar o dano real que foi causado à nossa política externa por nosso atual governo. O papel dos Estados Unidos como modelo de normas democráticas, liderança moral e solução de problemas globais é necessário agora mais do que nunca. A presidência sob Donald Trump não necessariamente voltará ao normal após sua destituição. Seu domínio da cartilha autoritária populista é forte, mas ele ainda não completou totalmente o processo. Seus sucessores sim. É por isso que devemos reafirmar por que os EUA devem defender agressivamente seu papel no mundo.

Tirando o poder do povo

O toque do telefone me acordou. E, embora a ligação tenha ocorrido por volta das oito horas, eu ainda não tinha me levantado da cama porque tinha tido uma longa semana. A sessão legislativa estava em pleno andamento e eu passara os fins de semana visitando democratas traumatizados por todo o Estado.

Era o início de 2017, o começo da administração Trump, e o fervor anti-imigrante do presidente recém-empossado havia invadido a Geórgia. Um representante estadual do Partido Republicano havia proposto o HB 66, um projeto de lei que tributaria as transferências eletrônicas para outros países. Ou, mais precisamente, tributaria as remessas que os indocumentados mandavam para suas famílias. O esquema de tributação punitiva poderia gerar cerca de 100 milhões de dólares por ano.[3]

Eu já havia alertado os grupos de direitos dos imigrantes e pequenas empresas afetadas pela proposta, algumas que processavam as transferências eletrônicas e outras que as usavam. Mas naquele domingo, 29 de janeiro de 2017, o telefonema me alarmou novamente. Um ativista dos direitos civis precisava de mim para mobilizar advogados para se reunirem no Aeroporto Internacional Hartsfield-Jackson. A proibição de Trump aos muçulmanos havia entrado em vigor contra imigrantes, refugiados e pessoas de seis nações muçulmanas, e no aeroporto mais movimentado do mundo as famílias estavam sendo criticadas e rejeitadas no lar que conheciam. Rapidamente contatei líderes da ACLU, da Asian Americans Advancing Justice [Asiático-americanos Promovendo a Justiça] e de outras organizações que precisavam de advogados para ajudar a lidar com os apelos desesperados por assistência. A contrarresposta ao edito de Trump foi imediata: durante todo o dia e noite adentro, os manifestantes se reuniram no aeroporto e em todo o país em uma rejeição espontânea a essa nova crueldade americana.

Na segunda-feira, 30 de janeiro, de volta ao capitólio do Estado da Geórgia, redigi uma carta para nosso senador sênior dos EUA, Johnny Isakson. Embora viéssemos de campos políticos diferentes, ele e eu tínhamos trabalhado juntos em várias questões ao longo dos anos. Mandei a carta por e-mail à minha assistente executiva para que ela imprimisse em papel timbrado para minha assinatura. Em particular, queria que ela visse meu pedido, já que ela era a única muçulmana palestina contratada pela Câmara dos Representantes da Geórgia. "Os Estados Unidos são uma nação baseada em sua capacidade globalista, enraizada em uma memória feroz de nossa fundação por aqueles que procuravam fugir da opressão", escrevi. "Meus ancestrais chegaram através da escravidão, mas considero a história americana de portas abertas como um contraponto profundo aos nossos impulsos mais sombrios. Isolar os adeptos da fé muçulmana e validar o menosprezo em relação a suas contribuições para nossa nação é convidar ao flagelo da perseguição religiosa contra outras pessoas ao redor do mundo, guiadas por nosso exemplo". Era simplesmente uma carta, mas me senti na obrigação de mostrar à minha assistente e ao nosso senador o que via. Não me lembro se recebi uma resposta – não que uma resposta teria mudado o curso da administração Trump. Por fim, a proibição – enfraquecida, mas ainda apontada para a fé islâmica – obteve a aprovação da Suprema Corte dos Estados Unidos.

Avance para 12 de janeiro de 2020, outro domingo, três anos depois. Naquela manhã, meu telefone tocou com uma mensagem de texto às 9h59. O remetente, um líder dos direitos dos imigrantes, escreveu: "Desculpe incomodá-la na manhã de domingo, mas temos uma estudante iraniana detida no aeroporto. Ela frequenta [uma universidade da Geórgia] com um visto de estudante. Ela será deportada hoje". Mais uma vez, rapidamente agradeci a mensagem e comecei a ligar para os democratas da delegação do Congresso da Geórgia, e eles concordaram em ajudar. Antes que pudessem intervir, porém, a jovem foi deportada de volta para o Irã, longe de seus estudos e amigos. Em Boston, Nova York, em todo o país, deportações semelhantes enviaram estudantes, médicos e outros para longe da vida que haviam construído aqui. Tudo sob as ordens de um presidente americano do século 21.

Enquanto aguardamos a eleição presidencial de 2020, ninguém pode ligar a televisão ou abrir um jornal sem enfrentar um forte pânico sobre a divisão ideológica dentro do Partido Democrata e como isso pode influenciar o resultado da disputa. Há inúmeros artigos de jornal que falam dessa divisão em correntes dentro do partido – onde muitos pontos de vista são bem-vindos – em facções raivosas que se separarão na corrida para a eleição. De acordo com análises tensas, a esquerda e a extrema esquerda compartilham um profundo desdém pelo centro-esquerda enquanto se desprezam mutuamente. Medicare Para Todos ou Medicare Para Todos Que o Desejam confrontam o Obamacare Agora como se este sinalizasse a presença de enfermidade moral. Um compromisso com a mudança climática mostra-se insuficiente se o cronograma para ação se distanciar cerca de um ano, ou pior, se a hierarquia da causa não estiver assinalada em posição alta o suficiente na lista. Nem mesmo eu sou imune a tudo isso, apesar de não estar concorrendo para nada. No Twitter, no Facebook e em longos textos em algumas publicações de esquerda, sou denunciada como uma corporativista e uma falsa progressista. A angústia se derrama nas conversas diárias que tenho com os eleitores, que são sustentadas por um sentimento de depressão que teme que talvez já seja tarde demais.

Vencer em 2020 e além depende de candidatos que reconheçam que não estão concorrendo contra Donald Trump ou contra os impulsos mais sombrios que ele representa; eles estão concorrendo *pelos* Estados Unidos. E há uma diferença. Se uma campanha é travada apenas contra o atual ocupante da Casa Branca, então seu comportamento torna-se o fulcro contra o qual as decisões são tomadas – mesquinharia para combinar com mesquinharia, incivilidade para incivilidade.

Por outro lado, um candidato com a intenção de conquistar os americanos conduz o tipo de conversa que precisamos ter sobre questões controversas de política interna e política externa complexa. Esse candidato rejeita a tradição de fomentar o medo e demonizar como forma de trazer os eleitores a sua causa. O democrata que retomar a Casa Branca deve se recusar a atender ao ponto fraco da raiva populista cruel em nosso país. Em vez disso, o vencedor trará mais pessoas para a mesa porque, para muitos de nós, o medo sempre fez parte de como navegamos nesse país, especialmente como comunidades minoritárias. O medo é um dado, mas não é uma razão para votar. A esperança é um motivo para votar: uma compaixão visível e visceral por aqueles que se preocupam com o futuro e com o agora. O candidato triunfante tece essas razões sem colocar os cidadãos como vilões. Mas, na política, como na vida, não há nada de novo sob o sol, especialmente colocar a culpa nos marginalizados e desfavorecidos pelos erros da vida. O autoritarismo e a morte da democracia sempre esperam na sombra do populismo.

As tensões do populismo que reforçaram a identidade de classe na política americana muitas vezes se envolveram com o racismo, a misoginia e um ódio pelos outros, levando a uma hostilidade e a uma violência constantes – mas isso não é novidade. Os populistas originais, o Know-Nothing Party do início do século 19, transformaram seus gritos por igualdade para os brancos pobres em ataques mordazes às minorias. Pesquise as redes sociais hoje e encontrará a mesma animosidade envolta em retidão. Quer seja totalmente abraçada por um partido político majoritário ou não, nos Estados Unidos, ambos os partidos acolheram bem o truque usado para conectar as promessas de alívio populistas aos oprimidos – muitas vezes vitimando outro grupo. O que manteve afastada a ameaça de populismo desenfreado nos Estados Unidos foi a própria democracia. A democracia protege a expressão das necessidades das minorias enquanto apoia os ganhos da maioria. Trump pode ganhar a presidência, mas as marchas femininas podem encher as ruas de dezenas de cidades. A urgência de lutar contra a versão corrosiva de populismo que o governo Trump realçou (mas não criou) nos Estados Unidos não pode ser reduzida a simplesmente derrotá-lo em uma eleição. Sob seu governo, nossa posição moral enfraqueceu, nosso império da lei se fragmentou e nossos freios e contrapesos falharam. Mas devemos aceitar essa verdade. Ele não é uma singularidade, e o que ele representa continuará mesmo depois de sua derrota, então nossa ambição deve ser maior do que lutar contra ele.

A ascensão do populismo autoritário como inimigo da democracia

As democracias estão sofrendo em todas as regiões do mundo. A ordem democrática liberal que surgiu a partir da Segunda Guerra Mundial e atingiu seu ápice nos anos após o fim da Guerra Fria enfrenta novas ameaças. Os regimes autoritários procuram desfazer a nova ordem mundial que os americanos passaram a ter como certa. Considere a liderança democraticamente eleita de Taiwan, que permanece firme em suas liberdades sob o olhar estreito do império autoritário da China. O povo de Taiwan entende que a independência que lutou para manter não tem garantias. Ou, por exemplo, a Ucrânia, uma nação do ex-bloco soviético que rompeu com a Rússia e ainda assim precisa lutar constantemente para se defender dos ataques russos. Com seus respectivos poderios militar e econômico, China e Rússia representam formidáveis riscos externos para essas duas democracias que estão à sua porta.

Mas a maior ameaça é aquela que emergiu de dentro das democracias liberais em todo o mundo: a ameaça do populismo descontrolado. Além dos primeiros embates dos Estados Unidos com o fenômeno, o Narodnichestvo russo das décadas de 1860 e 1870 fundou um movimento populista semelhante que buscava substituir as elites urbanas pelo verdadeiro poder encontrado nos fazendeiros da zona rural. As décadas de 1950 e 1960 deram origem a variações na América Latina, na África e na Ásia. Faça um levantamento da atual agitação econômica em quase todos os continentes que já experimentaram a democracia e você encontrará inúmeros exemplos de populismo, o que deve aterrorizar os americanos que acreditam no sistema de governo projetado para fornecer um certo grau de igualdade à sociedade.

As democracias raramente caem hoje por causa de golpes militares ou invasão estrangeira. Em vez disso, sua morte é gradual, chegando lentamente e com o tempo, com uma erosão de direitos e um acúmulo de ataques às instituições que formam sua espinha dorsal. Da Hungria à Índia, das Filipinas à Venezuela, o poder corrosivo do populismo exercido por autoritários – uma corrente política intolerante que pisoteia as instituições democráticas enquanto afirma falar em nome do povo – fez profundas incursões em todo o mundo. E o que é tão pernicioso sobre o populismo é que ele chega disfarçado. Embora se concretize por meio de políticas eleitorais democráticas, tem simultaneamente um total desrespeito pelas instituições ou normas liberais. O populista autoritário tem sucesso nas urnas, mas, uma vez no poder, destrói a própria arquitetura da democracia.

O ataque populista geralmente segue um manual padrão. O primeiro passo é a entrada de um líder carismático. Ele – e quase sempre é um "ele" – se oferece como alguém novo e diferente, desvinculado das regras e normas que guiaram os outros. Esteja ele sentado num trono dourado ou de pé sobre um caixote, sua linguagem e estilo atraem e prendem a atenção. O discurso pode ser grosseiro, mas esse desvio do líder polido e profissional apenas aumenta o apelo de fazê-lo parecer uma pessoa comum, sem medo de dizer "verdades". Ao desafiar convenções como vetar funcionários ou dar entrevistas coletivas, ele busca ter um relacionamento direto e imediato com o "povo". O populista carismático escolhe uma variedade de tropos para cortejar as multidões. Jair Bolsonaro venceu as eleições presidenciais do Brasil prometendo explorar a floresta amazônica e imitando o comportamento de ditadores militares. Os detalhes da mensagem do líder não importam, porque não se trata de políticas específicas – sua mensagem é a politização do ressentimento social e a exploração dos medos das pessoas. Ele elabora uma mensagem com base nas queixas das pessoas, como fez o presidente Rodrigo Duterte nas Filipinas, ao prometer matar milhares de traficantes de drogas e criminosos sem julgamento. E ele critica e promete resultados milagrosos em qualquer uma das áreas em que o governo falhou em responder às preocupações (reais ou imaginárias) das pessoas.

Uma vez que ele tenha a atenção de seus alvos, o populista deve polarizar a política. Ele pode vestir o manto de uma causa específica, mas não se preocupa com divisões ideológicas ou com uma polarização baseada em crenças políticas. Para o populista, seu objetivo não é uma discussão entre visões políticas concorrentes – o populista autoritário nunca foi verdadeiramente motivado por ideias. Em vez disso, para cativar e prender seu público, ele lança sua luta em termos morais: bem contra mal, luz contra escuridão. Embutidos em sua retórica estão aplausos que dão a seus apoiadores uma justificativa para sentirem raiva. Aqueles que estão com ele são patriotas, e seus oponentes são inimigos, traidores ou terroristas. Sob essa luz, seus oponentes políticos não são mais vistos por seus próprios apoiadores como defensores de uma visão política alternativa da qual discordam. Em vez disso, a oposição é despojada de quaisquer reivindicações de lealdade nacional. O primeiro-ministro indiano Narendra Modi cimentou o poder não apenas alimentando o fervor da identidade hindu, mas ele também privou publicamente a minoria muçulmana de seu lugar no Estado secular da Índia. Após a reeleição democrática em 2019, Modi anulou o Artigo 370, que protegia os muçulmanos na região da Caxemira desde 1949, logo após a divisão do Paquistão e da Índia em 1947. Meses depois, seu parlamento ofereceu cidadania aos refugiados na Índia, exceto aos de fé muçulmana. Por meio de severas críticas, bravatas ou atos da legislatura, os oponentes aos objetivos do populista são transformados em ameaças, inimigos do povo. Quando a oposição fala, denuncia os pronunciamentos do populista ou tenta resistir aos movimentos dele, seus alertas apenas alimentam a narrativa de que ele é o único verdadeiro líder contra as elites corruptas.

Para manter o controle, ele deve elevar a polarização da política a um nível de agitação sustentado. Deve assumir posições mais estridentes e intransigentes, de novo e de novo. O objetivo é simples: para provar sua coragem e animar seus apoiadores, ele tem que desafiar seu oponente no campo de batalha. Ao fazer isso, ele faz parecer que a sociedade está irreconciliavelmente em conflito entre si, que há rachaduras agudas e profundas entre seu grupo de verdadeiros patriotas e aqueles que pretendem prejudicá-lo.

Veja o caso de Nigel Farage, ex-líder do Partido da Independência do Reino Unido que defendeu que a Grã-Bretanha deixasse a União Europeia declarando que aqueles que buscavam a ruptura conseguiriam a "vitória para as pessoas de verdade".[4] Nessa declaração, ele condenou os 48% dos cidadãos britânicos que rejeitavam o Brexit como inimigo, e não os verdadeiros britânicos.[5] O populista não quer apenas conflito, ele exige isso. A luta visível depende de confrontos que chamem a atenção e mantenham a conexão emocional alimentada por seu carisma. Seu principal inimigo é qualquer coisa que se aproxime da razão, do consenso ou da moderação. Assim, ele convence seus seguidores a rejeitar qualquer lógica que questione a sua. Finge chegar a um acordo para chamar a atenção, depois detona qualquer potencial de ação conjunta. E ele estabelece limites, apenas para pular sobre eles, restaurando assim o que parecia normal.

Mas a polarização é apenas uma tática, e o populista entende que deve criar fendas permanentes que ameacem reafirmar a ordem normal. Assim, uma vez que o líder carismático polarizou efetivamente a política e assumiu o poder, ele deve começar a trabalhar para atacar todas as instituições democráticas e roubar sua credibilidade. Seus alvos mais valiosos são os blocos básicos de construção da democracia: a mídia, o judiciário, quaisquer autoridades independentes que possam restringir seu poder. Desacreditar preventivamente a mídia é um imperativo de primeira ordem, porque ele sabe muito bem que o bom jornalismo iluminará seus abusos. Hugo Chávez e seu sucessor, Nicolás Maduro, promoveram a Lei de Responsabilidade Social em Rádio, Televisão e Mídia Eletrônica da Venezuela de 2004 para censurar a mídia e limitar a cobertura de manifestações e críticas ao governo. Ao abrir processos tanto contra a mídia tradicional quanto contra as redes sociais, os líderes populistas têm silenciado a cobertura das ações do Estado, mesmo recentemente, com a crise do petróleo e dos alimentos de 2019, quando milhares encheram as ruas. E populistas eficazes também criam conexões diretas com seus apoiadores, desde programas de rádio semanais para reforçar as mensagens polarizadoras a feeds agressivos no Twitter para alimentar a indignação e remodelar a realidade.

Para o autoritário em treinamento, o próximo alvo provavelmente serão os tribunais. Nas democracias, um judiciário disposto a defender o império da lei é a restrição direta mais potente ao poder dele. Em resposta, ele politizará o trabalho da justiça, questionará sua agenda e preencherá suas fileiras com amigos ou simpatizantes. Tendo silenciado as críticas e manipulado a lei, o ato final é desmantelar a máquina da democracia ao minar as instituições e leis que agem como guardas contra a acumulação personalista de poder. Na Hungria, o primeiro-ministro Viktor Orbán, eleito democraticamente pela primeira vez em 1998 e novamente em 2010, agiu rapidamente para enfraquecer o judiciário e instalar seus aliados em instituições recém-criadas.

Tendo destruído tantas instituições, o populista deve agora construir um novo regime resiliente por meio de políticas de clientelismo. Como ele nunca teve crenças ou políticas verdadeiras, ele não está circunscrito por uma agenda real. Em vez disso, preencherá as fileiras do governo e quaisquer polos de influência política com amigos, patronos ou apoiadores. Isso se estende além dos pináculos do poder. As políticas que ele projeta ou apoia recompensam seus principais apoiadores, da maneira que ele os percebe. A Turquia, por muito tempo uma democracia parlamentar, estabeleceu uma presidência executiva em 2017, em vez do papel mais cerimonial de presidente. Essa mudança constitucional permitiu que o ex-primeiro-ministro imbuísse o novo papel de presidente de poderes expansivos. Sendo o primeiro presidente turco desse tipo, Recep Tayyip Erdogan tem autoridade para dissolver o corpo legislativo federal, nomear seu gabinete, emitir decretos e, essencialmente, operar sem monitores, pois também nomeia os tribunais e as burocracias. Para o populista autoritário, quanto mais rápido os monitores tradicionais das normas democráticas puderem ser descartados ou corroídos, melhor.

Como recuperar nossa credibilidade

Os primeiros passos para restaurar a posição de nossa nação são eleger um novo presidente, protegendo os processos que podem entregar um Congresso representativo e ativo e removendo as barreiras que impedem uma cidadania engajada. Devemos também prever o surgimento do próximo líder populista, o que significa que devemos fortalecer nossas instituições democráticas, reforçar nossos direitos de voto com ajustes permanentes na lei e na constituição, viver nossos valores e responsabilizar os líderes quando eles deixam de se comportar.

Nosso país hoje é aproximadamente 51% feminino, 13,4% negro e 18,1% hispânico.[6] No entanto, sob a administração Trump, a liderança da nação não reflete essa composição. Em 2020, dos 24 cargos de nível ministerial, apenas três são ocupados por mulheres e outros três são ocupados por pessoas não brancas, sendo que, desse grupo, apenas uma é mulher não branca. Os observadores criticaram a linha de líderes militares de Trump, todos brancos e homens, enquanto ele anunciava os ataques ao Irã.[7] O corpo de serviço estrangeiro tem uma composição similarmente sombria: 6% hispânicos, 5,6% negros, 6,8% asiáticos, 0,3% nativos norte-americanos.[8] As nomeações judiciais dele são recordes. Em janeiro de 2020, Trump nomeou 185 juízes para a bancada federal, e suas confirmações incluem dois juízes da Suprema Corte, dezenas de juízes de tribunais de circuito e mais de cem juízes de tribunais distritais. No manual do populismo, remodelar o judiciário é uma métrica fundamental, e a aliança de Trump com o senado controlado pelo Partido Republicano confirmou uma lista de juízes que são 76% homens e mais de 85% brancos. Essas nomeações não refletem de forma alguma a composição de nosso país. E, quando as pessoas nos avaliam por nossos valores, percebem que nossa representação na ordem nacional e internacional não reflete quem somos, o que nega nossa capacidade de criticar sua própria discriminação.

A diversidade informa e expande a capacidade de uma nação de formar líderes eficazes, e a história já provou que é útil ter líderes melhores e mais eficazes. Nossa maior fraqueza em nossa democracia provém de nosso tratamento das minorias, que serve como pedra angular da utilidade da democracia. Para recuperar nossa posição, devemos ser capazes de mostrar ao mundo que realmente valorizamos as minorias, pois então temos uma base moral em que podemos nos apoiar quando lhes dizemos que a participação das minorias em seu corpo político é importante. Quando autocracias e regimes autoritários chegam ao poder, o primeiro ato deles é eliminar os direitos das minorias – pode pesquisar sobre isso. Os populistas têm sucesso tratando o outro como inimigo, o que torna muito mais fácil fazer o trabalho de uma liderança de homem forte. E isso é parte do que estamos vendo nos Estados-nação que estão se afastando de suas democracias – o que aconteceu nas Filipinas, na Turquia, o que está acontecendo na Europa Oriental. A supressão dos direitos das minorias é a primeira marca do fim da democracia liberal e um grave perigo para essas comunidades. Portanto, há um benefício público e um internacional para a representação das minorias nas instituições democráticas dos Estados Unidos. Não podemos exigir que outros valorizem os direitos das minorias em outro lugar, quando deixamos de exigi-los de nós mesmos.

O direito de voto é essencial e fundamental para a democracia, e estamos enfrentando uma crise existencial nos Estados Unidos. Nossa democracia está estilhaçada por puras buscas de poder que permitem que os Estados suprimam o direito de voto, e enfrentamos um desafio paralisante para nossa liderança aqui e no exterior. O que vimos se desenrolar nos últimos 20 anos foi uma tentativa agressiva de supressão eleitoral dirigida diretamente às comunidades que por muito tempo estiveram fora do corpo político, e começou quando elas começaram a entrar e afetar as eleições de maneiras reais e tangíveis. No entanto, a consequência internacional é que não temos mais credibilidade como supervisores eleitorais e monitores eleitorais quando, em nosso próprio país, alguns de nossos maiores Estados estão se engajando na supressão eleitoral como um bem nativo. O poder político evolui quando novas pessoas entram no processo. Um aumento na participação das minorias interrompe o avanço do populismo, e as vozes das minorias geralmente levam ao progresso porque, normalmente, ficam chateadas por terem sido deixadas de fora das transformações anteriores. No século 20, os negros foram excluídos dos programas do New Deal, da Lei dos Reajustes de Militares e dos programas habitacionais devido às proibições federais de empréstimos e sobre os locais onde eles poderiam comprar casas. Latinos e asiático-americanos enfrentaram discriminação educacional no nível de escola pública, além de discriminação de moradia. A participação dos eleitores amenizou suas reclamações e, à medida que mais pessoas se tornaram civicamente ativas, maior atenção foi dada às suas necessidades. Isso é verdade para outras comunidades desfavorecidas. Os populistas entendem que o corolário de energizar a base de seu poder é a supressão do outro. Os americanos gostam de pensar que somos invulneráveis, mas não somos. Nossos sistemas não são. Nossa democracia pode ser resiliente, mas também é frágil. E essa fragilidade é o que está em jogo agora.

Quando penso sobre a próxima sequência de eleições, meu medo mais profundo é que enfrentemos não apenas a supressão eleitoral, mas que a parte mais insidiosa da supressão tenha efeito e as pessoas acreditem que não contam mais. Quando as pessoas se colocam do lado de fora da participação, isso na verdade é uma consequência muito mais eficaz, porque aumentar a dificuldade é uma coisa, mas fazer a participação parecer irrelevante tem um efeito muito mais difundido e permanente. Em uma suposta democracia onde a maioria da minoria decide que suas vozes não importam mais, estamos em uma situação terrível. Isso ameaça a democracia nos Estados Unidos e, portanto, é uma ameaça internacional. Ao restaurar a Lei de Direitos de Voto e realizar a série de propostas de legislação de engajamento dos eleitores apresentadas ao Congresso e aos vários Estados, podemos reafirmar nossa liderança e demonstrar como nos recuperar dos riscos de supressão.

Nossas instituições e nossos direitos de voto alimentam o exemplo mais visível de nossa decência. A maneira como tratamos nosso povo é um farol de como pretendemos liderar. As métricas de saúde, educação, segurança econômica, ação climática e segurança nacional têm consequências de longo prazo no contexto internacional, o que significa que, se os ideais e os valores que defendemos no exterior não estiverem consagrados em casa, isso afetará nossa capacidade de exigir a ordem democrática liberal. A credibilidade americana já foi ameaçada antes. Durante a Guerra Fria, a União Soviética usou de forma muito eficaz a propaganda da presença dos Estados Unidos na América Latina, na Ásia e na África. Eles diziam a essas democracias nascentes emergentes do colonialismo: "Este país diz para você confiar neles, mas eles são fornecedores de desigualdade e racismo. Por que acreditar neles?". Nossa credibilidade foi profundamente prejudicada na década de 1980, com um presidente que apoiava o apartheid como um sistema político e econômico aceitável. Portanto, não é que nossa credibilidade não tenha sido prejudicada antes. A grande diferença é como Trump e seus apoiadores políticos empreenderam uma tentativa sustentada de revogar nossos sistemas da maneira que vimos desde 2017.

As nações observam o que fazemos e emulam nosso comportamento, mesmo agora. A autoridade dos Estados Unidos para questionar o tratamento dado pelo presidente russo Vladimir Putin aos dissidentes enfraqueceu quando o presidente Trump se recusou a responsabilizar a Arábia Saudita pelo assassinato de um residente e jornalista americano. Apelos internacionais para aceitar refugiados do Iêmen, da Síria e de outros lugares ficam sem resposta quando a administração Trump oferece aos Estados o direito de recusar o reassentamento. Considerando que estão emulando o comportamento do país e a erosão da democracia, temos que reconhecer que a democracia não é um bem permanente.

Uma das maneiras de recuperar nosso centro moral é fazer com que os Estados Unidos mostrem que queremos algo melhor. Um bem absoluto acontece quando mudamos nossa liderança nacional, quando rejeitamos a ordem atual. Isso restaura, pelo menos, uma intencionalidade de nossa parte. O próximo presidente terá que rever o Acordo de Paris e nosso compromisso nacional de ação sobre mudança climática. O próximo governo deverá reexaminar o que fizemos com o Irã e o acordo internacional, bem como repudiar ditadores e valentões populistas em todo o mundo. A rapidez de nossa resposta ao que foi feito em nome dos cidadãos americanos falará ao mundo sobre a direção que pretendemos seguir.

Restauramos a credibilidade quando demonstramos que os Estados Unidos têm uma nova safra de líderes, reflexo dos valores que defendemos, que estão dispostos a fazer o trabalho de construir esses relacionamentos novamente e que há uma oportunidade contínua de consertar o que foi quebrado. Igualmente crítico, devemos examinar nossas leis para avaliar como qualquer demagogo poderia se infiltrar e mudar nossa nação com tanta rapidez e segurança. Devemos garantir que nunca mais perderemos a nós mesmos ou nosso lugar no mundo.

10
A próxima melhor versão dos Estados Unidos

Estou furiosa. Mais de um ano após a eleição de 2018, mal consigo assistir às filmagens da campanha sem apertar a boca e estreitar os olhos. Vejo o rosto dos georgianos iluminados na tela, alguns sob o sol forte de um comício ao ar livre, outros sob o brilho artificial das luzes do ginásio, e me lembro da pressão de um beijo idoso na minha bochecha em Sandersville ou um espontâneo abraço de um adolescente desengonçado finalmente com idade suficiente para votar. Pesquisei imagens de eleitores compartilhando suas histórias para capturá-las aqui, e mais de uma vez tive que pressionar o botão de pausa para me dar um momento – porque acreditei em Jordan quando me contou sobre sua paixão pela educação infantil como um escudo protetor para nossos cidadãos mais jovens, quando Isabella e Kenneth reivindicaram nossos valores comuns em espanhol, quando Kristy e Amy disseram meu nome na língua de sinais. Acreditei que tínhamos uma chance justa de vencer.

Mas, na Geórgia (assim como na Flórida, no Texas e em outros Estados), os vencedores apostaram em suas campanhas usando a repulsa pelos imigrantes, e – em minha amada Geórgia – meu oponente prometeu assinar uma legislação para demonizar a comunidade LGBTQIA+. Em todos os três casos, a opressão venceu com a supressão eleitoral, afastando eleitores negros e pardos, jovens, idosos, pobres e novos cidadãos. No fim das contas, as vítimas dessas campanhas viram como suas necessidades pouco influenciaram as eleições. E isso também me enfurece.

Nos meses seguintes, dei entrevistas, participei de podcasts e escrevi artigos de opinião, mas acredito que ainda não captei totalmente o que aprendi em 2018 – sobretudo naqueles dez dias após a eleição. Na manhã seguinte à eleição, nossa equipe principal se reuniu na sala de jantar da suíte de nosso hotel. Meus pais e irmãos haviam voltado para seus quartos por volta das duas da manhã. Caí em um sono agitado perto das quatro horas e me levantei novamente algumas horas depois. Um resfriado que vinha ignorando havia dias martelava na minha cabeça. Mas tive que me concentrar em nosso plano de jogo para a próxima fase.

Na maioria das disputas, o dia da eleição é o fim, a menos que o Estado tenha um segundo turno. A Geórgia é um Estado de segundo turno, mas naquela manhã a Associated Press ainda se recusava a declarar um vencedor. Em vez de verificar o site da secretaria de Estado, esperei que minha gerente de campanha, Lauren, me atualizasse. Antes de nos separarmos na noite anterior, eu havia autorizado uma série de anúncios na televisão para encorajar os eleitores a resolver seus votos provisórios e ligar para nossa linha direta se experimentassem supressão eleitoral. Quando Lauren chegou, um pouco depois das oito, ela estava lívida. Milhares de ligações já haviam chegado, e, ao final do processo, a linha direta registraria mais de 80 mil ligações. Logo, Dara Lindenbaum, com quase quatro meses de gravidez de gêmeos, juntou-se a nós, seguida por Allegra Lawrence-Hardy. As duas compunham o time de nossa consultoria jurídica e vinham aconselhando Lauren e eu desde nossas lutas de 2014 com Brian Kemp.

Nas horas seguintes, planejamos nossa estratégia e definimos incumbências. Nenhuma de nós chorou à mesa enquanto examinávamos nossas opções, mas a reunião tinha um ar de irrealidade. Dezoito meses de campanha. Três anos de planejamento. E ainda sem respostas. Por fim, nosso conclave se desfez porque Allegra e Dara precisavam providenciar a extensão de suas reservas de hotel. A suíte de candidatos fora transformada em nossa Sala de Guerra pós-eleitoral. Entreguei chaves extras e esperei pacientemente que todos saíssem. Então me arrastei de volta para a cama desarrumada do hotel, selecionei o filme *Desculpe te incomodar* e esperei que as lágrimas viessem.

Elas não fluíram quando meus pais vieram ver como eu estava. Quando meu irmão Richard me trouxe o café da manhã. Ou quando minha irmã mais velha me disse que adiara seu voo de volta para Kentucky. Abracei Andrea com mais força do que o necessário, mas me recusei a chorar. Parte de mim sabia que as lágrimas significariam que eu aceitava a derrota, que todo o nosso trabalho estava encerrado. A parte estoica de mim nunca gostou de chorar, e eu estava orgulhosa de ter segurado isso. Mas então meu irmão Walter ligou de um telefone da prisão, mais preocupado comigo do que consigo mesmo. Depois que desliguei o telefone, os soluços pareciam não parar. Mas rapidamente tive que contê-los quando vi a hora e percebi que tinha outra ligação para fazer aos doadores, a fim de levantar dinheiro para as horas extras.

Nos dez dias seguintes, tentei passar rapidamente pelos sete estágios do luto. Li sobre eles virem um após o outro, mas eles pareciam me atacar de uma vez. O choque, a negação, a barganha e os testes foram canalizados para uma série de processos que autorizei ou sobre os quais tomei conhecimento e, embora tenhamos ganhado a maioria deles, não houve alívio. A cada vitória, os números entre mim e meu oponente ficavam mais próximos, mas sem uma resposta clara.

A fúria estava sempre presente, junto com a raiva e suas variações. Até esta eleição, nunca havia me considerado uma pessoa raivosa. Quase todos os empregos que já tive exigiam navegar por facções em guerra, escolher entre visões concorrentes ou simplesmente sobreviver ao zumbido baixo e constante da intolerância. Meu temperamento é equilibrado e pouco dramático e, para ser honesta, a raiva constante sempre me pareceu uma fraqueza. A pessoa perde o foco ou, pior, é definida apenas por essa emoção. Mas estava com raiva e não conseguia me livrar disso.

Eu ficava sentada, em depressão, relendo meus romances favoritos, em que um relacionamento torturado sempre tem um final feliz. Assistia a reprises de programas de ficção científica enquanto acampava no meu sofá em casa. Minha irmã mais nova havia sido designada por nossa família como minha babá, então ela encontrou uma desculpa para me visitar quase todos os dias na semana seguinte. Como um relógio, meu gerente de campanha relatava as notícias da eleição diariamente e, embora a lacuna diminuísse, tinha a sensação de que a distância seria intransponível. No sexto dia, decidi pular a etapa da aceitação e ir direto para um novo estágio que gosto de chamar de conspiração.

Em um bloco de notas que mantinha na mesa de centro para os relatórios diários de Lauren, esbocei três novas maneiras de continuar a fazer o trabalho que me alimentava desde que eu era adolescente: lutar pelos direitos daqueles que muitas vezes são deixados para trás ou são totalmente ignorados. Os resultados foram Fair Fight Action e Fair Fight PAC, para combater a supressão e o engajamento de eleitores; Fair Count, para abordar o censo e além; e o Projeto de Avanço Econômico para o Sul, para continuar gerando as ideias de políticas progressistas que provavelmente não seria capaz de promover como governadora.

Conversei com meu amigo Will sobre a janela de encerramento da eleição e ele perguntou se eu planejava ceder. Tentei responder, mas não consegui formar as palavras. A ideia de aceitar o que acontecera com 80 mil eleitores privados de direitos – que eu saiba – era insuportável. Na noite de 15 de novembro, quando Lauren e eu percebemos que tínhamos chegado o mais perto que podíamos, usei o mesmo bloco de notas para esboçar meu discurso de não concessão. No entanto, quando rejeitei a tradição de ceder, quando desenvolvia esses grupos e levantava milhões de dólares para financiar seus esforços, quando estava diante de meu país dando a resposta do Estado da União, a constância da raiva me perseguia. Sua permanência me inquietava, ainda me pegando desprevenida em momentos ímpares.

No fim, forcei-me a enfrentar os sentimentos estranhos e taciturnos que queimavam e gelavam dentro de mim ao mesmo tempo. Perder a disputa para governador não foi minha primeira derrota, e eu havia me preparado para essa possibilidade. Chelsey Hall, minha ex-assistente especial, agora conselheira, tinha o trabalho de me dar suporte enquanto eu reaparecia aos olhos do público. Enquanto caminhava pelos aeroportos, mercearias e saguões de hotéis, percebi o que me mantinha tão irada. O tempo todo, pessoas que nunca haviam me visto pessoalmente corriam para me agradecer por ter disputado a eleição. Chelsey segurava bolsas e ficava de olho nas bagagens enquanto elas me abraçavam. Nas primeiras vezes, fiquei perplexa com a atenção.

Eu havia me preparado para a humilhação, para as pessoas evitando contato visual ou me oferecendo conselhos sobre o que eu *deveria* ter feito. Mas isso nunca se materializou.

Em vez disso, encontrei comissários de bordo que me entregaram bilhetes escritos em guardanapos, gratos por eu ter falado por eles. Funcionários da manutenção empurrando seus carrinhos em prédios de escritórios apertaram minhas mãos ou me abraçaram espontaneamente, sussurrando que haviam votado em mim e seus votos haviam sido roubados. Apoiadores de fora da Geórgia pediram selfies para mostrar a seus filhos porque a campanha havia acendido uma paixão em suas famílias. Em uma área de espera entre as viagens, falei pelo Skype com as mulheres sobrecarregadas e mal pagas da Aliança Nacional de Trabalhadores Domésticos e fiquei maravilhada quando elas comemoraram os 250 mil voluntários que reuniram em 2018 – aplaudindo seu novo poder em vez de lamentar os resultados da eleição. Visitei líderes trabalhistas que trabalharam em nossa campanha, fazendo recomendações e atuando como voluntários durante milhares de horas para obter apoio financeiro, o que colocou centenas de trabalhadores de campo nas portas. Todos eles me agradeceram por nossa campanha sem um pingo de ressentimento pelo seu amargo fim. Em um voo de conexão que passava por um Estado do meio-oeste, um homem branco de meia-idade vestindo uma camuflagem me viu descer de um avião. Ele parou logo depois do portão, impassível como um tronco de árvore. Chelsey estava algumas fileiras atrás de mim, então esperei sozinha, observando-o enquanto ele me observava. Depois de alguns segundos, ele marchou até mim. "Você é Stacey Abrams?" Sabendo que não podia mentir, disse: "Sim, sou". Seu rosto áspero se abriu em um sorriso. "Posso te dar um abraço? Você arrasa." Eu o abracei, assim como fiz com um grupo de estudantes negros e pardos na faculdade onde dei uma palestra, jovens que me disseram que sabiam que a votação era fraudada, mas que não iriam parar. Minha raiva existe porque eles merecem mais, mas nossa nação está em apuros e sei por quê.

Os Estados Unidos, como grande parte do mundo democratizado, estão em um momento crucial da história. Os conceitos de justiça e equidade tornaram-se mais frágeis, e agora os elementos centrais do nosso sistema democrático de governo estão sob cerco. Embora os Estados Unidos sempre tenham se atrapalhado em sua busca pela igualdade social, o que aceitávamos como princípios básicos foi corroído, e as verdades sobre quem somos como pessoas livres mudaram – e não para melhor. Quer sejam as histórias de brutalidade policial contra negros, crianças migrantes morrendo por falta de cuidado em centros de detenção americanos, ataques a vale-alimentação para os pobres ou o surgimento de regimes autoritários onde antes existiam democracias orgulhosas, uma desconexão está se espalhando entre quem dizemos que nós somos e como nossos sistemas se comportam. A causa é clara: uma mudança massiva e inevitável na composição demográfica tanto nos Estados Unidos quanto no exterior.

A rápida mudança da população dos EUA atingiu um ponto de inflexão, onde uma nova maioria política emergiu plenamente. Nos últimos 20 anos, aumentaram os rumores sobre a influência dessa maioria multirracial, multiétnica e movida pela juventude. Ainda assim, os prognósticos de uma mudança radical em direção a um movimento progressista foram recebidos com ceticismo sobre se tal coalizão poderia realmente acontecer. Vimos pela primeira vez vislumbres dessa promessa progressista na vitória de meio de mandato de 2006 que trouxe a primeira mulher presidente da Câmara e manifestou-se na eleição de 2008 do presidente Barack Obama. Mas com as eleições fracassadas de 2010,

2014 e 2016, a maioria de nós começou a acreditar que uma coalizão de marginalizados e nossos aliados nunca poderia assumir o poder real. Provando isso, os candidatos políticos e o Partido Democrata têm lutado para engajar de forma confiável esse novo grupo demográfico – mordiscando às margens do sucesso, mas recusando-se a colocar o peso de uma eleição em seu comparecimento.

Parte do desafio é externo: um processo generalizado e sistêmico que retira o direito de voto de alguns e cria obstáculos ao acesso de outros. O poder do voto é real, assim como as políticas que silenciam a humanidade de nossos concidadãos (como as lutas de Trump contra as pessoas não brancas) e um sistema de financiamento político que dá preferência a brancos, velhos e ricos. Mas a ameaça também vem de dentro da própria coalizão: os cidadãos que lutam contra o racismo, o sexismo, a homofobia e a pobreza são os menos propensos a votar. Pior, eles são informados de que é errado procurar candidatos que se pareçam com eles, compartilhar suas experiências ou falar em voz alta sobre soluções para eles. Subjacente a tudo isso está um planejamento míope que responde ao problema em questão, em vez de construir soluções de longo prazo.

No fim, esperamos supressão e afastamento de eleitores, trapaça e partidarismo, e os candidatos que deveriam envolver nosso grupo crescente para obter vitórias têm medo de alcançá-los. Quando essas vitórias vêm, nós as vemos como singularidades políticas, admiráveis, mas não replicáveis. Essa rejeição de um valioso conjunto de eleitores persiste apesar das vitórias transformadoras em todo o país e ao longo de vários anos, onde mulheres, pessoas não brancas, candidatos LGBTQIA+ e jovens tornaram-se a esperança visível da Nova Maioria Americana. Disputas apertadas em territórios inesperadamente competitivos também demonstram que as mudanças demográficas se concretizaram como um roteiro político. No entanto, à medida que lutamos contra aqueles envolvidos no *status quo* e contra nossos amigos com muito medo do potencial dessa mistura de opiniões e necessidades, devemos enfrentar nossa vitória. O que vem a seguir é: como um movimento progressista se torna uma força política permanente quando nem seus inimigos nem seus aliados acreditam de fato que ele seja real?

Temos que recuperar a noção do que significa democracia. Uma parte importante desse projeto é que temos que parar de pensar nas eleições como sendo apenas sobre os candidatos. Uma das coisas que digo que enfurece a direita, mas que digo com toda a sinceridade, é que na Geórgia nós *ganhamos*. Não vi a vitória simplesmente como cruzar a linha de chegada e obter um título. Vencer é garantir que as pessoas que não acham que são importantes em nosso sistema acreditem que podem levantar a voz. Por muito tempo, os políticos trataram as eleições como uma única noite de resultados. Mas, enquanto fizermos da vitória a única coisa, enquanto fizermos do cruzamento da linha de chegada e da entrega da medalha a única métrica, continuaremos a perder nossa democracia. Quando vencer é tudo o que importa, o modo como você vence tem cada vez menos relevância. Minha missão é nos lembrar de que não se trata de conseguir um emprego. É ajudar que a voz de nosso povo seja ouvida. E isso é democracia. O poder e o objetivo do nosso sistema é permitir que as pessoas tenham a capacidade de ter seus valores representados e de selecionar seus líderes. Sempre que corroemos essa capacidade, estamos corroendo a própria república que buscamos proteger.

Ainda assim, em uma democracia, o objetivo fundamental é impulsionado pela matemática: obter mais votos daqueles que compartilham suas opiniões, seus valores e suas prioridades. Embora o ato de votar raramente garanta o resultado esperado, cada voto serve para registrar a intenção dos governados. É claro que, além de votar para representantes eleitos, votamos em uma série de outros itens. Em alguns Estados, as iniciativas de votação permitem que os cidadãos redijam suas próprias leis do país, e os funcionários governamentais eleitos e nomeados devem estar sujeitos à vontade do povo. Diversas jurisdições exigem que os cidadãos votem antes que os títulos sejam emitidos ou os impostos aumentados, para estabelecer limites sobre quanto pode ser coletado ou para ditar como os dólares são gastos. Realizamos eleições em quase todos os níveis de governo, desde conselhos escolares e municipais a juízes e legisladores estaduais, ao Congresso e à presidência, e se você mora em Duxbury, Vermont, pode votar no funcionário da carrocinha. Independentemente do nível de governo, do impacto da função ou da amplitude do impacto, votar é poder.

A política de identidade reflete o modo como filtramos nossas escolhas. Na era atual, o que se tornou polêmico é como as identidades são distintas e com que eficácia tanto os candidatos quanto os eleitores têm alavancado a questão da identidade para fazer progressos em relação a seus valores. As eleições recentes agora incluem a constante menção a um "primeiro": primeiro prefeito muçulmano, primeira congressista nativa norte-americana, primeiro representante estadual transgênero. Esse uso eficaz da identidade – seja para escolher um candidato ou para reunir eleitores – abalou as tradições da política americana e, com essa transformação, veio o ressentimento daqueles que não se veem na descrição. Acadêmicos analisaram a legitimidade da política de identidade e especialistas escreveram artigos que criticam sua relevância. Em geral, os críticos usam uma repulsa das políticas de identidade – aquelas baseadas na marginalização ou na desvantagem – para assustar os eleitores e fazê-los acreditar que suas escolhas particulares lhes custaram a vitória nas eleições. Por mais lógico que o argumento possa parecer, no entanto, a realidade é que, à medida que os que estão fora das normas da política aumentam, também aumentam as várias justificativas para seu nível de sucesso ou derrota. Os candidatos não ganham nem perdem porque expressam preocupação ou solidariedade com a alteridade. Eles ganham ou perdem porque a ignoram ou porque alguns eleitores têm medo dela. Mas, em meio à turbulência demográfica, o aumento da supressão eleitoral e a denúncia da política de identidade pelos marginalizados compartilham uma causa comum. A supressão do eleitor serve para bloquear o acesso daqueles que não são considerados cidadãos plenos devido à raça e ao *status*. E rejeitar a política de identidade diz aos mesmos grupos que sua diferença não apenas não importa, mas é prejudicial ao seu progresso.

Mas a integração do acesso e da identidade do eleitor é o propósito fundamental da democracia. Como nação, nós nos organizamos para delegar autoridade ao povo sobre as questões políticas mais profundas e mundanas. Em reação à tirania de uma monarquia, estabelecemos um processo inclusivo e independente que, em teoria, atribuía igualdade a todos os cidadãos em virtude do voto – não em virtude de raça, classe, gênero, orientação sexual, nacionalidade ou capacidade física. O único obstáculo era obter a cidadania. No entanto, como a história e o comportamento atual mostram, continuamos a lutar para acreditar que a cidadania plena pertence a todos os que têm o direito de possuí-la. Em vez disso, por mais de 200 anos, vimos o impedimento do ato de votar com base na identidade. E testemunhamos as próprias identidades sendo impostas às comunidades pela maioria, usadas como justificativa para supressão e opressão. O resultado foi um silenciamento de vozes e, pior, um silenciamento de ideias e uma desconexão do que as pessoas precisam para participar ativamente do futuro de nossa nação.

Em uma democracia, se não ouvirmos todos, a complexidade de nossas comunidades ficará sem solução e nossa ambição nacional ficará incompleta. Quando os cidadãos se sentem não representados ou, pior, exorcizados do processo, segue-se o desinteresse. Frequentemente, os eleitores em potencial que não participam das eleições são considerados apáticos, e muitos deles concordariam com a descrição. Um dia desses, vi um vídeo no YouTube de um artista de hip-hop chamado YelloPain. A sequência de abertura partiu meu coração, enquanto ele passeava por seu bairro descrevendo amargamente como o voto parecia inútil. Ele invocou a promessa da presidência de Obama, depois lamentou como a vida não havia melhorado. Sua condenação do ato de votar parece ao mesmo tempo lógica e trágica. Mas, em seu próximo verso, ele critica a história da apatia do eleitor, e com sua poesia rápida você passa a entender que sua reação é mais apropriadamente tratada como desespero e desilusão. Como ele, os eleitores silenciosos e elegíveis tendem a vir de comunidades tradicionalmente ignoradas por políticos e pelas políticas. Ele detalha a dissimulação de um sistema que falha em conectar os pontos entre votação e mudança.

Quando respondo a perguntas sobre por que os cidadãos mais oprimidos não votam, descrevo a jovem de 18 anos que cresceu em meio à pobreza intergeracional. Ela pode ser perdoada por não acreditar em um slogan de campanha que promete uma solução rápida para a crise de moradia e fome que ela vivenciou durante toda a sua vida. Isso também vale para um homem de meia-idade que perdeu o emprego na indústria e, com ele, o seguro-saúde que dava cobertura para sua família. Ou a família negra enterrando uma criança morta em um tiroteio envolvendo a polícia. À medida que nosso país muda em sua produção econômica, bem como em sua composição racial e étnica, o desinteresse provavelmente seguirá seu padrão tradicional e se tornará desamor. Quer o resultado seja Occupy, Tea Party ou Black Lives Matter, nossa era atual viu o que acontece quando as pessoas não se sentem representadas.

O que YelloPain faz a seguir é um golpe de mestre artístico e ativista. Ele habilmente ilustra como compreender e se envolver no sistema político é uma questão de sobrevivência. Tal qual uma versão moderna da série *Schoolhouse Rock!*, ele explica os três poderes do governo, conectando suas falhas às nossas. Desde a política de saúde e a ação climática à rede de segurança social e as altas finanças, nossos votos determinam como os setores público e privado operam e onde eles se cruzam. Mais importante: como YelloPain, devemos internalizar que a ferocidade de nosso engajamento em relação aos três poderes, em todos os níveis, decide se os responsáveis prestam alguma atenção.

A diferença no modo como abordamos as questões de acesso e oportunidade depende muito de como é visto o papel do governo. Se um pesquisador questionasse um cidadão médio, a maioria diria que não acha que alguém deveria ser sem-teto se a pessoa trabalha em tempo integral. Diriam que os americanos não deveriam morrer de doenças curáveis apenas porque não terem seguro-saúde. Nossa nação desaprova o roubo ostensivamente e nós incentivamos a educação. No entanto, essas crenças comuns requerem ação pública para garantir a implementação e a permanência. Para os eleitores, os rótulos dos partidos políticos servem de atalho para conhecerem os candidatos, em vez de fazerem uma investigação completa de cada um. E os partidos servem como guias para a formulação de políticas. Quer a escolha apresentada seja eleger um funcionário ou derrotar a legislação, o ato de votar permanece a chave. É uma chave que abre o acesso à oportunidade, à mudança, às redes interconectadas de comércio, política e justiça social que sabemos que queremos, mas eles querem que mantenhamos essa porta fechada. No entanto, não haverá absolutamente nenhuma mudança se deixarmos a porta permanecer trancada. Somente se as pessoas votarem é que suas vozes serão ouvidas e suas vidas mudarão.

Nossa hora é agora. Temos os números, a missão e a oportunidade de começar a construir a próxima melhor versão dos Estados Unidos. Todos nós temos a obrigação de defender nossa democracia. Esta semana, cada um de nós pode perguntar a cinco desconhecidos se eles se registraram para votar ou se recentemente verificaram seu registro. Se não fizerem, encaminhe-os para o site Vote.org. Se verificaram e não constam, ou se já enfrentaram a supressão de eleitores, entre em contato com o site FairFight2020.org. Este mês, podemos identificar e entrar em contato com nosso vereador, nosso comissário do condado *e* nosso representante estadual. Sim, todos os três, porque cada um administra um conjunto distinto de leis que governam nossa vida. Se tudo o que você fizer for enviar uma nota rápida para se apresentar ou deixar uma mensagem de voz sobre um assunto do seu interesse, já é suficiente. As autoridades eleitas trabalham para nós e dão o melhor de si quando sabem que estamos prestando atenção. Se você quiser aumentar a aposta, pergunte a eles como planejam apoiar um redistritamento justo para sua comunidade. Por fim, este ano, ofereça-se para alcançar eleitores improváveis por meio de uma campanha ou organização. Quer você ajude em uma campanha presidencial ou em uma corrida para o conselho escolar, peça especificamente para atuar com os eleitores com pontuação mais baixa, aqueles que não aparecem há anos. Eles são os únicos que precisam saber que são importantes. E não se preocupe se você odeia bater em portas ou prefere telefonemas ou enviar cartões-postais. Escolha o seu caminho e depois invista em alguém que pensa que é invisível. Se você estiver lendo isso após a eleição presidencial, não se preocupe. Sempre há uma campanha acontecendo em algum lugar dos Estados Unidos.

Com esse compromisso coletivo, a melhor versão de nosso país está ao nosso alcance: aquela em que garantimos uma chance justa de moldar o discurso, sabendo que a vitória não é dada; aquela em que entendemos que, às vezes, a luta é o mais importante. Mas, a menos que estejamos comprometidos com a batalha pela alma dos Estados Unidos, seremos para sempre retidos por nossos momentos mais fracos.

Eu acredito em mais. Porque eu acredito em nós.

Posfácio

Enquanto este livro é escrito, o mundo luta contra a pandemia de covid-19, um novo coronavírus que se espalhou por quase todos os continentes e cujas vítimas transcendem raça, classe, gênero e credo. As respostas à ameaça têm variado e os recursos para combater seu ataque têm alta demanda. Protocolos de teste, apoio econômico e regimes de cuidados com a saúde foram levados ao limite. Pior ainda, os fluxos de informação que poderiam ter preparado os países para reagir com mais rapidez e eficácia foram bloqueados pela desconfiança e por jogadas políticas. Os Estados Unidos, uma nação sempre chamada para liderar esses esforços nas últimas décadas, atrapalharam-se em sua própria defesa contra a covid-19. Embora o presidente Trump tenha sido advertido por seus próprios especialistas durante meses, ele reagiu à crise com meias-verdades combinadas com uma atitude blasé sobre o que estava por vir. As autoridades de saúde passaram despercebidas ou foram silenciadas, enquanto a ação política se concentrou quase que exclusivamente no custo do vírus no mercado de ações. À medida que a pandemia se espalhava por todo o país, os governadores se viram lutando não apenas contra a doença, mas contra um presidente errático, sem curiosidade e mal-informado que regularmente contradizia ou minava o que a melhor ciência poderia recomendar.

Nossa chegada neste momento crítico não é uma surpresa. Por 40 anos, um rolo compressor conservador misturando ideologia e interesses especiais corroeu a confiança do povo no governo, prejudicou a capacidade de nossas instituições e minou a crença das pessoas na ciência como uma ferramenta independente e confiável para a apuração de fatos. O que começou durante a Revolução Reagan encontrou verdadeiros crentes nos anos Bush e floresceu quando o Partido Republicano assumiu o poder em 2010. A queda começou com a constante zombaria dos burocratas, considerando-os drenos desnecessários dos recursos dos cidadãos, em vez de pessoal essencial para operar a máquina de nosso amplo exercício nacional de governança. Os trabalhadores responsáveis pelo povo norte-americano tornaram-se alvo de chacota. Os líderes eleitos duvidavam de sua utilidade, e os constituintes acreditaram neles. Funcionários do governo tornaram-se alvo de desconfiança, em vez de membros de um sistema vital de distribuição de bens públicos.

Mas convencer os americanos a não confiar no governo serviu como primeiro passo. Grover Norquist explicou a famosa missão conservadora definitiva: "reduzir [o governo] a um tamanho em que possamos afogá-lo na banheira". Durante décadas, os congressistas republicanos executaram essa segunda etapa, eliminando o financiamento de burocracias cruciais, às vezes com a ajuda de democratas intimidados. Ondas de privatização, desregulamentação e isolamento tiveram os efeitos desejados: menos mãos no convés. Mas essas mãos são necessárias para fornecer serviços essenciais, como saúde pública, e agora temos um número cada vez menor de provedores de serviços em tempos de desastre.

O terceiro passo foi substituir fatos científicos por opiniões com fins lucrativos. Dos negacionistas da mudança climática à proibição do Congresso de estudos científicos impopulares, a ideologia conservadora moderna rejeitou a pesquisa como um ingrediente necessário para as tomadas de decisão. Enquanto Richard Nixon fortaleceu o papel dos Estados Unidos na ação ambiental, os republicanos que o seguiram destruíram sistematicamente nossa fé nos fatos.

O enfraquecimento de nossa infraestrutura de administração pública atingiu seu ápice no governo Trump. Trump e seu gabinete sempre ridicularizaram as próprias instituições que lideravam. Os americanos se acostumaram com a alta rotatividade de funcionários do gabinete e as saídas de funcionários. O fluxo constante de mentiras de Trump faz com que metade do país fique surda, enquanto a outra metade engole informações falsas. As ações de Trump basearam-se na destruição intencional de instituições do Partido Republicano e deixaram os Estados Unidos enfraquecidos em uma época de crise internacional.

Essa erosão da confiança pública tem consequências claras. Nossos líderes precisam de nossa confiança para impulsionar uma ação rápida em uma crise. Caso contrário, em vez de atuar no interesse coletivo, os cidadãos se submetem às suas próprias preocupações pessoais. Para a covid-19, tivemos um líder ineficaz que disse a uma nação para não agir, apesar de um chamado internacional às armas. Nosso presidente desperdiçou semanas preciosas, o que significa que nossa reação nacional ficou muito aquém de respostas mais competentes na Coreia do Sul ou em Taiwan. Quando o Centro de Controle e Prevenção de Doenças (CDC) pediu o distanciamento social, milhares de jovens, criados em uma época de desconfiança do governo, foram às praias da Flórida para aproveitar as férias de primavera. Eles não estão sozinhos em ignorar os avisos. Em todo o país, o desdém por evidências é o resultado de um cinismo treinado que afetou jovens e idosos. Sem a capacidade de compartilhar uma narrativa comum, o governo tem poucas chances de produzir uma solução bem-sucedida.

Infelizmente, os Estados Unidos não têm apenas um público descrente, mas sua capacidade de responder foi esvaziada. Cortes orçamentários nos níveis federal, estaduais e municipais destruíram nossos sistemas de saúde pública. E a privatização – em que as empresas privadas assumem os serviços públicos – deixou o setor público incapaz de prestar serviços essenciais. Em vez disso, recorremos ao setor privado para assumir funções públicas. O debate atual gira em torno de invocar a legislação da época da Segunda Guerra Mundial para forçar o setor privado a agir de forma ainda mais agressiva. No entanto, as histórias não são paralelas. O que os Estados Unidos enfrentam hoje é uma crise autocriada, em que muitos líderes eleitos abdicaram da responsabilidade pelos deveres públicos. As linhas de falha dessa dependência excessiva do setor privado já estão aparecendo. As demandas por testes pagos para covid-19 nos estacionamentos do Walmart e da Target vão privilegiar inerentemente aqueles com acesso a carros. Aqueles que dependem de transporte público ou que estão presos em casa podem ser abandonados. A disponibilidade de atendimento médico normalmente flui primeiro para as instalações mais ricas, os hospitais privados que podem pagar por atendimento de primeira linha. Os pacientes mais ameaçados são aqueles que dependem de clínicas financiadas pelo governo e hospitais rurais com poucos recursos, ou os não documentados, que estão totalmente fora de qualquer sistema de saúde organizado.

Ainda assim, os EUA têm uma oportunidade de remediar esse desastre. As eleições de 2020 vão escolher nossos próximos líderes federais e, em todo o país, autoridades estaduais e locais estarão disponíveis para votação. Em primeiro lugar, essas eleições devem ocorrer. Uma democracia não pode tolerar um comércio de troca entre segurança e participação. O futuro do nosso país depende de eleições que protejam eleitores, funcionários eleitorais e o direito de voto. À medida que nos adaptamos às novas normas para nos proteger da covid-19, devemos também adaptar a forma como conduzimos nossas eleições. O recenseamento eleitoral deve ser disponibilizado on-line e o registo em papel deve ser facilitado para os milhões que não têm acesso à internet. Em todos os Estados, o voto pelo correio já existe, embora alguns Estados restrinjam quem pode acessá-lo. Em 2020, isso deve estar disponível universalmente. Os padrões-ouro para voto por correio incluem cédulas com porte pago ou pré-pago, a contagem de todas as cédulas postadas até o dia da eleição, a reformulação das leis de incompatibilidade de assinaturas para proteger os eleitores e a permissão para que organizações comunitárias coletem e entreguem com segurança as cédulas preenchidas e lacradas. Os Estados também devem se preparar para realizar eleições presenciais que estejam em conformidade com as diretrizes do CDC. Certas comunidades (principalmente nativos norte-americanos e eleitores rurais) têm serviços de entrega lentos ou pouco confiáveis, e os cidadãos negros e latinos geralmente preferem votar pessoalmente.

Da mesma forma, o censo de 2020 também deve prosseguir, com grande atenção e investimento na participação plena. O Departamento de Censo deve estender o tempo para respostas, implantar mais alcance digital e por telefone e expandir sua campanha educacional para amplificar a importância do censo. Há uma conexão direta entre uma contagem precisa e o acesso ao poder financeiro e político transmitido por meio do censo, e os líderes políticos de boa vontade devem exigir financiamento adequado para garantir que o trabalho seja feito da maneira certa. Apesar da pandemia de covid-19, a Constituição não permite uma segunda tentativa. Temos apenas uma chance para o futuro desta década.

As eleições de 2020 devem se tornar um referendo sobre como restaurar a confiança no governo por meio da reconstrução de sistemas públicos competentes. Devemos pressionar os candidatos sobre seu compromisso com a questão urgente da verdadeira preparação para desastres. Isso requer um plano para fortalecer o sistema de saúde pública em todos os Estados e comunidades vulneráveis. Para fazer isso, é necessário um fluxo de financiamento apropriado e consistente, que não esteja sujeito a caprichos ideológicos ou propaganda. Nossas obrigações internacionais devem ser centrais para este renascimento. Em 2018, Trump desmantelou efetivamente o sistema de segurança de saúde global da era Obama que havia sido recomendado por Ron Klain, chefe de gabinete do vice-presidente Joe Biden. O objetivo – compreender como os vírus se movem além das fronteiras e preparar uma estratégia de comunicação e resposta para crises de saúde transnacionais – teve sua gênese no engajamento multilateral do país contra o vírus ebola. A ação rápida e mundial não apenas acelerou os tratamentos para os países que enfrentavam infecções, como também desacelerou a transmissão para outras nações, incluindo os Estados Unidos. A decisão míope de Trump, embora devastadora nesta crise atual, deve incentivar uma restauração do sistema de segurança de saúde global e levar a uma reflexão mais profunda sobre o que constitui uma ameaça genuína à segurança nacional.

A covid-19 exige resposta imediata para derrotar um inimigo intercontinental que ataca nossa saúde, nossas economias e nosso futuro. Mas a designação "covid-19" refere-se à doença (D) do vírus (VI) corona (CO) de 2019 (-19), uma indicação de que este é simplesmente um dos muitos novos coronavírus que afetam e afetarão as populações humanas.

Os EUA já foram os defensores do mundo, um exemplo de competência entre os governos liderados democraticamente. Agora é a hora de reivindicar nossa posição mundial, restaurando nossa democracia em sua força operacional plena e reentrando na arena global como um verdadeiro líder de nações. Não podemos nos dar ao luxo de esperar.

Nota da autora

À medida que entramos no circo político de 2020, passo cada vez mais tempo oferecendo palavras de calma e paciência. Combinadas com a atual pandemia do coronavírus, as preocupações rapidamente chegam quase ao pânico. Uma reação desastrada da administração Trump amplifica os medos mais profundos sobre o estado de nossa capacidade nacional de lidar com desastres futuros – naturais ou provocados pelo homem. As pessoas perguntam: se nosso governo não consegue formular um plano básico para enfrentar uma crise de saúde pública, por que executaria com sucesso o censo de 2020 ou uma eleição presidencial transformacional? A confiança subjacente em nossos sistemas está se rompendo.

As eleições são sempre operações complicadas, mas o colapso das normas consagradas pelo tempo colidiu com um debate muito público sobre o que realmente significa o progresso. Ouço a preocupação de agentes experientes que já deveriam saber disso, e sou bombardeada com perguntas por aqueles que estão abalados com a eleição de 2016. De forma unânime, todos procuram uma maneira de entender o que aconteceu e o que está por vir. *Nossa hora é agora* é minha resposta mais longa e complicada de como podemos estruturar e revisar os direitos de voto e a arquitetura da democracia americana para a era atual. Minha esperança é que eles possam ler este livro, escrito por uma peregrina como eu, que teve um vislumbre de nosso possível futuro. Como uma bola de cristal ou um meteorologista poderia dizer, o panorama é nebuloso, mas com potencial para acabar bem.

Não chegaremos lá ilesos. O atrito em nossa nação não é simplesmente entre direita e esquerda. O que enfrentamos é uma mudança mais fundamental de normas e ambições totalmente subvertidas que não podem mais coexistir. Nosso atual momento político reflete desafios existenciais que chegaram ao ápice. E isso é decorrente dos ataques dos séculos 20 e 21 ao papel do governo, à legitimidade das eleições e à intenção dos eleitos para liderar. Mas não importa quem elejamos como presidente, uma pessoa sozinha não pode resolver o que nos aflige ou evitar o que está por vir. Teremos que nos agarrar aos ideais liberais em tempo real e casar nossa promessa de liberdade com a realidade do que isso significa em uma sociedade tensa diante da velocidade das mudanças.

O que nos manterá unidos, porém, é a estabilidade de nossas instituições – se pudermos restaurá-las. Escritores como Ari Berman, Jon Ward e Spencer Overton agitaram bandeiras de alerta sobre a supressão de eleitores. Os historiadores Carol Anderson, Kevin Kruse e Heather Cox Richardson nos lembram que já estivemos nesta situação antes. Hansi Lo Wang orientou obstinadamente os EUA sobre o que está em jogo no censo de 2020, e Nikole Hannah-Jones educou os EUA sobre as consequências de 1619 e a chegada da escravidão às costas norte-americanas. Jornalistas políticos como Jason Johnson, Rachel Maddow, Joy Reid, Jorge Ramos, Chris Hayes, Yamiche Alcindor, Jennifer Rubin, Jamil Smith e Rebecca Traister nos mostram uma visão mais ampla desse momento político. Podcasts dos integrantes de *Pod Save America* – Jon Favreau, Dan Pfeiffer e Jon Lovett –, a dupla Roxane Gay e Tressie McMillan Cottom, ou times como *Fife Thirty Eight* ou o trio do *Slate Political Gabfest* (Emily Bazelon, John Dickerson e David Plotz) destacam semanalmente em que pontos corremos mais risco. Quer precisemos consertar nossas eleições, nossos líderes ou nosso censo, não podemos mais alegar que não sabemos onde estão os problemas e como podemos resolvê-los.

Nossa hora é agora é tanto síntese quanto prognóstico, em partes iguais. Não sei quem será o candidato democrata à presidência em 2020 e, embora eu ache que os democratas vão vencer, sinceramente não tenho como saber. A interferência estrangeira, as campanhas de desinformação, a rede de comunicações fragmentada e uma fadiga profunda trabalharão contra nossos objetivos mais elevados. Mas o que também é verdade, porém, é que a receita para a vitória não é secreta nem está fora de alcance. O que tentei nestas páginas foi criar um senso de urgência, resguardado por meios de garantir que aproveitemos ao máximo o que está chegando. Não podemos parar o futuro, mas, se formos sábios, nos prepararemos para as variações de resultado. E, se formos inteligentes e ágeis, moldaremos o futuro da maneira que pudermos – porque nossa hora é agora.

Notas

Introdução

1. "O Georgia Medicaid está atualmente disponível apenas para adultos sem deficiência e não grávidas se cuidarem de um filho menor e tiverem uma renda familiar que não exceda 35% do nível de pobreza (para uma família de dois em 2019, isso equivale a menos de 6 mil dólares na renda anual total; apenas seis Estados têm limites de renda mais baixos para elegibilidade do Medicaid para pais de baixa renda)." Louise Norris, "Georgia and the ACA's Medicaid Expansion", healthinsurance.org, 4 nov. 2019. Disponível em: <healthinsurance.org/georgia-medicaid/>.

2. Em abril de 2019, o Comitê de Análise da Mortalidade Materna da Geórgia relatou que, das mortes relacionadas à gravidez, 18% ocorreram durante a gravidez e 55% ocorreram nos primeiros 42 dias após o parto. Além disso, os dados mostram que mulheres negras não hispânicas tinham 3,3 vezes mais probabilidade de morrer de complicações relacionadas à gravidez do que mulheres brancas não hispânicas. "Maternal Mortality in Georgia", Georgia House Budget & Research Office, abr. 2019.

Capítulo 1

1. Chris Joyner e Jennifer Peebles, "AJC Analysis: Absentee Voting Pitfalls Tripped Thousands of Ga. Voters", *Atlanta Journal-Constitution*, 20. dez. 2018. Disponível em: <ajc.com/news/state--regional-govt--politics/ajc-analysis-absentee-voting-pitfalls-tripped-thousands-voters/5Qu6ynxydaKrT4le1edtPL>.

2. Bruce Hartford, "Alabama Voter Literacy Test", Veterans of the Civil Rights Movement. Disponível em: <crmvet.org/info/littest.htm>.

Capítulo 2

1. Laura Williamson, Pamela Cataldo e Brenda Wright, "Toward a More Representative Electorate: The Progress and Potential of Voter Registration Through Public Assistance Agencies", *Demos*, dez. 2018. Disponível em: <demos.org/research/toward-more-representative-electorate>.

2. Heather K. Gerken, "Make It Easy: The Case for Automatic Registration", *Democracy*, n. 28, primavera 2013. Disponível em: <democracyjournal.org/magazine/28/make-it-easy-the-case-for-automatic-registration>.

3. O Medicaid também fornece assistência médica para cegos, enfermos e uma certa população de idosos.

4. Ron Shinkman, "Effect of Rural Hospital Closures Lingers in Communities", *FierceHealthcare*, 12 abr. 2014. Disponível em: <fiercehealthcare.com/finance/effect-rural-hospital-closures-lingers-communities>.

5. Suas descobertas controlam o tipo de ano eleitoral (municipal, presidencial, meio mandato) e as atividades de participação, além de servir como uma base para entender o que podemos esperar de uma campanha de registro eleitoral com foco em grupos sub-representados.

6. Josh Israel, "Georgia Secretary of State Laments That Democrats Are Registering Minority Voters", *ThinkProgress*, 11 set. 2014. Disponível em: <thinkprogress.org/georgia-secretary-of-state-laments-that-democrats-are-registering-minority-voters-8b9d677c6b32/>.

7. Skyler Swisher, "Hillary Clinton Chides Gov. Ron DeSantis for Tweet Calling Voting a 'Privilege'", *South Florida Sun Sentinel*, 17 jan. 2020. Disponível em: <sun-sentinel.com/news/politics/fl-ne-desantis-voting-privilege-20200117-udndv6mb2vhdlmwpbhslgeei7y-story.html>.

8. Christopher Uggen, Ryan Larson e Sarah Shannon, *6 Million Lost Voters: State-Level Estimates of Felony Disenfranchisement, 2016*, The Sentencing Project, out. 2016, 15, tabela 3. Disponível em: <sentencingproject.org/wp-content/uploads/2016/10/6-Million-Lost-Voters.pdf#page=17>.

9. Angela Caputo, "A Southern Strategy, Redux", *Relatórios APM*, 1º nov. 2018. Disponível em: <apmreports.org/story/2018/11/01/former-confederate-states-purge-felons-from-voting-lists>.

10. Russ Bynum, "Georgia Stops Voting by Felons Using Broadest Reading of Law", Associated Press, 28 maio 2019. Disponível em: <apnews.com/article/us-news-ap-top-news-elections-savannah-voting-44f3c3bd33dd4877b7a27a1592aed0d4>.

11. Daniel Rivero, "Everything You Need to Know About Florida's Amendment 4 Lawsuit", WGCU Public Media, 7 out. 2019. Disponível em: <news.wgcu.org/2019-10-04/everything-you-need-to-know-about-floridas-amendment-4-lawsuit>.

12. "Florida Amendment 4", *CNN Politics*, 21 dez. 2018. Disponível em: <cnn.com/election/2018/results/florida/ballot-measures/1>.

13. Jeffrey D. Morenoff e David J. Harding, "Incarceration, Prisoner Reentry, and Communities", *Annual Review of Sociology* 40, jul. 2014, pp. 411-29. Disponível em: <ncbi.nlm.nih.gov/pmc/articles/PMC4231529/>.

14. "Ensure Every American Can Vote: Vote Suppression: Voter Purges", Brennan Center for Justice. Disponível em: <brennancenter.org/issues/ensure-every-american-can-vote/vote-supression/voter-purges>.

15. NASS Report: Maintenance of State Voter Registration Lists: A Review of Relevant Policies and Procedures, Associação Nacional de Secretários de Estado, 2009, atualizado em dez. 2017. Disponível em: <nass.org/sites/default/files/reports/nass-report-voter-reg-maintenance-final-dec17.pdf>.

16. Rachel Frazin, "Judge Restores Kentucky 'Inactive' Voters to Voter Rolls", *The Hill*, 15 out. 2019. Disponível em: <thehill.com/homenews/state-watch/465868-judge-restores-kentucky-inactive-voters-to-voter-rolls>.

Capítulo 3

1. Jon Ward, "How a Criminal Investigation in Georgia Set an Ominous Tone for African-American Voters", *Yahoo! News*, 6 ago. 2019. Disponível em: <news.yahoo.com/how-a-criminal-investigation-in-georgia-set-a-dark-tone-for-african-american-voters-090000532.html>.

2. Ibid.

3. Tom Kertscher, "Mark Pocan: 'More People Are Struck by Lightning Than Commit In-Person Voter Fraud' by Impersonation (True)", PolitiFact Wisconsin, 7 abr. 2016. Disponível em: <politifact.com/wisconsin/statements/2016/apr/07/mark-pocan/which-happens-more-people-struck-lightning-or-peop>.

4. Justin Levitt, "A Comprehensive Investigation of Voter Impersonation Finds 31 Credible Incidents out of One Billion Ballots Cast", *Washington Post*, 6 ago. 2014. Disponível em: <washingtonpost.com/news/wonk/wp/2014/08/06/a-comprehensive-investigation-of-voter-impersonation-finds-31-credible-incidents-out-of-one-billion-ballots-cast>.

5. Douglas Keith, Myrna Pérez e Christopher Famighetti, *Noncitizen Voting: The Missing Millions*, Brennan Center for Justice, 5 maio 2017. Disponível em: <brennancenter.org/our-work/research-reports/noncitizen-voting-missing-millions>; Justin Levitt, *The Truth About Voter Fraud*, Brennan Center for Justice, 9 nov. 2007. Disponível em: <brennancenter.org/our-work/research-reports/truth-about-voter-fraud>.

6. Wendy Underhill, "Voter Identification Requirements: Voter ID Laws", National Conference of State Legislatures (NCSL), 24 fev. 2020. Disponível em: <ncsl.org/research/elections-and-campaigns/voter-id.aspx>.

7. "History of Voter ID", NCSL, 31 maio 2017. Disponível em: <ncsl.org /research/elections-and-campaigns/voter-id-history.aspx>.

8. Em 2019, onze Estados têm leis rígidas de identificação com foto (Geórgia, Indiana, Iowa, Kansas, Mississippi, Tennessee, Virgínia, Wisconsin, Arizona, Dakota do Norte e Ohio). Tanto a Pensilvânia quanto a Carolina do Norte também aprovaram leis rígidas de identidade; no entanto, ambas as leis foram derrubadas pelos tribunais. Cf. Underhill, "Voter Identification Requirements", Tabela 1. Disponível em: <ncsl.org/research/elections-and-campaigns/voter-id.aspx#Table%201>. Observe que Iowa também adotou uma lei de identificação do eleitor que foi contestada no tribunal como lei de identificação restritiva. A Conferência Nacional de Legislaturas Estaduais (NCSL) não inclui Iowa em sua lista de Estados de identificação estrita; no entanto, o autor o faz, dados o tempo e a semelhança com outras leis rígidas de identidade. Ver Anna Spoerre, "Judge Upholds ID Requirement at Polls but Strikes Down Other Parts of 2017 Iowa Voting Reform Law", *Des Moines Register*, 1º out. 2019. Disponível em: <desmoinesregister.com/story/news/crime-and-courts/2019/10/01/judge-rules-portions-2017-voter-reform-law-unconstitution/3829470002>.

9. Theron "Scarlet Raven" Thompson, "ND Senate: Heitkamp Wins! Native Vote Mattered, Again!", *Daily Kos*, 7 nov. 2012. Disponível em: <dailykos.com/stories/2012/11/7/1158318/-Heitkamp-Wins--Native-Vote-Counted>.

10. Michael G. DeCrescenzo e Kenneth R. Mayer, "Voter Identification and Nonvoting in Wisconsin — Evidence from the 2016 Election", *Election Law Journal: Rules, Politics, and Policy* 18, n. 4, dez/2019, pp. 342-59. Disponível em: <liebertpub.com/doi/full/10.1089/elj.2018.0536>.

11. Cameron Smith, "Voter ID Tied to Lower Wisconsin Turnout; Students, People of Color, Elderly Most Affected", *Milwaukee Journal Sentinel*, 30 set. 2018. Disponível em: <jsonline.com/story/opinion/contributors/2018/09/30/voter-id-tie-lower-wisconsin-turnout/1480862002>.

12. One Wisconsin Institute, Inc. vs. Thomsen, 198 F. Supp. 3d 896 (2016).

13. Desde 2014, Alabama e Arkansas impuseram novos requisitos de identificação com foto; no entanto, por causa das alternativas que permanecem disponíveis aos eleitores, o NCSL não classifica esses Estados como tendo uma identificação de eleitor restrita com foto.

14. *Elections: Issues Related to State Voter Identification Laws*, Departamento de Auditoria de Contas Públicas (GAO), set. 2014. Disponível em: <gao.gov /assets/670/665966.pdf>.

15. Mark Niesse e Nick Thieme, "Precinct Closures Harm Voter Turnout in Georgia, AJC Analysis Finds", *Atlanta Journal-Constitution*, 13 dez. 2019. Disponível em: <ajc.com/news/state--regional-govt--politics/precinct-closures-harm-voter-turnout-georgia-ajc-analysis--finds/11sVcLyQCHuQRC8qtZ6lYP>.

16. Matt Vasilogambros, "How Voters with Disabilities Are Blocked from the Ballot Box", *Pew Stateline*, 1º fev. 2018. Disponível em: <pewtrusts.org/en/research-and-analysis/blogs/stateline/2018/02/01/how-voters-with-disabilities-are-blocked-from-the-ballot-box>.

17. "Religious Entities Under the Americans with Disabilities Act", ADA National Network, 2018. Disponível em: <adata.org/factsheet/religious-entities-under-americans-disabilities-act>.

18. "Voting Outside the Polling Place: Absentee, All-Mail and Other Voting at Home Options", NCSL, 20 fev. 2020. Disponível em: <ncsl.org/research/elections-and-campaigns/absentee-and-early-voting.aspx>.

19. Alexander Gonzalez, "Report: Missing Absentee Ballots in South Florida Affect Young People, Democrats", WLRN, 25 nov. 2018. Disponível em: <wlrn.org/post/report-missing-absentee-ballots-south-florida-affect-young-people-democrats#stream/0>.

20. Tony Doris, "Did Missing South Florida Absentee Ballots Turn the Tide?", *Palm Beach Post*, 10 nov. 2018. Disponível em: <palmbeachpost.com/news/20181110/did-missing-south-florida-absentee-ballots-turn-tide>.

21. Actual affiants in Fair Fight Action, Inc. et al. vs. Raffensberger. Disponível em: <fairfight.com/wp-content/uploads/2019/07/2019.02.19-Amended-Complaint-File-Stamped.pdf>.

22. Tia Mitchell e Mark Niesse, "Mystery of 4,700 Missing DeKalb Ballot Requests Gets State Review", *Atlanta Journal-Constitution*, 22 mar. 2019. Disponível em: <ajc.com/news/local-govt--politics/mystery-700-missing-dekalb-ballot-requests-gets-state-review/v2bSkLQrcayxPy803QGZoL/>.

23. "Cutting Early Voting Is Voter Suppression", ACLU. Disponível em: <aclu.org/issues/voting-rights/cutting-early-voting-voter-suppression>.

24. Michael Wines, "The Student Vote Is Surging. So Are Efforts to Suppress It", *New York Times*, 24 out. 2019. Disponível em: <nytimes.com/2019/10/24/us/voting-college-suppression.html>.

25. Rashawn Ray e Mark Whitlock, "Setting the Record Straight on Black Voter Turnout", Brookings Institution, 12 set. 2019. Disponível em: <brookings.edu/blog/up-front/2019/09/12/setting-the-record-straight-on-black-voter-turnout/>.

26. Jordan Misra, "Voter Turnout Rates Among All Voting Age and Major Racial and Ethnic Groups Were Higher Than in 2014", Departamento de Censo dos EUA, 23 abr. 2019. Disponível em: <census.gov/library/stories/2019/04/behind-2018-united-states-midterm-election-turnout.html?utm_campaign=20190423msacos1ccstors &utm_medium=email&utm_source=govdelivery>.

Capítulo 4

1. Ben Nadler, "Voting Rights Become a Flashpoint in Georgia Governor's Race", Associated Press, 9 out. 2018. Disponível em: <apnews.com/fb011f39af3 b40518b572c8cce6e906c>.

2. "Arrest Rates Higher for Central Ga. Blacks, USA Today Finds", *Jackson Sun*, 19 nov. 2014. Disponível em: <jacksonsun.com/story/news/local/2014/11/18/central-georgia-arrest-rates/19245875/>.

3. Michael King, "Why Stacey Abrams Placed an Early Vote", 11Alive, 22 out. 2018. Disponível em: <11alive.com/article/news/politics/elections/why-stacey-abrams-placed-an-early-vote/85-606794704>.

4. "Voting Outside the Polling Place: Absentee, All-Mail and Other Voting at Home Options", NCSL. Disponível em: <ncsl.org/research/elections-and-campaigns/absentee-and-early-voting.aspx>.

5. Tomislav Fotak, Miroslav Baca e Petra Koruga, "Handwritten Signature Identification Using Basic Concepts of Graph Theory", WSEAS Transactions on Signal Processing 7, n. 4, out. 2011, pp. 145-57.

6. Moshe Kam, Kishore Gummadidala, Gabriel Fielding e Robert Conn, "Signature Authentication by Forensic Document Examiners", Journal of Forensic Sciences 46, n. 4, ago. 2001, pp. 884-88.

7. Election Administration and Voting Survey: 2018 Comprehensive Report: A Report to the 116th Congress, Comissão de Assistência Eleitoral dos EUA, jun. 2019. Disponível em: <eac.gov/sites/default/files/eac_assets/1/6/2018_EAVS_Report.pdf>.

8. Voto Latino Incorporated et al. vs. Katie Hobbs, queixa para tutela declaratória e cautelar, 2019.

9. Em março de 2020, o Estado da Geórgia chegou a um acordo sobre as regras para a cura de votos a distância. Embora o acordo seja juridicamente vinculativo, o Estado não adotou leis para refletir essas novas regras. Mark Niesse, "Lawsuit Settled, Giving Georgia Voters Time to Fix Rejected Ballots", Atlanta Journal-Constitution, 7 mar. 2020. Disponível em: <ajc.com/news/state--regional-govt--politics/lawsuit-settled-giving-georgia-voters-time-fix-rejected-ballots/oJcZ4eCXf8J197AEdGfsSM>.

10. R. Lockhart, "The Lawsuit Challenging Georgia's Entire Elections System, Explained", Vox, 30 maio 2019. Disponível em: <vox.com/policy-and-politics/2018/11/30/18118264/georgia-election-lawsuit-voter-suppression-abrams-kemp-race>.

11. Keith Chen, Kareem Haggag, Devin G. Pope e Ryne Rohla, "Racial Disparities in Voting Wait Times: Evidence from Smartphone Data", Documento de trabalho do NBER n. 26487, 14 nov. 2019. Disponível em: <faculty.chicagobooth.edu/devin.pope/assets/files/Racial_Disparities_in_Voting_Wait_Times.pdf>.

12. Georgia Muslim Voter Project vs. Brian Kemp, 918 F.3d 1262 (11th Cir. 2019).

Capítulo 5

1. Amy Gardner, "How a Large-Scale Effort to Register Black Voters Led to a Crackdown in Tennessee", Washington Post, 24 maio 2019. Disponível em: <washingtonpost.com/politics/how-a-large-scale-effort-to-register-black-voters-led-to-a-crackdown-in-tennessee/2019/05/24/9f6cee1e-7284-11e9-8be0-ca575670e91c_story.html>.

2. Maya T. Prabhu, "AJC Poll: Strong Support for Roe; Opinion Closer on 'Heartbeat Bill'", Atlanta Journal-Constitution, 11 abr. 2019. Disponível em: <ajc.com/news/state--regional-govt--politics/ajc-poll-strong-support-for-roe-opinion-closer-heartbeat-bill/jWr5L1S5kooo7akOCkfzGM>.

3. Abby Rapoport, "True the Vote's True Agenda", *American Prospect*, 15 out. 2012. Disponível em: <prospect.org/power/true-vote-s-true-agenda>.

4. Richard L. Hasen, "Vote Suppressors Unleashed", *Slate*, 27 nov. 2017. Disponível em: <slate.com/news-and-politics/2017/11/donald-trump-will-supercharge-voter-suppression-if-the-rnc-consent-decree-falls.html>.

5. Para obter mais informações sobre a ligação entre negócios e direitos de voto, ver Scholars Strategy Network, "Securing Fair Elections: Challenges to Voting in the United States and Georgia". Disponível em: <scholars.org/fairelections>.

6. "States with Initiative or Referendum", Ballotpedia, acessado em 28 jan. 2020. Disponível em: <ballotpedia.org/States_with_initiative_or_referendum>.

7. Ballot Measures Toolkit, Bolder Advocacy. Disponível em: <bolderadvocacy.org/resource-library/tools-for-effective-advocacy/toolkits/ballot-measures-toolkit>.

Capítulo 6

1. *National Intimate Partner and Sexual Violence Survey: 2010 Summary Report*, Centro Nacional para Prevenção e Controle de Lesões, Divisão de Prevenção da Violência, Centros para Controle e Prevenção de Doenças, nov. 2011. Disponível em: <cdc.gov/violenceprevention/pdf/nisvs_report2010-a.pdf>.

2. Jacquelyn C. Campbell, Daniel Webster, Jane Koziol-McLain et al., "Risk Factors for Femicide in Abusive Relationships: Results from a Multisite Case Control Study", *American Journal of Public Health* 93, n. 7, jul. 2003, pp. 1089-97. Disponível em: <ncbi.nlm.nih.gov/pmc/articles/PMC1447915/>.

3. Ibid, p. 1092.

Capítulo 7

1. Diana Elliott, Robert Santos, Steven Martin e Charmaine Runes, "Assessing Miscounts in the 2020 Census", Urban Institute, 4 jun. 2019. Disponível em: <urban.org/research/publication/assessing-miscounts-2020-census>.

2. Antonio Flores, Mark Hugo Lopez e Jens Manuel Krogstad, "U.S. Hispanic Population Reached New High in 2018, but Growth Has Slowed", Pew Research Center, 8 jul. 2019. Disponível em: <pewresearch.org/fact-tank/2019/07/08/u-s-hispanic-population-reached-new-high-in-2018-but--growth-has-slowed>.

3. Michael Wines, "A Census Whodunit: Why Was the Citizenship Question Added?", *New York Times*, 30 nov. 2019, atualizado em 2 dez. 2019. Disponível em: <nytimes.com/2019/11/30/us/census--citizenship-question-hofeller.html>.

4. Thomas Hofeller, "The Use of Citizen Voting Age Population in Redistricting", relatório não publicado, 2015. Disponível em: <documentcloud.org/documents/6077735-May-30-2019-Exhibit.html#document/p55/a504021>.

5. "QuickFacts: California", Departamento de Censo dos EUA. Disponível em: <census.gov/quickfacts/CA>.

6. Ari Shapiro e Alex Padilla, "California Sues Trump Administration over Citizenship Question on 2020 Census", *All Things Considered*, NPR, 27 mar. 2018. Disponível em: <npr.org/2018/03/27/597390619/california-sues-trump-administration-over-citizenship-question-on-2020-census>.

7. "2020 Decennial Census", Departamento de Auditoria de Contas Públicas (GAO). Disponível em: <gao.gov/highrisk/2020_decennial_census/why_did_study>.

8. "FY20: Fund the 2020 Census Immediately", Insights Association, 17 out. 2019. Disponível em: <insightsassociation.org/sites/default/files/misc _files/ia_issue_paper_census_funding_11-25-19.pdf>.

9. *Eighth Broadband Progress Report*, Federal Communications Commission, 21 ago. 2012. Disponível em: <fcc.gov/reports-research/reports/broadband-progress-reports/eighth-broadband-progress-report>.

10. Hansi Lo Wang, "On Census, Facebook and Instagram to Ban Disinformation and False Ads", NPR, 19 dez. 2019. Disponível em: <npr.org/2019/12/19/789609572/on-census-facebook-and-instagram-to-ban-disinformation-and-false-ads>.

11. William S. Custer, "The Economic Impact of Medicaid Expansion in Georgia", Healthcare Georgia Foundation, 12 fev. 2013. Disponível em: <issuelab.org/resources/14733/14733.pdf>.

12. Simon Jackman, "Assessing the Current North Carolina Congressional Districting Plan", Rose Institute, 1º mar. 2017. Disponível em: <roseinstitute.org/wp-content/uploads/2016/05/Expert-Report-of-Simon-Jackman.pdf>.

13. Hansi Lo Wang e Kumari Devarajan, "'Your Body Being Used': Where Prisoners Who Can't Vote Fill Voting Districts", *Code Switch*, NPR, 31 dez. 2019. Disponível em: <npr.org/sections/codeswitch/2019/12/31/761932806/your-body-being-used-where-prisoners-who-can-t-vote-fill-voting-districts>.

14. Hofeller, "The Use of Citizen Voting Age Population in Redistricting".

15. Adam Eichen, "The Case Against the Electoral College Is Stronger Than Ever", *New Republic*, 2 ago. 2019. Disponível em: <newrepublic.com/article/154598/case-electoral-college-stronger-ever>.

16. Wilfred Codrington III, "The Electoral College's Racist Origins", *Atlantic*, 17 nov. 2019. Disponível em: <theatlantic.com/ideas/archive/2019/11/electoral-college-racist-origins/601918>.

17. Joshua Spivak, "The Electoral College Is a Failure. The Founding Fathers Would Probably Agree", *Washington Post*, 7 abr. 2019. Disponível em: <washingtonpost.com/opinions/the-electoral-college-is-a-failure-the-founding-fathers-would-probably-agree/2019/04/07/813b706c-56fc-11e9-8ef3-fbd41a2ce4d5_story.html>.

Capítulo 8

1. "Eleitorado Americano em Ascensão" foi cunhado pelo Voter Participation Center e "Nova Maioria Americana" foi popularizado por Steve Phillips em seu livro, *Brown Is the New White: How the Demographic Revolution Has Created a New American Majority*. Nova York: The New Press, 2018.

2. Page Gardner, "What about the Marriage Gap?", *Politico*, 4 fev. 2011, <politico.com/story/2011/02/what-about-the-marriage-gap-048788>.

3. "2. Changing Composition of the Electorate and Partisan Coalitions", *Wide Gender Gap, Growing Educational Divide in Voters' Party Identification*, Pew Research Center, 20 mar. 2018. Disponível em: <people-press.org/2018/03/20/changing-composition-of-the-electorate-and-partisan-coalitions>.

4. Ibid.

5. Gardner, "What About the Marriage Gap?"

6. Simon Jackman e Bradley Spahn, "Unlisted in America", Stanford University, 20 ago. 2015. Disponível em: <images.politico.com/global/2015/08/20 /jackman_unlisted.pdf>.

7. Rafael Bernal, "Hispanic Dems 'Disappointed' with Party's Latino Outreach", *The Hill*, 24 set. 2016. Disponível em: <thehill.com/latino/297515-hispanic-dems-disappointed-with-partys-latino-outreach>.

8. Tung Thanh Nguyen e Viet Thanh Nguyen, "Democrats Ignore Asian American and Pacific Islander Voters at their Peril", *The Hill*, 7 set. 2019. Disponível em: <thehill.com/opinion/campaign/460357-democrats-ignore-asian-american-and-pacific-islander-voters-at-their-peril>.

9. "GOP Makes Big Gains Between White Voters", Pew Research Center, 22 jul. 2011. Disponível em: <pewresearch.org/wp-content/uploads/sites/4/legacy-pdf/7-22-11-Party-ID-commentary.pdf>.

10. Ibid.

Capítulo 9

1. Não são seus nomes verdadeiros.

2. Por exemplo, Sherrod Brown, senador dos EUA, é um populista progressista que se autodenomina assim. Cf. John Nichols, "Sherrod Brown Talks About Populism, Work, Health Care, War…

and 2020", *The Nation*, 6 mar. 2019. Disponível em: <thenation.com/article/archive/sherrod--brown-2020-populist-progressive>.

3. Tamar Hallerman, "A First Trump-Era Bill in Georgia Could Slap Tax on Cash Sent to Foreign Homes", *Political Insider* (blog), *Atlanta Journal-Constitution*, 15 nov. 2016. Disponível em: <ajc.com/blog/politics/first-trump-era-bill-georgia-could-slap-tax-cash-sent-foreign-homes/ynZ7qIB8JXl-8CJ3MB45IVN>.

4. Paul Armstrong, "Nigel Farage: Arch-Eurosceptic and Brexit 'Puppet Master'", CNN, 15 jul. 2016. Disponível em: <cnn.com/2016/06/24/europe/eu-referendum-nigel-farage/index.html>.

5. Jordan Kyle e Limor Gultchin, "Populists in Power Around the World", Tony Blair Institute for Global Change, 7 nov. 2018. Disponível em: <institute.global/insight/renewing-centre/populists--power-around-world>.

6. "QuickFacts: United States", Departamento de Censo dos EUA, <census.gov/quickfacts/fact/table/US/INC110218>.

7. Kate Brannen, "Trump's White, Male Team Is a Bad Look for America and Bad for National Security, Too", USA *Today*, 13 jan. 2020. Disponível em: <usatoday.com/story/opinion/2020/01/13/women-minorities-missing-from-trump-national-security-team-column /4447800002>.

8. "Diversity Statistics, Full-Time Permanent Workforce", Departamento de Estado de Recursos Humanos, American Foreign Service Association, 30 jun. 2019. Disponível em: <afsa.org/sites/default/files/0619_diversity_data_for_web.pdf>.

Agradecimentos

Desde novembro de 2018, tive o privilégio de fundar três organizações extraordinárias que se empenham incansavelmente para garantir que o trabalho de expansão de nossa democracia continue. *Nossa hora é agora* reflete como penso sobre nossas obrigações no futuro: fazer o trabalho – independentemente do cargo – e construir para o agora e para o amanhã. Por causa destas pessoas fantásticas, tive a chance de praticar o que espero que possamos realizar.

No ponto mais alto de nossos esforços está Lauren Groh-Wargo, uma líder dinâmica, guerreira destemida e minha tradutora da raiva, como ela própria se descreve. Ela atua como CEO da Fair Fight Action, como conselheira do Fair Fight PAC e como condutora de todos os trens que circulam pelo nosso universo. Lauren vê o mundo em todas as suas partes e conduz a mudança como uma maestra, prestando atenção no que pode ser. Não consigo imaginar uma amiga mais querida ou uma aliada mais poderosa.

As equipes do Fair Fight são compostas por mulheres e homens exemplares que não esperam por um dia melhor. Em vez disso, eles o criam com engenhosidade, espírito de camaradagem e com um amor pela humanidade que nunca deixa de me surpreender. E sou grata às nossas extraordinárias advogadas e colegas de armas, Allegra Lawrence-Hardy e Dara Lindenbaum, cujas respostas criativas aos desafios que lançamos diariamente me lembram os melhores atributos do direito. Elas buscam uma renovação do impulso dos Estados Unidos para ser mais e responsabilizarão os poderosos até que isso seja feito.

O Fair Count construiu uma empresa de inovadores dedicados, ferozes e incansáveis, determinados a trazer todos para o progresso. Essa equipe de administradores inteligentes, gentis e fiéis, de um censo preciso e engajamento cívico de longo prazo está derrotando os piores instintos de alguns dos supostos líderes de nossa nação. Eles conceberam estratagemas que deixariam Harriet Tubman orgulhosa, tudo a serviço daqueles que muitas vezes são tratados como invisíveis. Enquanto viajam pelo país para contar a história da diversidade dos Estados Unidos, sinto-me honrada por estar em sua companhia.

O Southern Economic Advancement Project cumpriu um de meus objetivos mais ardentes: traduzir a política progressista para o Sul. Essa organização foi criada para buscar a iniciativa justa de equidade e justiça para aqueles que compartilham de nossa região, mas não de nossos recursos nacionais. Ela preenche as lacunas entre urgência e ação da melhor forma possível. O SEAP existe para construir uma ponte no Sul entre o que é e o que deve ser.

Juntas, essa constelação de organizações executa as melhores intenções da democracia: buscamos votar para contratar líderes, lutamos pelo censo para garantir uma parcela justa do acesso econômico e do poder político e desenvolvemos políticas para tornar tudo isso real.

Mas as histórias nestas páginas vêm de outras pessoas que estão há muito tempo nessa luta comigo. Parabéns a Nse

Ufot e Raphael Warnock, que assumiram as rédeas do New Georgia Project e o remodelaram para um momento como este. Aos doadores e conselheiros que confiaram em mim e neste projeto de democracia na última década, obrigada pelo investimento de tempo e dinheiro para trazer mais para aqueles que precisam. Aos líderes trabalhistas que restauram os Estados Unidos diariamente e estão comigo a cada passo, estou em dívida com vocês.

Ao escrever um livro que se estende ao longo do tempo, abrange tantos tópicos e tenta ver além, aprendi a me apoiar ainda mais naquelas pessoas cujas mentes me deixam admirada a cada vez que as vejo em ação. Agradeço a Will Dobson, meu velho e verdadeiro amigo, por me mostrar um mundo mais amplo antes que eu soubesse olhar e por me ajudar a encontrar as palavras para traçar um caminho adiante. Estou eternamente em dívida com você e sou da sua turma.

Chelsey Hall detém o título de conselheira e desempenha plenamente seu papel. Desde a leitura de algumas páginas enquanto viajávamos para novos locais até a oferta de críticas sinceras quando uma mentira gentil seria mais fácil, sou uma escritora e uma pessoa melhor por ter você ao meu lado.

Este livro não existiria sem o envolvimento atencioso e incisivo de minha agente, Linda Loewenthal, que me ajudou a dar foco à ideia principal. Obrigada à minha equipe na Holt, especialmente a alta velocidade e as percepções de minha editora, Serena Jones, e a magia de produção de Madeline Jones. Mas ninguém merece mais crédito pela realização de *Nossa hora é agora*, na verdade, do que Libby Burton, minha editora, guia e amiga. Você tem uma paciência de Jó, a habilidade de uma feiticeira de escrever palavras e a velocidade de leitura de um sábio. Obrigada por nunca acreditar nos meus prazos e sempre acreditar no trabalho.

Na reta final da escrita, apoiei-me em minha família, como sei que posso. Agradeço especialmente à minha irmã Leslie Abrams Gardner, que dispensou a prática de fazer justiça para analisar minhas palavras e deixá-las mais inteligentes. Nunca serei grata o suficiente. E, novamente, para minha irmã Jeanine, devo muito a você pelo modo como me ajudou a encontrar maneiras de trazer tópicos pesados para seu lugar mais acessível.

Eu tenho pais incríveis, Carolyn e Robert Abrams, e suas lições moldaram a pessoa que sou. Sou grata por sua coragem, encorajada por seu exemplo e animada por sua persistência em moldar um futuro que todos nós merecemos. E aos meus irmãos Andrea, Leslie, Richard, Walter e Jeanine, pela maneira como cada um de vocês vive uma vida de graça, redenção e serviço: obrigada.

Sobre a autora

Stacey Abrams é autora de *Você pode fazer a diferença* (best--seller do The New York Times), além de empreendedora, CEO de organizações sem fins lucrativos e líder política. Advogada tributária de formação, atuou 11 anos na Câmara dos Representantes da Geórgia, sete como líder da minoria, e se tornou a candidata democrata de 2018 para concorrer ao governo da Geórgia, conquistando mais votos do que qualquer outro democrata na história do Estado. Fundou várias organizações dedicadas ao direito de voto, ao treinamento e contratação de jovens não brancos e ao enfrentamento de questões sociais em nível estadual, nacional e internacional. Stacey Abrams é membra vitalícia do Conselho de Relações Exteriores e ganhadora do prêmio John F. Kennedy New Frontier em 2012. Formou-se na Spelman College, na Escola de Relações Públicas EBJ da Universidade do Texas e na Escola de Direito de Yale. É a fundadora do Fair Fight 2020, do Fair Count e do Southern Economic Advancement Project [Projeto de Avanço Econômico para o Sul].

Este livro foi publicado em abril de 2022 pela Editora Nacional.
Impressão e acabamento pela Gráfica Exklusiva.